歐洲區域秩序：
舊問題與新實驗

王群洋 著

五南圖書出版公司 印行

EU

SWEDEN

FINLAND

ESTONIA

LATVIA

LITHUANIA

DENMARK

UNITED KINGDOM

IRELAND

NETHERLANDS

POLAND

BELGIUM

GERMANY

CZECH REP.

SLOVAKIA

FRANCE

AUSTRIA

HUNGARY

SLOVENIA

ROMANIA

ITALY

BULGARIA

TURKEY

PORTIUGAL

SPAIN

GREECE

　　歐洲怎麼了？在全球化時代，歐洲秩序的危機與國家內部和區域內部的危機互相影響，現今衝擊歐洲區域秩序之重要因素是，有國界之主權國家對於無國界之金融資本失去主導權。區域合作和全球化也導致了勞動力在國家間、各區域內以及全球移動。該等移動有合法的，也有非法的，例如湧向歐洲的各種類型難民與移民。勞動力的移動雖然被視爲有利於經濟發展，但會衝擊各國之就業情況。

　　歐洲基督文明所引領的世界，以及創造富裕與繁榮的各種價值觀也發生內在的衝撞，例如自由遷徙使得來自非基督文明國家的難民潮不斷；自由選舉選出民粹領袖與極右派民族主義分子；自由貿易被視爲是貧富差異的源頭；自由言論被網路空間放大，影響民意和選舉，也被視爲對民主制度具有巨大衝擊力。歐洲主權債務危機、地緣政治危機，例如克里米亞危機與敘利亞危機；俄羅斯與「北約」在波羅的海對峙；「歐盟」在2004年東擴以來，是西歐在「北約」東擴的背景下，以「自由民主」爲名擴大影響力，然而擴張卻也帶來內部之危機，如「脫歐」危機和歐洲中心與邊緣地帶間的衝突。由歐洲所建構之和平秩序，無法使「歐盟」在經濟危機時代成爲社會和平之保障。在恐怖攻擊增加的情況下，亦無法成爲內部與外部安全之保障，致使百姓傾向民族國家，而質疑歐洲進一步的整合。基督教、民族國家、資本主義與相對弱勢群體對自由民主的追求以及構建聯邦歐洲的主張等，均是決定歐洲往何處去之主要因素。

　　在世界逐漸走向地緣政治，自由國際秩序受到衝擊，再加上新冠肺炎疫情之擴散，使得人口移動受到限制，縮減就業機會，全球與區域之產業分工鏈中斷，國界關閉，多數國家之經濟呈現負成長，使得全球、區域與國內秩序出現高度不確定性。面對新冠肺炎疫情，多數歐洲人拒絕戴口罩，導致疫情失控，使得無限制的個人自由亦受到質疑。歐洲之文明、規則與制度還能是其他區域合作的榜樣？歐洲該如何自我調整，以因應各項挑戰，進而確保區域內之和平秩序？現今諸多之安全挑戰和內部之分裂與伴隨之沒落有關，在大國競爭之時代，歐洲正由於長期目標之不

確定與缺乏共同立場，重建歐洲主權眞能增加歐洲在全球之影響力？

　　歐洲從工業革命以來不論是人文、科學與技術均是各國模仿之對象，如今歐洲國家卻不確定該往何處去？實在令人感嘆國際關係之變化，而國際關係之相關理論亦受影響，使得既有理論無法全然解釋諸多現象。故本書從宗教、民族國家、「歐盟」政治體制、分離主義、難民與移民、經濟治理理念與泛歐洲之安全機制等概念，檢視歐洲之區域秩序長期以來懸而未決之問題以及所採取之各項新實驗，以期對國際關係學門中有關歐洲之研究領域有所貢獻。

　　作者自到高雄中山大學任職以來，秉持「以人爲本」之理念，在教學與研究過程中，深刻體認到教學相長與學海無涯之意，故在此要表達對政治學研究所師生與行政秘書之謝意。本書得以出版要感謝匿名評審委員寶貴的專業意見，以及五南圖書出版股份有限公司之協助。最後要感謝父母與家人之鼓勵，使得作者走在學術的漫漫長路，得以步步踏實。

王群洋　謹識

2021年3月17日高雄

中山大學政治學研究所

目錄

表目錄

第一章 緒論

　　秩序是指對於個體或集體行動範圍的規範性管制，此規範性管制要求個體及集體之行爲必須與維護體系之最低穩定性保持一致，且在情勢需要時參與共同行動的基礎。秩序之規範性因素包含建構社會體系的價值觀以及規範，其可使秩序受到重視，而個體或集體遵守秩序亦符合其自身的利益。[1]

　　當前國際秩序的危機與國家內部和區域內部的危機互相影響，即一個國家內部危機和區域內部危機可以演變成爲世界的危機，而世界的危機亦可造成內部治理危機。國家內部秩序就是規範政府和社會之間的關係，菁英分子和民眾之間的關係。現今衝擊秩序之重要因素是有國界之主權國家對於無國界之全球資本失去主導權，而區域合作和全球化也導致了勞動力在國家間、各區域內以及全球移動。該等移動有合法的，例如「歐洲聯盟」（European Union，以下簡稱「歐盟」）內部的勞動力移動，也有非法湧向歐洲的各種類型難民與移民。勞動力的移動雖然被視爲有利於經濟發展，但會衝擊各國之就業情況。[2]此外，新冠肺炎疫情（COVID-19）之擴散，人口移動受到限制，縮減就業機會，全球與區域之產業分工鏈中斷，國界斷斷續續地關閉，多數國家之經濟呈現負成長，使得全球、區域與國內秩序出現高度不確定性。

　　歐洲基督文明引領世界和創造富裕與繁榮的各種價值觀發生了前所未見的內在衝撞，例如自由遷徙使得來自非基督文明且是歐洲國家前殖民地的難民潮不斷；自由選舉選出民粹領袖；自由貿易被視爲是貧富差異的源頭；自由言論被網路空間放大，不僅影響民意和選票，也被視爲對民主制度具有巨大衝擊力的網路資訊大戰。第56屆德國慕尼黑安全會議（2020.2.13-15）之主題「西方的衰退」（Westlessness），直接指出西方人對於未來日增的不確定所展現之不安與無助的感覺。西方

---

[1] 王群洋（1997），〈歐洲安全與合作組織之演進〉，《中山大學社會科學季刊》，第1卷第1期，頁232。

[2] 鄭永年（2016），〈今天世界秩序危機是過去三大轉型的產物〉，《鳳凰國際智庫》，https://pit.ifeng.com/a/20160801/49696663_0.shtml（檢視日期：2018年8月7日）。

社會已經不確定西方之內涵應該是什麼或還剩下什麼？現今諸多之安全挑戰與西方社會內部之分裂與伴隨之沒落有關。在大國競爭之時代，西方正由於長期目標之不確定與缺乏共同立場，使得世界「西方化」開始逆轉。[3]

　　歐洲作為西方文化發源地，區域秩序之建構經歷「西伐利亞條約」（The Treaty of Westphalia, 1648），使得主權國家成為秩序的維護者。「維也納會議」（1814-1815）之目的在於重劃拿破崙戰敗後的歐洲政治版圖，恢復被推翻的各國舊王朝及歐洲封建秩序，以及重新分割歐洲的領土和領地，建構權力平衡體系，以確保歐洲和平。「雅爾達會議」（Yalta Conference, 1945），蘇聯得以控制中歐與東歐，使得歐洲之區域秩序兩極化。在全球化時代歐洲區域秩序之主導力量包括教會、民族國家、區域經貿與安全組織，例如「歐盟」與「北大西洋公約組織」（North Atlantic Treaty Organization，以下簡稱「北約」）。在建構繁榮與和平的歐洲區域秩序過程中，文化、政治、經濟與安全等領域所面臨之不確定性始終存在。目前區域秩序面臨下列之挑戰：一、內外安全之威脅，例如難民、移民與恐怖分子；二、能源供應，欠缺共同能源基礎架構，以創造共同能源市場，進而促成能源供應之安全；三、欠缺共同資訊使用與數位架構之規範；四、歐洲難民主要來源地之非洲的動盪。[4]此外，歐洲面臨經濟發展之不確定，機構之弱化，缺乏有效與有能力的政策領導，民族與民粹主義的影響力增加，宗教的基本教義分子增加，對歐洲不利之國際經濟與地緣戰略所產生的權力移轉的國際新秩序。和平與單一市場等整合之目標，因為經濟與金融危機所帶來之負面後果而受到衝擊，而貿易可以促進和平之自由主義的主張亦受到質疑。[5]

　　在面臨前述挑戰之外，自2009年以來衝擊歐洲秩序之危機有四大類：一、歐洲主權債務危機；二、地緣政治危機，以克里米亞（Crimea）危機、敘利亞危機、俄羅斯與「北約」在波羅的海對峙為主；三、宗教與文明衝突；四、「歐盟」與「北約」擴張所帶來的危機。「歐盟」在2004年東擴以來，是西歐在「北約」東擴的背景下，以「自由民主」為名擴大影響力，然而擴張卻也帶來內部之危機，如

---

[3]　Wolfgang Ischinger (2020), "Munich Security Report 2020: Westlessness," Munich, https://securityconference.org/publikationen/munich-security-report -2020/ (accessed on 13 July, 2020).

[4]　Hans-Peter Friedrich (2016), "Brexit: Wir bruachen mehr Heimatliebe," *Zeitonline*, https://www.zeit.de/politik/ausland/2016-07/brexit-europa-eu-zukunft-hans-peter-friedrich-csu (accessed on 15 June, 2018).

[5]　Thierry Chopin and Jean-François Jamet (2016), "Die Zukunft des europäischen Projekts," *DGAP-analyse*, Nr. 8, p. 3.

「脫歐」危機和歐洲中心與邊緣地帶之間的衝突。[6]

　　由歐洲所建構之和平秩序（Pax Europaea），無法使得「歐盟」在經濟危機時代成為社會和平之保障。在恐怖攻擊增加的情況下，亦無法成為內部與外部安全之保障，致使百姓傾向民族國家，而非歐洲進一步的整合。[7]基督教、民族國家、資本主義與相對弱勢群體對自由民主的追求以及構建聯邦歐洲的主張等，均是決定歐洲往何處去之主要因素。[8]在世界逐漸走向地緣政治，自由國際秩序受到衝擊，在新冠肺炎疫情因多數歐洲人拒絕戴口罩，導致疫情失控，使得無限制的個人自由亦受到質疑。歐洲之文明、規則與制度還能是其他區域合作的榜樣？歐洲該如何自我調整，以因應各項挑戰，進而確保區域內之和平秩序？法國總統馬克宏（Emmanuel Macron）主張重建歐洲的經濟主權、國防主權與邊界主權，才能真正地加強歐洲的整合，進而增加歐洲在全球之影響力。[9]

　　本書從宗教文明、民族國家、民主赤字、民粹主義、威權體制、分離主義、難民、[10]經濟治理與安全合作等層面，探討歐洲自冷戰結束至2020年新冠肺炎疫情爆發所遭遇之困境與解決途徑之實驗。本書章節鋪陳從第一章開篇之緒論是簡介本研究之核心內容；第二章探討宗教文明與民族國家在建構歐洲秩序所扮演之角色；第三章分析「歐盟」政治體制所面臨之民主赤字、民粹主義與民族主義等之衝擊，除使得東歐會員國轉向威權體制或非自由民主體制，亦直接挑戰西歐國家主導議會民主制的效率；第四章以英國與西班牙為例，檢視分離主義對於「歐盟」層面與會員國內部整合、統一與獨立等之影響；第五章探討「歐盟」對於來自西歐會員國之前殖民地的難民以及「歐盟」會員國內部移民所制定之相關政策，激起內部開放或封閉「歐盟」之爭辯；第六章分析「歐盟」以新自由主義與新功能主義作為經濟治理理念所出現之侷限，進而探討「歐盟」處理困境所實驗之新機制；第七章分析權力

[6] 張曉通、賴揚敏（2018），〈歷史的邏輯與歐洲的未來〉，《歐洲研究》，第5期，頁2-4。
[7] Thierry Chopin and Jean-François Jamet (2016), "Die Zufunft des europäschen Projekts."
[8] 張曉通、賴揚敏（2018），〈歷史的邏輯與歐洲的未來〉，頁5。
[9] Emmanuel Macron (2019), Speech at Ambassadors' Conference, https://lv.ambafrance.org/Ambasadors-conference-Speech-by-M-Emmanuel-Macron-President-of-the-Republic (accessed on 24 September, 2020).
[10] 本文難民之定義除依據1951年聯合國通過的《難民地位公約》（Convention Relating to the Status of Refugees）第1條的規定，是指因種族、宗教、國籍、特殊社會團體成員或政治見解，而有恐懼被迫害的充分理由，置身在原籍國領域外不願或不能返回原籍國或受該國保護的人。此外，尚有因恐怖攻擊與戰亂頻仍，貧困、失業和社會動盪持續，被迫遠離原籍國者。

平衡與合作安全機制是否仍適合作爲歐洲安全治理之指引，以及歐洲提出何種新機制作爲替代方案；第八章探討俄羅斯學習歐美國家之制度轉型爲議會民主制後，與歐洲國家互動過程中經歷「歐盟」東擴與「北約」之東擴，克里米亞事件後，成爲歐洲地緣政治的孤兒或是歐洲安全之制衡者；第九章總結前文之倡議與機制對歐洲區域秩序之影響。

　　歐洲歷史的特徵是一、一統與一致：羅馬化、基督化、啓蒙運動（17世紀與18世紀）形成之政治與文化之一統與一致；二、多元與差異：人口移動、宗教改革運動（16世紀與17世紀）、民族國家所形成之多元與差異。[1]馬克宏認爲全球秩序正經歷前所未有的市場經濟危機，且科技和生態之發展上都充滿不確定性。西方正在經歷霸權的終結，而關鍵在於文化之衰落。因此必須重新形塑歐洲文明，否則歐洲會永遠喪失控制權，歐洲之基督文明亦可能消失。[2]歐洲文明會消失嗎？作爲西伐利亞秩序（Westphalia order）基礎且擁有主權之民族國家，對於歐洲和平秩序是助力或是阻力？本章從宗教、民族國家、民族主義與歐洲等層面來探討歐洲區域秩序所面臨之挑戰，以及東西歐國家對該等因素之觀點。

第一節　宗教文明之演變

　　歐洲文明是從幼發拉底河和尼羅河的早期文明，經由希臘羅馬和中世紀的工業文明所形塑。古典希臘的理性民主和古典羅馬的基督信仰構成了歐洲的文明核心。西元前2世紀左右，羅馬用武力征服希臘，卻繼承和發揚了古典希臘文明。西元3世紀，基督教文化在羅馬興起，並逐漸取代古典希臘文明成爲主流。西元5世紀，隨著西羅馬帝國的衰敗和滅亡，古典希臘文明漸式微，歐洲開始中世紀時期孕育歐洲文明的現代化進程。西羅馬帝國瓦解後，歐洲北部屬於西羅馬且崇尚武力的蠻族日耳曼民族的多個行省各自獨立。西元6世紀相繼建立的日耳曼國家，發展出現代

---

[1]　Luuk van Middelaar (2016), "Wer sind wir? Auf der Suche nach der europäisichen Identität," *Internationale Politik*, p. 125.

[2]　Emmanuel Macron (2019), Speech at Ambassadors' Conference；曾依璇（2019），〈馬克宏提西方霸權終結主張大膽承擔風險策略〉，《中央社》，https://www.cna.com.tw/news/aopl/201908300305.aspx（檢視日期：2020年5月30日）。

的西歐國家。在西元8世紀西方基督世界開始成形，此連貫性之特徵是顯現古典希臘－羅馬文化、基督教文化與日耳曼文化，少數西歐人開始認知，其是與其他民族不同的「歐洲人」。彼等代表新且獨特的文明，而這種文明是源於雅典、耶路撒冷、日耳曼與羅馬，以同一信仰、語言文字以及相同歷史遺產結合，歐洲中心亦開始由地中海向北遷移。[3]

在宗教方面，從西元5世紀的羅馬天主教皇利奧一世（Leo I）開始，天主教皇和教會的權勢是歐洲大陸世俗王權的競爭和興衰之關鍵。教會除擁有權勢和財富外，亦壟斷知識。教權和世俗王權的權力鬥爭形塑歐洲大陸的秩序，但隨著歐洲北部日耳曼各國王權的集中和強大，教會的勢力和影響逐漸在這些地區式微。16世紀首先在德國開始的「宗教改革」，進而擴展至整個歐洲北部，歐洲北部日耳曼國家紛紛脫離羅馬天主教，建立新教並推動現代化轉型，例如英國工業革命、法國啟蒙運動與法國大革命等，現代文明對西歐亦因此而產生重大影響。[4]

中世紀歐洲整合的基礎是基督教、羅馬天主教教會、拉丁文等，歐洲文明的發展途徑由14世紀至15世紀以義大利為中心，在15世紀至16世紀為第二階段，擴及歐洲西部和南部，在英國、法國、德國、荷蘭、西班牙等先後產生重大影響，在17世紀上半葉，擴及歐洲東部和北部。在中世紀的基督教世界，信眾之精神生活的一統是其社會文化的最大特色。[5]基督教會雖然興起於古羅馬帝國晚期，並成為帝國的國教，以及至中世紀取得了當時社會最大的政治、經濟與精神權力，但中世紀的歐洲歷史發展由此產生基督教會與世俗王國間的教權與王權之爭，基督教會內部的分裂與改革，基督教與伊斯蘭世界以及基督教與東正教間的對抗。[6]

長期以來在西歐最主要的衝突是存在於基督教與封建王國之間，相較於古希臘與古羅馬的帝國時代，帝國已不是原來的奴隸制帝國，其範圍比羅馬帝國小很多，亦非中央集權，而是基督教主導的封建制帝國，且國王、貴族、教會之間存在相當程度的權力平衡。[7]在此發展過程中，天主教影響的南歐國家，沒有進行「宗

3　孟宛音編譯，Carlos Spottorno（2019），〈另一個歐洲：南歐的失勢和頹敗〉，《文明》雜誌，https://www.toutiao.com/a6708982856577712654/（檢視日期：2019年7月14日）。

4　同前註。

5　莊翰華（2008），〈歐洲整合的「空間」概念之演變〉，《地理研究》，第48期，頁87。

6　張曉通、賴揚敏（2018），〈歷史的邏輯與歐洲的未來〉，頁8；楊光斌（2019），〈自由化浪潮與世界政治變遷〉，《世界政治研究》，第1輯，http://chinaps.cass.cn/zxcg/201907/t20190710_931901.shtml（檢視日期：2019年7月14日）。

7　張曉通、賴揚敏（2018），〈歷史的邏輯與歐洲的未來〉，頁9。

教改革」，亦未啓動現代化進程。南歐的衰落以及古典希臘文化的衰落始於西羅馬滅亡，東羅馬建立的拜占庭帝國亡於鄂圖曼土耳其。從19世紀開始，希臘開始重建和現代化轉型，但受困於鄂圖曼土耳其帝國時期遺留下的寡頭政治和權貴傳統。羅馬帝國的分裂使得義大利也分裂，在中世紀義大利北部是歐洲文明發展和傳播的中心，羅馬教皇擁有至高無上的權威，但是宗教在一定程度上削弱義大利世俗政治的權力，抑制了城市的活力和商業的發展，使得19世紀義大利的統一和發展受阻，而保守的天主教會阻止啓蒙運動思想傳播至西班牙。[8]

　　「歐洲」觀念的形成是在15世紀至17世紀之間，是社會生活世俗化及民族國家逐漸成型的結果。歐洲的兩種主要的政治組織，即代表神權的教會與代表王權的帝國。中世紀歐洲版圖的劃定是以天主教教會的勢力範圍，以及日耳曼人創建的帝國爲準，即法蘭克王國和神聖羅馬帝國。[9]「西伐利亞條約」的簽訂，結束1618年至1648年的「三十年戰爭」，導致基督教會所主導之的區域秩序逐步被現代民族國家所取代。[10]

　　「西伐利亞條約」簽訂以後，歐洲各民族以民族國家爲單位，持續進行爭奪或維護各自利益的競爭，使得歐洲人從中世紀對地方、封建領主以及基督教教會的認同轉化爲對民族的認同，進而建立和鞏固民族國家，從而完成歐洲中世紀向近代發展過程中社會整合的轉變，然而宗教戰爭及「三十年戰爭」所帶來的災難，使得多數歐洲人瞭解由舊教與新教所影響之基督文明（Christianity）的侷限性，進而找尋非基督文明之認同，以致成就世俗哲學的發展（secular-philosophies）。歐洲的基督文明認同在17世紀亦因此而分裂成三種認同內涵，即天主教、基督教，以及由霍布斯（Thomas Hobbes, 1588-1679）、洛克（John Locke）等思想家所代表之世俗思想（secular mentality）。此認同趨勢至啓蒙時期（Siècle des Lumières，約18世紀初至1789年法國大革命）從少數之菁英分子團體擴展至日漸增多且受教育之中產階級。啓蒙時期之歐洲文化認同的內涵是在前述基礎上加入理性主義、科學、民主思想，再加上經由拿破崙（Napoléon Bonaparte）橫掃歐洲之戰爭（1792-1815）而擴展至整個歐洲的法國大革命（1789-1799）所主張之自由、平等、博愛的理念。[11]

8　孟宛音編譯，Carlos Spottorno（2019），〈另一個歐洲：南歐的失勢和頹敗〉。
9　莊翰華（2008），〈歐洲整合的「空間」概念之演變〉，頁90。
10　張曉通、賴揚敏（2018），〈歷史的邏輯與歐洲的未來〉，頁9。
11　歐洲文化作爲歐洲認同的標的所涵蓋之文化史時代是從Johann Christoph Adelung、Gottfried Herder、康德（Immanuel Kant）至伏爾泰（Voltaire），此歐洲文化發展史亦是歐洲得以在國際社會中崛起的重要基礎。王群洋（2012），〈歐洲認同與歐盟東擴之互動發展〉，《全

直至本世紀基督教文明亦是決定冷戰結束後歐洲整合文化邊界的重要因素，現今「歐盟」依然是以基督教爲主流之共同體。不少政治菁英仍然信仰基督教之世界觀，對其他宗教文明有一定程度之輕視，特別是在歷史上與其發生過「聖戰」（Jihad）之伊斯蘭文明，此亦是歐洲近期遭受恐怖攻擊之原因。

第二節　民族國家之發展

歐洲之民族形成包含社會心理、現象及溝通等三個層面，就社會心理層面言，民族是指團體共存之集體認同。從現象層面來看，民族則分爲「文化民族」與「國家民族」。「文化民族」成員之間共屬感是源自其建立在共同的文化、語言、歷史、風俗、宗教及血源等之上的民族意識。結合民族與國家的「國家民族」則指一個國家將境內生存之種族整合爲一民族，並以民族文化之發展來消除「國家民族」的人爲特質。溝通層面所言之民族的特徵在於社會溝通，各個成員之民族意識是建立在溝通意願與穩定的溝通體系，而現代化的過程則可改變成員之民族意識。[12]

在歐洲將具有現代意義之社會或國家視爲民族，肇始於17世紀之英國，歐洲大陸則基於下列原因，直到18世紀及19世紀才出現此類型之民族：一、中歐約在「三十年戰爭」時期才有一普遍認知的「神聖羅馬帝國」；二、17世紀中葉「宗教改革」後，「基督」成爲宗教團體認同的焦點。在歐洲民族是直到法國大革命時期（1789）才取代布丹（Jean Bodins, 1530-1596）之「主權論」與霍布斯受自然法觀念影響之「契約論」中，抽象的國家在政治決策過程內之優勢地位，成爲主權唯一擁有者。[13]

19世紀是所有歐洲民族運動以民族爲核心論述的關鍵期，例如義大利之馬志尼（Giuseppe Mazzini）之民族理念是將政治納入宗教，爲人類復興，民族則是整體人類（ethnic whole）的一部分，此種準宗教性表相論述（quasi-religious outlook），超越民族國家。馬志尼在1871年指出民族不僅只是領土（雖然領土擴張可以使國家更強大），且民族亦不僅是說同樣語言的人聚集在一個領導統治之下。就任務與性質而言，民族是擁有信仰與傳統的完整有機體，與他者明顯不同之處在於

球政治評論》，第37期，頁35-36。
[12] 王群洋（1994），〈德意志民族觀之初探〉，《中山社會科學學報》，第8卷第2期，頁93。
[13] 同前註，頁94。

有特殊能力完成普遍性任務。馬志尼的觀點被視為民族之信仰，是想將民族主義轉換為一信仰體系。此體系可以包含整個政治領域，形成新的民族共同體的意志。在1830年代波蘭民族運動中亦將民族神聖化，波蘭的基督認知在形塑民族的宗教上扮演關鍵角色。馬志尼的理念是以天主教、殉教者以及基督教信仰為核心，視斯拉夫人為等待文明之野蠻人，此即是對20世紀及21世紀均有影響之西方－歐洲中心論（West-Eurocentric）。[14]

陶意志（Karl W. Deutsch）認為民族是在不同的時空中，融合多元種族在社會動員及文化同化過程中發展而成，且有形成「民族國家」之可能。韋伯（Max Weber, 1864-1920）則界定民族為政治的聯合，「民族國家」是民族的權力組織。[15]在歐洲之民族國家取代神權政治，雖具有現代性，但具有雙重屬性。第一種屬性是具有現代性的現代國家，第二種則是具有民族主義屬性的單一民族所組成之國家，有造成擴張領土的可能性。[16]

歐洲民族主義在14世紀中葉至16世紀末之「文藝復興」（Renaissance）時期，因結合民族主權至上及法國大革命所主張的「民族自決」，而發展出具有政治意識型態及民族運動涵義的近代民族主義。[17]陶意志認為民族主義包含精神理念與意識型態兩個層面，就精神理念而言，民族主義促使民族之訊息、記憶及觀念等在社會溝通及決策過程中，擁有較重要之地位。在意識型態層面，民族主義是結合觀念、價值、法規、世界觀及社會觀的思想體系，使得一個大的社會團體擁有語言、血源、歷史、文化之共同性，或者是擁有共同的國家主權為基礎之共屬感，而此共屬感可形成特別的價值觀，整合一團體以別於其他團體，而作為意識型態的民族主義之核心內涵，是具有動員民族能力與擁有主權的民族國家。[18]

在19世紀至20世紀期間，各種民族主義的著重點是古典的「民族國家」形成及古典的民族主義，存在於西北歐及西方高度工業化社會，主要是指「經濟合作與開發組織」（Organization of Economic Cooperation and Development）會員國。此歷經幾個世紀形成之「民族國家」與民族主義均涵蓋下列發展過程：一、具有領土可管轄之國家，其特徵在於中央統治機構享有最高統治權力及國家的權力獨占；

---

[14] Giovanni Savino (2018), "Europeanism or Nationalism? On Nation-Building in Europe and Ukraine," *Russia in Global Affairs*, Vol. 16, No. 2, pp. 95-97
[15] 王群洋（1994），〈德意志民族觀之初探〉，頁94。
[16] 楊光斌（2019），〈自由化浪潮與世界政治變遷〉。
[17] 王群洋（1994），〈德意志民族觀之初探〉，頁94-95。
[18] 同前註，頁95。

二、喪失權力之社會團體（貴族）及新的政治團體（影響力漸增之平民階層）試圖控制國家的權力；三、以資本主義的市場經濟生產方式來形成全國的經濟交流；四、交通、法制、教育與語言的統一化過程；五、社會動員化，主指現代化過程中造成之非農化、城市化、平民階層、中產階級等；六、在社會動員的前提下，於社會衝突中廣泛發生作用之政治化；七、社會福利國家之形成；八、多元功能之政府的產生；九、民族認同之形成。在此發展過程中，對內民族主義雖是在一團體中，將個人及民族從政治與社會歧視中解放出來，但同時亦限制及危害到自由，而此等限制與危害有時具有毀滅性；對外民族主義則發展爲結合政治、經濟、社會及文化的擴張與壓迫，以帝國主義及反帝國主義的形式出現。[19]

　　第二次大戰後在西歐所推動之歐洲區域合作是由「西伐利亞條約」、啓蒙運動及第二次世界大戰慘烈結果的三大歷史因素所塑造。在西歐普遍認爲17世紀宗教戰爭結束後所建構以基督文明爲基礎的前現代歐洲之「西伐利亞秩序」，是20世紀下半葉歐洲由主權國家過渡至後主權與後民族國家之第一步。東歐學者卻挑戰此觀點，認爲「西伐利亞秩序」下所塑造之和平，使歐洲國家在外交政策制定與執行過程中政治與宗教明確分離，外交政策是由世俗組織如主權國家主導。「西伐利亞條約」建構之歐洲秩序是主權國家間的權力平衡，且在實際運作中是強國欺壓弱國。「西伐利亞和平」（Westfälischen Friede）建構之歐洲秩序在19世紀帶來民族主義與殖民主義，並間接促成兩次世界大戰。「西伐利亞條約」建構之歐洲秩序雖使主權國家不再受制於教會，但「達爾文主義」所主導之國際關係所產生民族國家間之競爭與衝突，反而使得歐洲發展受到挫敗。歐洲整合正如德國前外交部長費雪（Joschka Fischer）所言，是爲了回應源自17世紀以來的政治世俗化之訴求，以及回應20世紀民族國家理念所造成之衝擊。[20]

　　「歐洲共同體」（European Community，以下簡稱「歐體」）成立的目的除了因應蘇聯的侵略擴張，並將西德導入西方價值體系，確保歐洲之和平秩序。歐洲區域進一步地整合，有賴再統一後的德國自願爲西方價值體系的一員及「歐體」對東歐國家在政治、經濟方面的吸引力。所以在1991年成立「歐洲重建與發展銀行」（European Bank for Reconstruction and Development）及透過與東歐各國簽訂之貿易協定，給予東歐國家經濟援助，拯救困頓的經濟及化解可能的難民逃亡潮。此

---

[19] 同前註，頁95-96。
[20] 王群洋（2012），〈歐洲認同與歐盟東擴之互動發展〉，頁37。

外，「歐洲部長理事會」鼓勵將私人資金移轉及投資到東歐各國。在蘇聯瓦解後，東歐受到歐洲傳統的民族自傲及宗教狂熱主義在東歐復甦的影響，堅拒任何放棄國家主權的國際合作。西歐國家為防止危機發生，阻止區域的分裂，除立即給予經濟援助外，還推動東西歐各國整合在主權平等的和平新秩序。[21]

在民族國家形成過程中，歐洲大陸動盪的政治局勢使「歐洲」有必要從社會組織，發展為維持歐洲持續和平的制度安排。[22]歐洲民族國家在「歐盟」東擴之進程中，受到集權化、標準化及統一等觀念束縛的東歐多元文化，和以基督文明為主的西歐政治文化相互激盪之影響，使得各種政治、經濟、文化等因素從民族國家向「歐盟」擴散。故在歐洲出現各種新的認同型態，例如「舊歐洲」與「新歐洲」、「世俗歐洲」與「宗教歐洲」、「核心歐洲」與「邊陲歐洲」，而原屬於民族國家範疇的認同型態也逐漸地呈現出多元化的特徵，如民族認同、地方認同與區域認同等。「歐盟」公民是否認同歐洲，成為「歐盟」整合能否完成的根本因素。[23]John Keane認為歐洲民族國家之主權因全球化與「歐洲化」（Europeanization）而流失，議會決議之事亦不再僅是限於國家內部的事務，此亦鬆動建構在以主權國家為議會運作範圍之民主體制。[24]「歐盟」在推動整合的過程中，亦遭受訴諸民族國家之右派民族主義分子、右派政黨與社會組織排斥難民與移民主張之牽制，反倒使得內部之分歧無法彌合。

新冠肺炎疫情爆發後，各國經濟相互依賴程度有所下降，全球產業分工遭受質疑。部分經濟領域重新國有化，恢復民族國家之作用及影響力之訴求增加。主權國家作為國際關係中的行為主體具有不可替代性，其合法性和生存取決於能否首先保障本國公民的社會福利。[25]

[21] 王群洋（1991），〈德國統一與歐洲整合〉，《中山社會科學季刊》，第6卷第4期，頁102。
[22] 莊翰華（2008），〈歐洲整合的「空間」概念之演變〉。
[23] 王群洋（2012），〈歐洲認同與歐盟東擴之互動發展〉，頁33。
[24] 「歐洲化」是指國內體制和政策因應歐洲整合以及歐盟治理所作之雙向互動調整之過程。黃偉峰（2012），〈「歐洲化」課題之各類研究方法及取向〉，黃偉峰主編，《歐洲化之衝擊》，臺北：五南圖書出版公司，頁21；王群洋（2015），〈歐洲聯盟代議民主之困境〉，《全球政治評論》，第52期，頁90。
[25] 郭小麗、王旭譯（譯），C.A. Караганов（2020），〈俄羅斯外交政策新思想〉，《中國社會科學網》，http://www.cssn.cn/gjgxx/gj_els/202009/t20200916_5183360.html（檢視日期：2020年9月22日）。

　　就建構確保和平之政治體制，國際學術界在探討避免戰爭以達到和平的主要途徑有「國家聯合」（association of nations）與「聯邦體系」。「國家聯合」就如同第一次世界大戰後的「國際聯盟」或第二次世界大戰後的「聯合國」，而「聯邦體系」就如同建立區域合作組織，經由功能合作途徑以建構和平秩序。梅傳尼（David Mitrany）認爲，第一種兼顧國家主權與合作的組合，使得各會員國可保有自己國家的政策與對自我的認同，但是並不能保證會走向進一步的整合。第二種以「聯邦體系」作爲解決的選項，有可能會使世界分成幾個不同的競爭個體，若成立一個世界性的政府，也不能保證消弭民族主義。[1]

　　針對達到和平所採取的歐洲區域合作途徑，所發展出來的區域整合理論中，政府間主義、新功能主義與後功能主義對於歐洲整合之深度與廣度有不同的觀點。政府間主義之觀點認爲歐洲整合應該由會員國政府推動與掌控；新功能主義與後功能主義認爲整合的第一步通常是由會員國政府決定，但不同意之後的整合仍由會員國政府掌控。新功能主義主張「外溢」（spill-over）的過程自動朝向「更多的歐洲」（mehr Europa），一方面可以產生與強化整合之行爲者，而可以從歐洲整合中獲益之歐洲利益團體，例如超國家組織、多國籍企業以及不依賴會員國政府之組織等；另一方面整合可以創造更新與更強的國際合作與互賴。其不足之處在於整合之初缺乏建構，故必須改革。會員國政府在改革過程中喪失部分權能，以利整合之推動。後功能主義者認爲部分負面之互動不利整合進程，使得解決問題之能力減弱。就「外溢」而言，「政治化」是歐洲整合之核心機制。自1990年代開始，歐洲整合的進程日漸進入國家主權、國家認同以及公民生活領域，例如貨幣、移民、內部與外部安全等。[2]

---

[1] 張亞中（1998），《歐洲統合：政府間主義與超國家主義的互動》，臺北：揚智，頁13。

[2] 政治化是指公民更強、直接、極化與動員化的參與政治。Frank Schimmelfennig (2015), "Mehr Europa-oder weniger? Die Eurokrise und die europäische Integration," *Aus Politik und Zeitgeschichte*, 65 Jg. Nr. 52, pp. 29-30.

　　歐洲面臨之經濟、地緣政治與技術革命等動盪，以及目前全球都未處理過的網際網路之國際秩序規則。新技術革命已帶來經濟的失衡、階級對立與意識型態的衝突，進而衝擊民主體制之穩定性。[3] 本章探討民主體制之缺失所產生之民主赤字、民粹主義盛行、民族國家再起，以及波蘭與匈牙利所採行之威權體制，對「歐盟」代議民主之衝擊。

第一節　「歐盟」之民主赤字

　　冷戰結束後「歐盟」內核心之爭議是對於處理權力與利益之制度或體制之主張有分歧，即「歐盟」應該是政府間主義為基礎之一般的區域經濟合作組織或是以超國家主義為基礎，建立成為「歐洲合眾國」（United States of Europe）。「歐盟」整合最初之目的是為在代議民主體制的基礎上，建構第二次世界大戰後的和平秩序。戰敗國與戰勝國間的和解是由政治菁英主導，成就了歐洲至冷戰結束的和平秩序。[4] 從權力平衡之觀點言，「歐盟」一方面可以對內，促使歐洲內部之權力競爭以和平方式進行，對外在貿易方向具較大之競爭力。[5]

　　歐洲民主體制的運作，基本上可以分為菁英民主與平民民主兩大類。在菁英民主階段的早期，政府僅是資本的「代理人」，之後政府是經由保守的社會政策，來維護社會和諧，並保護資本順利地運作。在菁英民主階段，資本利益和政治利益具有高度的一致性。在進入平民民主階段之後，政治利益和資本利益開始分化，平民民主也推進和擴展了社會政策。在福利社會，民主和福利是一體兩面的。現今認同政治成為主流趨勢，使得全球化的發展亦激起地方化的發展，經濟發展亦從以總體經濟轉為強調個體經濟，政治發展亦為以地方政治為主。[6]

　　在全球化時代，歐洲區域內已具規模之「歐盟」機構，在推動整合以完善體制，所依循的是以技術官僚、經濟理性與超國家治理等理念。面對全球化之合作與競爭，民族國家之主權完整與民主體制間之困境是「歐盟」必須要面對，整合最終

---

[3] Emmanuel Macron (2019), Speech at Ambassadors' Conference.

[4] Hubert Kleinert, "Krise der repräsentativen Demokratie?."

[5] Patrick Bernau (2016), "Ein Sieg des Misstrauens," *Frankfurter Allgemeine Zeitung*, http://www.faz.net/aktuell/wirtschaft/wirtschaftspolitik/kommentar-ein-sieg-des-misstrauens-14305124.html (accessed on 14 June, 2018).

[6] 鄭永年（2016），〈今天世界秩序危機是過去三大轉型的產物〉。

目標是要建構一個「新的民族國家」（new nation-state），其是否還有可行性，亦面臨檢視的必要。[7]歐洲國家民主體制現階段出現之矛盾是在東歐國家轉型為西歐式之民主體制的同時，西歐民主體制已出現危機。故東歐民眾開始質疑民運人士所推動之「正常」（"normal"）的民主體制是否能反映真正之民意，西歐之公民則已面對民主體制之不足所造成之負面影響，以致產生公民投票意願低落，參與或認同政黨、工會或職業公會（professional associations）之意願不高，更有甚者不願意相信其選出之官員或政治人物，並漸漸不滿意其被治理之方式。[8]

「歐盟」之代議民主體制被視為是行政權獨大，因立法權不是由「歐盟」各會員國直接民選產生之「歐盟議會」單獨行使，使得「歐盟」民眾參與政策制定的意願日漸降低，造成「民主赤字」（democratic deficit）以及因此而產生之政策與機關「合法性赤字」（legitimacy deficit）的問題，使得「歐盟」之代議民主體制運作遭受質疑。在解決歐債危機過程中，政治菁英之能力被挑戰，「歐盟」為求增加解決危機之效率，又擴大行政權，使得民意機關無法制衡，此又進一步惡化「歐盟」之「民主赤字」與「合法性赤字」之情況，造成民粹分子、民族主義分子與疑歐派（euro-skeptics）的影響力大增。在「第三條路」（the Third Way）概念指引下，傳統由左至右的各大政黨之主張向中間移動，使得差異減少，人民之選擇亦隨之減少。此外，政黨整合與反映民意能力亦遭受質疑，促成新形式的政治參與快速發展，進而衝擊代議民主體制之運作。[9]

就「歐盟」民主赤字而言，Karlheinz Neunreither是指「歐盟」民眾對於決策影響不足，負責「歐盟」機關政務運作之人員非民選產生，「歐盟」行政機關不必對政策成敗負責；歐洲政黨與傳播媒體參與不足。[10]「歐盟」在開始推動「東擴」的過程中，已受困於「民主赤字」與效率不佳等問題，造成「歐盟」必須面對能力不足、欠缺民眾的支持、「歐盟」會員國間與會員國內部日增的多元化等之挑戰。[11]

「歐盟」歐元區之會員國因持有歐元而使得相關職權集中在「歐盟」的機構，特別是「歐盟執行委員會」（European Commission）與「歐洲中央銀行」（European Central Bank）。若直接由「歐盟」機構決議要繳交金融交易稅、提高加值稅

---

[7] Nils Gilman and Steven Weber (2016), "Back in the USSR," *The American Interest*, https://www.the-american-interest.com/2016/12/12/back-in-the-ussr/ (accessed on 14 December, 2016).

[8] 王群洋（2015），〈歐洲聯盟代議民主之困境〉，頁88-89。

[9] 同前註，頁87-88。

[10] 同前註，頁93。

[11] 王群洋（2012），〈歐洲認同與歐盟東擴之互動發展〉，頁42。

或提高歐元之流動性而未經會員國同意，則易造成民主赤字問題。目前之所以未引發巨大爭議，是因為會員國在部分政策上將「歐盟」視為政府間組織或在其他政策上將「歐盟」視為超國家組織。若將金融主權移交給「歐盟」機構，「沒有繳稅就沒有代表」（"No taxation without representation"）的訴求，及要求新的民主參與及問責機制（accountability）就必須受到重視。「歐盟」在拯救歐元區之財政、預算及規範措施均忽視其政治合法性，[12] 例如「歐盟」在2011年施壓希臘與義大利接受技術專家組成之政府，以取代民選政府，2015年「歐洲中央銀行」、「歐盟理事會」（European Council）與「國際貨幣基金」（International Monetary Fund）得以取代希臘的民主政治所產生之決策。希臘在2018年8月結束向「歐盟」借貸，但仍要接受評鑑，以取得直到2022年之48億歐元援助，[13] 原因即在於「歐盟」之技術官僚認為拯救歐債危機之本身即具「自我合法性」。Philippe C. Schmitter認為「歐盟」多層次與集中在中央之超國家治理體系對會員國國內民主體制有負面作用，以及增加議會之權力，並不足以克服「歐盟執行委員會」無法反映歐洲選民之政黨偏好的問題，因其是由會員國政府間協商所產生的。[14]

　　如前所述歐洲整合的原始動機是為了確保歐洲和平秩序，冷戰結束後則增加第二個動因，即全球化以及對「歐盟」影響國際秩序的能力。故歐洲整合第一個階段是由菁英分子主導整合之進程，目前第二階段則是要增加歐洲機構與歐洲人間之關係。[15] 哈伯馬斯（Jürgen Habermas）認為「歐盟」政治菁英至今並未告訴民眾深化歐洲整合之途徑。[16] 有鑑於此，哈伯馬斯以及其他政治、經濟、社會、學術、文化與藝術等行業之草根人士、菁英分子與年輕人投入抗議歐債危機之行動，並發表「眾人的自由意志年（Ein Freiwilliges Jahr Für alle）：我們才是歐洲」之宣言，創立歐洲公民社會的文獻，其目標是要一份由「下而上」的歐洲憲法以及建立「歐盟」之政治創新力及合法性。[17] Anthony Giddens主張「歐盟」之代議民主需要「第

---

[12] Philippe C. Schmitter (2012), "European Disintegration? A Way Forward?," *Journal of Democracy*, Vol. 23, No. 4 , pp. 43-45.

[13] Andrew Rettman (2019), "Greek election: Tsipras out, Mitsotakis in," *Euobserver*, https://euobserver.com/economic/145383 (accessed on 25 July, 2019).

[14] 王群洋（2015），〈歐洲聯盟代議民主之困境〉，頁102。

[15] Ludger Kühnhardt (2010), "Die zweite Begründung der europäischen Integration," *Aus Politik und Zeitgeschichte*, Nr. 18, pp. 3-8.

[16] Jürgen Habermas (2010), "Europa: Wir brauchen Europa!," *Zeitonline*, https://www.zeit.de/2010/21/Europa-Habermas (accessed on 31 August, 2018).

[17] 宣言內明確指出有鑑於每四個中就有一個在25歲以下的歐洲人失業，而要求社會正義。故第

二波民主化」，亦即民主體制之民主化。[18]「歐盟」在處理歐債危機中政治菁英的強勢領導，對於既存之民主赤字產生進一步之衝擊，並降低公民對「歐盟」之認同。

　　如前段所言「歐盟」整合的第二個階段就是要增加「歐盟」機構與人民間的關係。「歐洲議會」是運作「歐盟」代議民主的機構，亦是銜接「歐盟」機構與歐洲人民的機構。在「歐洲議會」黨團中，以「人民黨」（Group of the European People's Party, Christian Democrats）、「自民黨」（Group of the Alliance of Liberals and Democrats for Europe + Renaissance + USR PLUS）與「社民黨」（Group of the Progressive Alliance of Socialists and Democrats）三大黨團爲主流。其分據政治光譜中右、中間與中左，大體都支持自由市場和歐洲整合。左派的綠黨／歐洲自由聯盟（Group of the Greens/European Free Alliance）成員是形形色色的「環保黨」、「盜版黨」、「地區民族主義黨」，和右派的歐洲保守與改革黨團（European Conservatives and Reformists Group）爲支持自由市場，但反對「歐盟」侵損國家主權的疑歐政黨，如英國執政黨保守黨以及波蘭執政黨「法律與公正黨」。「聯合左派／北歐綠左」（Confederal Group of the European United Left - Nordic Green Left）是個極左黨團，主張共產主義，反對「歐盟」以新自由主義爲基礎之整合進程，還呼籲解散「北約」，其中包括愛爾蘭「新芬黨」（Sinn Fein）、希臘的執政黨「激進左派聯盟」（Syriza）以及西班牙的「我們能黨」（Podemos）。「歐洲自由與直接民主」（Europe of Freedom and Direct Democracy Group）則是個反對歐洲整合的極右黨團，近半議員來自英國「獨立黨」（United Kingdom Independence Party）分裂出來的英國「脫歐黨」（Brexit Party），剩下的議員中大多來自義大利的「五星運動」（Five star movement）。「歐洲民族與自由」（Europe of Nations and Freedom）是另一個極右黨團，有法國「國民陣線」（National Front）黨魁馬琳勒朋（Marie Le Pen）的積極參與。極右思潮是民眾對現代化、後現代化與全球化負

一批參與簽署該宣言人士要求歐洲公民社會在解決歐債危機要有發揮影響力之機會，故要求歐盟執委會、各會員國政府、「歐洲議會」及各國議會爲歐洲百姓創造一個歐洲公民社會所需之財政與法律前提。此與現今由菁英與技術官僚所掌控之歐洲不同，其爲「由下而上」的模式。「歐盟」以「歐洲政策」爲名，甚至違反歐洲人意願情況下犧牲其福祉。此問題之關鍵在於必須將主權國家之民主體制提升爲歐洲層級之民主體制，並以此重建歐洲。因爲歐債危機不僅是經濟的，亦是政治的危機。爲解決此問題需要歐洲之公民社會及年輕世代的參與。Die Zeit (2012), "Freiwilliges Jahr: Wir sind Europa," *Zeitonline*, http://www.zeit.de/2012/19/Europa-Manifest (accessed on 18 November, 2012).
[18] 王群洋（2015），〈歐洲聯盟代議民主之困境〉，頁89。

面後果的回應，極右黨團主張以反「歐盟」與反全球化受到重視。近年極左政黨在歐洲之快速崛起，比如希臘「激進左派聯盟」，中間派之義大利「五星運動」、左派之西班牙「我們能黨」等。「五星運動」和「我們能黨」則挾新型社會運動的餘威，自我定位卻並不完全是「極左」，「五星運動」甚至常自稱爲中間派。[19]

　　右派民族主義政黨在2019年「歐洲議會」之選舉的得票率之所以能增加，主要原因是「歐盟」制度之缺失。爲解決制度之缺失，「歐盟」必須在制度上更加民主，並解決民主赤字之問題，例如，第一，在「歐洲議會」選舉上，「歐盟」必須解決歐洲公民只能選本國參選人，不能選其他國家參選人之限制，以致無法進行眞正地以整個「歐盟」爲選區之選舉。第二，是各會員國之選舉條件不一致，各會員國投票年齡限制不同，奧地利與馬爾他16歲就有投票權；法國對於小黨得票率有5%之門檻限制，其他會員國卻未有此限制。第三，是歐洲國家領袖們並未遵守「歐盟條約」要求，依照「歐洲議會」選舉出之人選，來任命「歐盟執行委員會」之主席，而是自提人選要「歐洲議會」同意。「歐盟」會員國內現在有所謂1989年後出生的「歐洲世代」（Generation Europe），自認是歐洲人，有意形塑歐洲之未來，要求社會福利、對環境友善與更民主的「歐盟」，而此正是2019年「歐洲議會」選舉綠黨、親歐洲政黨與自由黨勝選之重要原因。[20]（表3-1）

表3-1　「歐洲議會」黨團席位（2019-2024年）

「歐洲議會」黨團	席位	席位比例百分比（%）
歐洲人民黨（Group of the European People's Party, Christian Democrats）	179	23.83
社會主義者與民主人士進步聯盟黨團（Group of the Progressive Alliance of Socialists and Democrats）	153	20.37
歐洲自由民主聯盟黨團（Group of the Alliance of Liberals and Democrats for Europe + Renaissance + USR PLUS）	106	14.11
綠黨／歐洲自由聯盟黨團（Group of the Greens/European Free Alliance）	74	9.85

---

[19] 黃靜（2018），〈西風不相識｜天才在左，瘋子在右？對話歐洲政治新勢力〉，《澎湃新聞》，https://www.thepaper.cn/newsDetail_forward_2019519（檢視日期：2018年3月6日）。

[20] Steffen Dobbert (2019), "EU-Wahl: Macht Europa demokratischer," *Zeitonline*, https://www.zeit.de/politik/ausland/2019-05/eu-wahl-europa-demokratie-chance-europawahl-europaeische-union (accessed on 6 June, 2019).

表3-1　「歐洲議會」黨團席位（2019-2024年）（續）

「歐洲議會」黨團	席位	席位比例百分比（%）
歐洲保守與改革黨團（European Conservatives and Reformists Group）	64	8.52
歐洲民族與自由黨團（Europe of Nations and Freedom Group）	58	7.72
歐洲自由與直接民主黨團（Europe of Freedom and Direct Democracy Group）	54	7.19
歐洲聯合左派／北歐綠色左派邦聯黨團（Confederal Group of the European United Left - Nordic Green Left）	38	5.06
不結盟（Non-attached Members）	9	1.20
其他：新選上尚未加入黨團者	16	2.13

資料來源：自2009年起黨團成員必須至少25位組成，且成員必須至少來自七個會員國。European Parliament (2019), "European election results," European Union, https://www.election-results.eu/european-results/2019-2024/ (accessed on 11 June, 2019).

第二節　民粹主義之興起與民族主義之再起

　　民粹主義者僅是洪水猛獸？或是分配正義的主張者？民族主義分子必然排他？或是秩序的支持者？「歐盟」政治文化核心是鼓勵民主體制及支持自由和社會福利國家之價值觀，故歐洲整合是對民粹主義、右派民族主義與新法西斯主義等激進主義的回應。[21]在1980年以前的歐美國家經由戰爭與產品的輸出而富裕，進而推動社會福利政策。工業化過程中的失業人口亦可轉移至國外，特別是前殖民地，以減少失業問題，從而減緩國內貧富階級之對立。義大利在1920年至1930年總共5,000多萬人口中移出了600萬人，依然無法解決問題，故促成了法西斯主義的發展。[22]

　　在第二次世界大戰之後的三十年裡，歐洲的各類政黨如「社會黨」、「社會民主黨」和「勞工黨」以相對平等的方式，與「基督教民主黨」、「保守黨」（Tories）、戴高樂主義者（Gaullists）及其他中間和中間偏右政黨分享權力。在法國和

---

[21] 王群洋（2012），〈歐洲認同與歐盟東擴之互動發展〉，頁38。
[22] 楊光斌（2019），〈自由化浪潮與世界政治變遷〉。

義大利，即便是共產黨也能擔任次要的角色。政黨與其在企業、勞工和中產階級的支持者，為避免1920年代的崩潰，故擴張社會福利計畫，歐洲國家建立全民健保、失業救濟和家庭津貼，以及免費進入大學就讀。在1970年代經濟衰退之後的歐洲，新自由主義觀點取代了高度受到社會民主和凱因斯經濟學影響的觀點，而社會黨、社會民主黨、勞工黨、基督教民主黨、保守黨和自由黨支持此觀點。[23]

現今由於生產力對比關係發生變化，市場被中國與印度等新興國家占據，歐美國家失業人口不僅不易轉移至國外，以民主化之名所進行的自由化使得中東地區和很多非洲國家動盪不安，造成往歐洲移動的大規模難民。難民衝擊了歐洲的社會秩序，進而造成歐洲的極右政治勢力及民族主義政治勢力的再起，讓民粹分子有機可乘，歐洲很多國家極右政黨支持度持續增加。[24]自由化導致產業分工全球化，產業轉移至國外和收入差距擴大，造成嚴重之貧富差異。歐洲國家內部不平等情況嚴重，促成以分配正義為訴求之社會主義運動的流行，學術界視之為民粹主義。民族主義被歸類為「右派民粹主義」，基層百姓的草根運動被視為「左派民粹主義」。[25]

在1990年代全球化積極進展的情況下，新自由主義經濟政策在轉型國家和發展中國家中備受重視，歐洲跨國公司在發展中國家和新興市場國家大量投資，進行全球產業布局。實行市場轉型的中東歐國家受到經濟全球化趨勢之影響，成為全球新興市場的重要組成部分。對於中東歐國家而言，全球化引發的恐懼與不安是就業、社會與身分歸屬等的不安全，擔心回教社群移民威脅民族國家的生存。匈牙利學者Dorothee Bohle認為，資本主義與民主從本質上是相互衝突。自第二世界大戰到2008年金融危機，西方國家使用了不同的機制避免資本主義與民主的對立，在1970年代的解決之道為通貨膨脹和民主主義，而在1980年代則為福利政策和減稅，但1990年代以來在金融化的資本主義中，福利國家內多數社會福利被取消、國家放鬆信用貸款、家庭債務增加、居民收入下降、私人債務增加，政府有必要提出限制資本主義之政策。此等政策導致國家間關係、債權人和債務人之間關係的緊張，民主開始受到侵蝕。歐洲債務危機根本改變了資本主義中債權人和債務人之間的社會

---

[23] 約翰・裘蒂斯（John B. Judis），李隆生、張逸安（譯）（2017），〈《民粹大爆炸》：1970年代歐洲民粹主義興起背景〉，《關鍵評論》，https://hk.thenewslens.com/article/84566（檢視日期：2018年6月9日）。

[24] 楊光斌（2019），〈自由化浪潮與世界政治變遷〉。

[25] 約翰・裘蒂斯（John B. Judis），李隆生、張逸安（譯）（2017），〈《民粹大爆炸》：1970年代歐洲民粹主義興起背景〉。

關係，進而造成民主之衰退和民粹主義的反抗。[26]

　　莫內（Jean Monnet）認為歐洲整合並非整合國家，而是要結合人民，然而「歐盟」長期以來是菁英計畫與官僚體系掌控，反而忽略人民之參與。在歐洲左派與右派民粹主義盛行之根本原因即在於政治、經濟、工會、教會等層面之菁英階層的權威大量的喪失。[27]歐洲從1990年代開始興盛民粹政黨，為「人民」對抗「建制派」和「菁英」階層。最早的歐洲民粹政黨出現在右派，控訴菁英過度偏向共產主義者、社會福利接受者或移民，結果在歐洲主張中間與左派政治人物和學者開始以輕蔑的意味使用民粹分子（populist）。[28]

　　就「後民主體制」之觀點而言，現代民主體制被擁有特權之菁英分子所掌控，彼等貫徹新自由主義政策，使得政府被企業之利益所左右，重要之政策制定都在傳統民主體制之外進行，民主機關合法性流失，使得「去政治化」之趨勢增加。此外，在既有的民主體制內之各政黨屬性不易區隔，在往中間移動的趨勢下，反而有利於極右民粹政黨之崛起。歐洲在新自由主義為主流理念的情況下，民主體制亦僅能被理解為法治國家性質與保障人權，而人民主權平等的理念被視為陳義過高而放棄。堅持人民有平等之發言權與重視人民之需求均被斥為民粹。[29]

　　荷蘭學者Cas Mudde認為民粹主義是指人民與菁英分子間之兩極化，德國學者Karin Priester認為在很多國家之基層公民不再參與政治，不投票或轉向支持給予他們新的歸屬感以及極端民族主義之政黨，而非支持提供社會政策方面承諾之政黨。左派與右派民粹主義者之差異顯現在社會、經濟與家庭政策，[30]傳統政黨的政策因沒有能力反映人民的需求而喪失支持率，再加上民粹分子將社交網站當作擴張途徑，使得民粹主義得以快速傳播。在民粹主義政府或民粹主義政黨和其他政黨組成聯合政府治理下的歐洲民眾，從約1,250萬人增加到約1.7億人，此趨勢對於歐洲最

[26] 孔田平（2018），〈匈牙利再轉型之謎〉，《彭湃新聞》，https://www.thepaper.cn/newsDetail_forward_2189563（檢視日期：2018年6月16日）。

[27] 左派是自由派的代詞，在內政主張干預、控制經濟、構建福利保障制度、堅持保護少數人權利，例如自由移民權。在外交上主張全球化、反貿易戰、反戰。右派是保守派的代詞，在內政主張自由放任、削減福利、限制工會與反移民。Elmar Brok (2016), "Forum 2016-ein Schicksalsjahr für die EU?," Integration, Nr. 1, p. 51.

[28] 約翰·裘蒂斯（John B. Judis），李隆生、張逸安（譯）（2017），〈《民粹大爆炸》：1970年代歐洲民粹主義興起背景〉。

[29] 王群洋（2015），〈歐洲聯盟代議民主之困境〉，頁91。

[30] Sören Götz (2017), "Populismus: Populisten sind eigentlich Reformer," Zeitonline, http://www.zeit.de/politik/deutschland/2017-07/populismus-bertelsmann-stiftung-karin-priester-interview (accessed on 26 July, 2017).

大的威脅在於傳統政黨可能受到民粹主義的影響，進而衝擊到歐洲制度的根基。[31]

　　歐洲整合自始就是菁英計畫，故成立之初就出現人民與政治間的距離，而非始自2005年荷蘭與法國公投「歐盟」憲法草案未通過，以及2016年英國之「脫歐」公投。直到談判「里斯本條約」才處理縮短與人民之距離，但不僅未能阻止人民反「歐盟」，反倒使得百姓反對整個歐洲有關之政治建制，達至前所未有之強度。現代網路社會加速推動全球化，使得國家的控制能力減弱，故百姓希望複合的國際合作能經由國內決策來規範。此外，現今歐洲民主體制，政治與社會分裂情況明顯之國家的內部不平等程度最高，例如英國之貧富差異過大。現在歐洲民粹勢力均以民意為名，反建制並承諾將「歐盟」從菁英階層壟斷中解放出來，例如法國之「國民陣線」，奧地利之「自由黨」（Die Freiheitliche Partei Österreichs）。故產生兩種相反之趨勢：一、不參與政治活動，此可從「歐洲議會」每五年選舉中投票率明顯下降看出；二、形成抗議運動之新動員方式，經由選舉成功進入政治體制，其中多數是民粹與反歐洲之運動與政黨，例如西班牙「我們能黨」從2014年開始嶄露頭角，即是由抗議運動發展出來。2015年「激進左派聯盟」成為希臘執政黨，義大利是民粹主義表現形式最為多元的國家。[32]歐洲主權債務危機強化了「歐盟」會員國內的民粹勢力，而主流政黨爭取選票及在「歐盟」談判時之籌碼亦附和此趨勢。[33]

　　民粹主義對歐洲既有政治秩序的挑戰主要顯現在國家內部與「歐盟」兩個層次，在國家政治層面，民粹主義政黨挑戰既有的傳統左右主流政黨的結構。在「歐盟」層面，民粹主義凸顯的疑歐和反歐立場以及所訴諸的簡單化解決問題方式，如直接民主之公投機制直接影響各國的歐洲政策，（附錄一）並威脅到「歐盟」的發展。民粹主義作為一種意識型態所訴諸的菁英與人民的對立，作為一種政治行動方式所訴諸的方法，以及反多元主義性質等，挑戰歐洲既有的民主政治文化。[34]

　　就歐洲的地區分布而言，民粹主義主要分為左、中與右等三大類：北歐和中歐以右派民粹主義為主，主張民族主義和保守主義，反對菁英階層；南歐則以左派民粹主義為主，抨擊菁英階層無能力處理資本主義和全球化所造成之危機；在東歐

[31] 西班牙阿貝賽報（2019），〈民粹主義在歐洲「攻城掠地」〉，《參考消息網》，http://column.cankaoxiaoxi.com/2019/0508/2379474_2.shtml（檢視日期：2019年5月13日）。
[32] Julie Hamann (2016), "'Das Volk' und 'Die da oben' Misstrauen und Entfremdung in Europa," *DGAPkompakt*, Nr. 17, pp. 1-4.
[33] Antonio Missiroli (2011), "The rise of anti-EU populisms: why, and what to do about it," European Policy Center, *Policy Brief*, 12 September, p. 1.
[34] 林德山（2016），〈新自由主義的政治滲透與歐洲危機〉，《歐洲研究》，第6期，頁3。

和東南歐影響範圍較廣的中間派民粹主義（Centrist Populism），視政策決定其立場。[35] 中歐受到民粹主義影響之因，除了2008年國際金融危機，尚有1970年代以來的不平等的增加。歐爾班（Viktor Orbán）自2010年領導匈牙利「青年民主主義者聯盟－匈牙利公民聯盟」，波蘭「法律與公正黨」的疑歐保守派則自2015年以來掌權，安德列・巴比什（Andrej Babiš）在2017年末成為捷克總理，保加利亞的「執政聯盟」（Koalitsia za Balgariya），斯洛伐克民粹主義者羅伯特・菲佐（Robert Fico）的「方向－社會民主黨」（Smer – sociálna demokracia）加入執政聯盟，奧地利由保守派與極右派組建的聯盟領導等民粹勢力取得執政權。至2019年東歐有10個國家民粹派系的支持率超過20%，並都主張要保護人民主權免受自由民主制之害，並帶有極強的認同訴求。[36]

匈牙利從前共黨國家轉型過程中，積極銜接全球化的發展，但匈牙利的經濟環境有利於資本密集的跨國公司，而不是勞動密集的中小企業。故推動全球化發展，卻使經濟結構呈現出資本密集的跨國部門與停滯的國內部門兩類。在2008年國際金融危機中，匈牙利成為首個需要國際救助的「歐盟」會員國。面對債務危機，出口市場需求下降的威脅，匈牙利求助於「國際貨幣基金組織」、「歐盟」和「世界銀行」（World Bank）。為解決危機，匈牙利實行緊縮政策，引發民眾抗爭。歐爾班認為2008年的西方金融危機使得國際事務之影響力已經從贏得冷戰的西方自由民主國家轉向非自由國家，因為自由主義的功能已經失效。歐爾班2010年上臺後就放棄了新自由主義經濟政策以及解決危機的緊縮政策。歐爾班採用經濟愛國主義之原因在於匈牙利雖然從全球化中獲得利益，但是全球化並未解決國內資本與勞動關係的失衡、跨國公司與本國公司之間的衝突等問題。[37]

波蘭沒有經歷過2008年國際金融危機造成之衰退，從2013年開始得益於經濟復甦，所以民粹主義並非藉由失業和危機後遺症興起，反而是體制轉型以來積累的經濟增長成果分配不均，所引發的城市和農村間之貧富差異。波蘭、匈牙利、保加利亞、斯洛伐克和捷克都出現貧富差異過大的情況，保加利亞政治學者Ivan Krastev認為1989年中歐國家推動自由化，渴望追上西歐的生活水準，然而2008年

---

[35] 中間民粹主義是透過個人魅力、選擇性的政策傾斜及對「民粹主義」的恐懼來爭取政治權力。西班牙阿貝賽報（2019），〈民粹主義在歐洲「攻城掠地」〉。

[36] 法國世界報（2019），〈中歐自由化失敗　竟淪為民粹主義經濟實驗室〉，《參考消息網》，http://column.cankaoxiaoxi.com/2019/0508/2379474_7.shtml（檢視日期：2019年5月13日）。

[37] 孔田平（2018），〈匈牙利再轉型之謎〉。

的國際金融危機導致中歐國家質疑西方發展模式。2015年之移民危機加劇了西歐與中歐國家的民粹分子之政治活動，是以抗議自由派執行移民政策爲首要目標，其中包含波蘭、匈牙利、捷克和斯洛伐克四國的「維謝格拉德集團」（Visegrád Group）等。在經濟上，匈牙利和波蘭的經濟主權的主張與捷克和斯洛伐克的溫和的主權主張有很大差異。捷克總理巴比什是民粹主義者，主張廢除1989年後私有化和過度的開放政策，培養民族經濟菁英，減少外國人對關鍵行業的控制。[38]

　　民粹主義能在歐洲產生影響力是由於民眾對於「歐盟」技術官僚機構之信任感減少，而勞工以及邊緣化的農村居民成爲疑歐主義的支持者。匈牙利歐爾班認爲歐洲的左派政治勢力已經衰落，社會民主黨已失去基層百姓的支持。企業將工作機會轉移到「歐盟」之外，使得有組織的勞工的數量和權力下降。社會民主黨已與代表新自由主義經濟政策的全球商業利益結合。匈牙利的因應之道是保持其對文化的影響力，歐爾班認爲歐洲正在伊斯蘭化。歐洲社會目前的發展趨勢是非基督化，集體認同而非國家認同。匈牙利和中歐接受西方自由主義意謂著中歐成爲混合社會，中歐的民族和基督教特質會受到衝擊。匈牙利「青民盟」在2010年贏得壓倒性勝利，使其成爲歐洲民粹主義者取得執政的先驅。匈牙利此一發展趨勢，意謂著自由主義衰落，保守主義抬頭，強人政治和身分認同受到重視之際，反菁英、反建制、民粹與民族主義之影響力增加。波蘭「法律與公正黨」（Law and Justice party, PiS）在2015年贏得議會和總統選舉勝利，黨主席卡欽斯基（Jarosław Kaczyński）明確表示以歐爾班所領導的匈牙利爲榜樣。反移民的民粹主義政黨「斯洛維尼亞民主黨」（Slovenska demokratsda stranka）在2018年6月3日成爲斯洛維尼亞大選的最大贏家。歐洲其他國家如德國、荷蘭、奧地利和丹麥等國，也有歐爾班的支持者。歐爾班公開挑戰歐洲的多元化的價值，以歐洲基督教文明的捍衛者自居，強調歐洲是由基督教文明所形塑的自由和獨立的民族共同體。[39]（表3-2）

---

[38] 法國世界報（2019），〈中歐自由化失敗　竟淪爲民粹主義經濟實驗室〉。
[39] 孔田平（2018），〈匈牙利再轉型之謎〉。

表3-2　在民粹勢力衝擊下歐洲國家執政黨得票率與政治傾向（2018年）

歐洲國家	執政黨	得票率	政黨傾向
烏克蘭	歐洲團結，原名爲彼得・波羅申科集團「團結」（Petro Poroshenko Bloc "Solidarity"）	32.70%	中右派
英國	保守黨（Conservative Party）與自由民主黨（Liberal Democrats）	42.40%	中右派
賽普勒斯	民主大會黨（Democratic Rally）	55.99%	中右派
瑞士	瑞士人民黨（Swiss People's Party）	26.60%	右派到極右派
瑞典	瑞典社會民主黨（Swedish Social Democratic Party）	31.00%	中左派
西班牙	人民黨（People's Party）	33.03%	中右派到右派
斯洛維尼亞	斯洛維尼亞民主黨（Slovenian Democratic Party）	24.92%	右派
斯洛伐克	方向—社會民主黨（Direction – Social Democracy）	28.30%	中左派
塞爾維亞	塞爾維亞進步黨（Serbian Progressive Party）	55.06%	中右派到右派
聖馬利諾	聖瑪利諾優先聯盟（San Marino First）： 1. 聖馬利諾基督民主黨（Sammarinese Christian Democratic Party） 2. 社會主義黨（Socialist Party） 3. 社會主義與民主黨（Party of Socialists and Democrats） 4. 我們聖馬利諾人黨（We Sammarinese, NS）	42.10%	中左派
羅馬尼亞	基督自由聯盟（Christian Liberal Alliance） 1. 民族自由黨（National Liberal Party） 2. 民主自由黨（Democratic Liberal Party）	54.43%	中右派
葡萄牙	1. 社會民主黨（Social Democratic Party） 2. 人民黨（CDS – People's Party） 3. 人民君主主義（People's Monarchist Party）	52.00%	中右派
波蘭	公民綱領（Civic Platform）	53.01%	中間到中右派
挪威	勞工黨（Labor Party）	27.40%	中左派
蒙地內哥羅	蒙地內哥羅社會主義者民主黨（Democratic Party of Socialists of Montenegro）	53.90%	中左派到左派

表3-2　在民粹勢力衝擊下歐洲國家執政黨得票率與政治傾向（2018年）（續）

歐洲國家	執政黨	得票率	政黨傾向
荷蘭	自由民主之人民黨（People's Party for Freedom and Democracy）	21.30%	中右派
摩納哥	第一！摩納哥優先（Primo！Priorité Monaco）	57.70%	右派
安道爾	安道爾民主黨（Democrats for Andorra）	55.15%	中右派
馬爾他	勞工黨（Labour Party）	55.04%	中左派到左派
馬其頓	馬其頓內部革命組織—民族統一民主黨（The Internal Macedonian Revolutionary Organization – Democratic Party for Macedonian National Unity, VMRO-DPMNE）	39.39%	中右派到右派
盧森堡	基督社會人民黨（Christian Social People's Party）	33.66%	中右派
立陶宛	1. 立陶宛農夫與綠色聯盟（Lithuanian Farmers and Greens Union） 2. 祖國聯盟—立陶宛基督民主黨（Homeland Union – Lithuanian Christian Democrats） 3. 立陶宛社會民主黨（Social Democratic Party of Lithuania）	50.64%	中右派
列支敦斯登	進步人民黨（Progressive Citizens' Party）	35.20%	中右派
拉脫維亞	社會民主「和諧」黨（Social Democratic Party "Harmony"）	23.00%	中左派
科索沃	執政聯盟（PANA Coalition） 1. 科索沃民主政黨（Democratic Party of Kosovo） 2. 科索沃未來聯盟（Alliance for the Future of Kosovo） 3 社會民主倡議（Social Democratic Initiative）	33.74%	中右派
義大利	中右聯盟（Centre-right coalition） 1. 義大利力量黨（Forza Italia） 2. 北方聯盟（Lega Nord） 3. 義大利兄弟黨（Brothers of Italy） 4. 我們與義大利黨（Us with Italy） 5. 中間聯盟（Union of the Centre）	37.00%	中右派
愛爾蘭	愛爾蘭統一黨（Fine Gael）	25.50%	中右派
冰島	獨立黨（Independence Party）	25.20%	中右派

表3-2　在民粹勢力衝擊下歐洲國家執政黨得票率與政治傾向（2018年）（續）

歐洲國家	執政黨	得票率	政黨傾向
匈牙利	青民盟─基民黨聯盟（Fidesz–KDNP Party Alliance） 1. 青年民族主義者聯盟─匈牙利民主聯盟（Fidesz – Hungarian Civic Alliance） 2. 基督民主人民黨（Christian Democratic People's Party）	49.27%	中右派到右派
希臘	激進左翼聯盟（Coalition of the Radical Left）	26.57%	中左派
德國	1. 基督教民主聯盟（Christian Democratic Union of Germany, CDU） 2. 基督教社會聯盟（Christian Social Union in Bavaria, CSU）	32.90%	中右派
法國	共和國前進（En Marche, LREM）	66.10%	中間
芬蘭	民族聯合政黨（National Coalition Party）	62.70%	中右派
愛沙尼亞	愛沙尼亞改革黨（Estonian Reform Party）	27.70%	中右派
丹麥	社會民主主義者（Social Democrats）	26.30%	中左派
捷克	民權黨（Party of Civic Rights）	51.40%	中左派
克羅埃西亞	克羅埃西亞民主聯盟（Croatian Democratic Union）	50.74%	中右派到右派
保加利亞	保加利亞歐洲公民發展黨（Citizens for European Development of Bulgaria, GERB）	32.65%	中右派
波士尼亞與赫塞哥維納	民主行動黨（Party of Democratic Action, SDA）	32.87%	中右派
比利時	新佛拉明聯盟（New Flemish Alliance）	20.36%	中右派
白俄羅斯	白俄羅斯公共聯盟（Belaya Rus）	79.65%	中間
亞塞拜然	新亞塞拜然黨（New Azerbaijan Party）	47.20%	中右派
奧地利	奧地利人民黨（Austrian People's Party）	31.50%	中右派
阿爾巴尼亞	阿爾巴尼亞社會主義者政黨（Socialist Party of Albania）	48.34%	中左派

資料來源：作者整理自Wikipedia (2019), "country; election; ruling party; parliament," https://www.wikipedia.org/ (accessed on 4 October, 2019).

　　有鑑於歐洲的伊斯蘭化，歐洲10位保守主義傾向的學者和知識分子在2017年10月7日，以九種語言同時發布一份連署聲明，其觀點與匈牙利歐爾班之觀點雷

同，即堅持歐洲是以基督教爲文化基礎所組成之民族國家共同體，反對文化多元化
及反對全球化。該聲明是表達對現階段歐洲危機的看法，以及對歐洲未來的原則性
構想，認爲歐洲忽視後民族與後文化的世界存在著各種缺陷，試圖以自由與寬容將
伊斯蘭文明納入文化多元的架構內。隨著歐洲基督教信仰的衰落，「歐盟」重新嘗
試建構政治統一的金錢和律法的帝國，其中覆蓋偽宗教濫情的普世主義。在眞實的
歐洲，節制鎮定的羅馬人之嚴肅德性、公民參與的榮耀以及希臘人的哲學，歐洲自
豪堅持人類自由，但歐洲人的生活卻被「歐盟」帝國所限制。一種由市場所推動全
球化，使得文化有同質化的趨勢，以及政治上強制的統一性。歐洲的多元文化主義
事實上冒用基督教的普世仁愛觀念來否認歐洲的基督教根基，且要求歐洲人的集體
犧牲，以換來和平與繁榮的全球共同體。[40]

　　目前歐洲右派民族主義分子有結盟，走向國際與全球民族主義分子互動之
趨勢，且在「歐洲議會」推動民族主義的國際結盟，成立「右派對外政黨聯盟」
（rechts-aussen-Parteien）正意圖從內部弱化「歐盟」，強化國家認同，目標是拒
絕擴大「歐盟」職權，拒絕進一步「歐盟」的融合，拒絕弱化民族國家，反少數民
族以及蔑視多元文化主義及多元主義。[41]

　　法國「黃背心運動」獲得極右派選民支持的同時，也得到了「反全球化」的極
左派法國民眾的支持，主張由公民提出的全民公投案，無需議會與總統同意而直接
成案之倡議（Référendum d'initiative Citoyenn, RIC），重建法國金融主權等。「黃
背心運動」受到極左與極右派民眾支持的根本原因，就是其「反猶太性質」與反媒
體。因爲一部分極右派示威者將法國政權視爲猶太金融資本的傀儡，媒體則是資本
家所控制的輿論工具。故是左右派、極左極右派等合作的一場反對政府、資本和媒
體實質統治著歐洲之三大勢力的政治運動，原因則是戰後半個多世紀以來能夠解決
西方社會問題的種種左右派政策都喪失功能。[42]對於「歐盟」而言，公投爲民粹分

[40] Philippe Bénéton, Rémi Brague, Chantal Delsol, Roman Joch, Lánczi András, Ryszard Legutko, Pierre Manent, Janne Haaland Matlary, Dalmacio Negro Pavón, Roger Scruton, Robert Spaemann, Bart Jan Spruyt, and Matthias Storme (2017), "The PARIS STATEMENT: A EUROPE WE CAN BELIEVE IN," https://thetrueeurope.eu/a-europe-we-can-believe-in/ (accessed on 2 July, 2018).
[41] David Motadel (2019), "Rechtsextremismus: Nationalisten, die ins Ausland gehen," *Zeitonline*, https://www.zeit.de/gesellschaft/zeitgeschehen/2019-07/rechtsextremismus-marine-le-pen-joerg-meuthen-internationalisierung-nationalismus (accessed on 19 July, 2019).
[42] 鄭若麟（2019），〈「黃馬甲運動」與「反猶主義」——必須理解的歐洲「癌症」〉，《觀察者網》，https://www.guancha.cn/ZhengRuoZuo/2019_03_05_492290.shtml（檢視日期：2019年3月5日）。

子利用來傳播民粹情緒，民粹分子往往以維護人民的權益爲名，訴求人民來對抗外來菁英分子所製造的政治議程。民粹分子往往過度簡化政策議題，但並不全然反對歐洲整合，而是反對徵稅及移民議題，但英國疑歐派（Euroscepticism）卻是提供給反「歐盟」（Anti-EU）民粹分子的舞臺。[43]

　　美國前白宮顧問班農（Steve Bannon）認爲對於歐洲民族主義和民粹主義政黨和政府來說，最大的威脅不是來自「歐盟」，而是索羅斯（George Soros）資助與控制的非政府組織及其所屬之媒體，該等媒體是反自由資訊的眞正工具。索羅斯認爲歐洲重新恢復成民族國家，最終會使「歐盟」像蘇聯一樣瓦解。法國前總統密特朗（François Mitterrand）的總統府秘書長Jacques Attali認爲現階段歐美國家政府（包括總統、總理和國會）已經沒有主導本國的經濟、社會、司法乃至國防和外交政策等重大事務的權力。因爲這些權力隨著全球化進程已經逐漸轉移出去，交給市場、國際組織和國際協定與條約等，然而在這些組織和條約的背後，就是跨國的金融資本。[44]

　　哈伯馬斯與戴瑞德（Jacques Derrida）認爲目前「歐盟」已經是一種超越了民族國家的管理模式，且在後民族格局中會自成一派。歐洲的社會福利國家制度一直都具有典範意義，目前在民族國家層面上，歐洲的社會福利國家制度已經陷入被動。未來把資本主義限制在一定範圍內的政策，也必須遵守社會福利國家制度所確立的社會公正準則。歐洲內部展開的討論必然會遇上一些現存格局的約束，歐洲今日之困境不是在全世界發揮影響力後才失去其建立認同的力量。歐洲是由多個民族國家組成的，這些民族國家間經過長期的戰爭或外交談判才劃清疆界。民族意識集中體現爲民族語言、民族文學和民族歷史，爲解決民族主義的破壞力，在文化上亦呈現出多元化的型態。歐洲長期以來，由於城市和農村、宗教力量和世俗力量之間的衝突，信仰和知識之間的衝突，政治統治和敵對階級之間的鬥爭，使得歐洲文化比其他任何文化都更加分裂。承認差異性，即相互承認他者身上的特質，也有可能成爲一個共同認同的特徵，而社會福利國家制度緩和了階級矛盾，使得「歐盟」會員國的國家主權，在「歐盟」架構內實現適當的自我約束。[45]

---

[43] 王群洋（2015），〈歐洲聯盟代議民主之困境〉，頁95。

[44] 鄭若麟（2018），〈美國與歐洲正處在秘密戰爭狀態〉，《新民週刊》，http://www.xinmin-weekly.com.cn/huanqiu/2018/09/06/10938.html（檢視日期：2018年12月28日）。

[45] Jürgen Habermas and Jacques Derrida (2003), "Nach dem Krieg: Die Wiedergeburt Europas," *Frankfurt Allgemein Zeitung*, https://www.faz.net/aktuell/feuilleton/habermas-und-derrida-nach-dem-krieg-die-wiedergeburt-europas-1103893.html (accessed on 11 September, 2019).

在現代歐洲政府和教會的關係各有不同，國家權力在世界觀方面保持中立，在不同的歐洲國家呈現出各不相同的法律型態。公民社會從一種絕對主義政體當中解放出來，這種解放並不是在歐洲的任何地方都與現代管理國家的普及和民主轉型相結合。法國大革命的思想影響全歐洲，使得政治成為保衛自由的一種手段，同時又是一種組織力量。反之，資本主義在發展過程中造成階級對立。此對立經驗影響對市場的觀點。對政治和市場的不同評價，加強歐洲人對國家的信任，且還期望國家能處理市場的失靈的問題。保守主義、自由主義和社會主義爭論的焦點是如何權衡傳統與現代。在歐洲階級劃分長期以來一直具有重要的影響，人民都視階級為歷史命運，只有通過集體行動才能擺脫階級的束縛。在勞工運動與基督教之社會運動傳統中，一種強調團結、追求平等、更加主張社會公正的競爭倫理戰勝了以成就論公正的個人主義倫理，而個人主義倫理所付出的代價就是極度的社會不均。[46]

「歐盟」目前面臨之危機有經濟不確定、制度弱化、缺乏有效且具正當性之政治領導、民粹與民族主義抬頭、南地中海的政治與社會分裂、宗教的基本教義派增加等，使得歐洲在世界經濟與地緣的權力移轉中處於不確定的地位。「歐盟」超國家組織在經濟危機影響下能否確保社會安全，在恐怖攻擊時是否能確保內部安全，決定泛歐洲之和平秩序之存廢，亦決定歐洲人是否重返由民族國家所主導之區域秩序。[47]新冠肺炎疫情爆發後，「歐盟」會員國封鎖城市或封鎖國界，爭奪醫療資源，助長民族國家在區域秩序中之主導地位。

第三節　政治實驗：威權體制（波蘭）與非自由民主體制（匈牙利）

冷戰結束後歐洲之發展有賴於：軍事意義降低；經濟、科技及社會福利組織之潛力增加；東歐社會主義體制順利轉換為多元民主及市場經濟體制；在國際體系中之影響力是建立在其有效解決或緩和全球或區域問題的能力之上。法國前總統密特朗針對德國統一與東歐各國體制變革，主張歐洲若要進入長期穩定狀況，必須將德國及東歐國家導入一全歐洲性的體系。邦聯體系之建立，各國除仍可保留國家主

---

[46] *Ibid.*
[47] Thierry Chopin and Jean-François Jamet (2016), "Die Zukunft des europäischen Projekts," p. 3.

權外，尚可維持彼此合作及和平關係，但歐洲邦聯體系的建立，有賴下列各項基礎的奠定：一、「歐體」整合爲政治聯盟；二、東歐各國政治及經濟體制改革能夠穩定進行；三、「歐洲安全與合作會議」（Conference for Security and Cooperation in Europe，以下簡稱「歐安會議」）之制度化；四、整個歐洲安全政策之制定。[48] 本節探討東歐的體制要如何改革？調整爲何種類型才符合東歐國家之利益？西歐的民主體制適合東歐嗎？

　　東歐自第二次世界大戰結束關入鐵幕後，要求改革的大規模反抗運動，均遭受蘇俄軍事鎮壓。戈巴契夫（Mikhail Sergeyevich Gorbachev）在1985年擔任俄共總書記，掌握蘇俄政權，從事「改造」（perestroika）及開放（glasnost），展開由蘇俄共產黨推動「由上而下」之改革。政治多元化，逐步放棄「一黨專制」等政策之推動，是引發東歐各國「由下而上」革命性發展的重要原因。[49]

　　東歐之經濟發展由農業社會以及家父長制之思維所塑造，[50] 東歐國家推翻共黨統治（1989-1990）的意圖有下列三項：一、經濟與國家體制的現代化；二、法國大革命所訴求之人權與民主；三、再整合入世界經濟及超越民族國家的安全合作。[51] 東歐各國民主運動之目標是達到西歐的現代化社會，即在內政上重視人權，政黨政治；在經濟上採用私有制及市場經濟；在外交方面貫徹國家主權獨立及加入西歐價值體系。此一目標使得東歐各國陷入進退維谷之境，因爲東歐國家在高度期望經濟起飛及要求政治參與的同時，必須先調整其低度發展之機構爲具現代化社會福利國家水準的問題。東歐各國無法單獨承擔，解決之道是放棄民族國家理念的國際合作。[52]

　　由不同力量主導之東歐各國體制變革，使得因東西方集團間「冷戰」而建立之歐洲政治秩序瓦解。東歐各國雖朝著不同的方向發展，但都有意建立議會民主政府，多元化之政黨及利益團體，推動市場經濟，確保新聞及行動自由，撤除情報治

---

[48] 王群洋（1991），〈德國統一與歐洲整合〉，頁103。

[49] 例如東德因經濟危機引發要求政治改革，於1953年6月17日發生抗暴運動；匈牙利因反史達林化，爭取自由，要求政黨政治，於1956年6月引發之全民抗暴；捷克共產黨爲獲得執政之合法性與具有影響力的社會團體簽訂社會契約，從事有限的「由上而下」之改革，於1968年春天在布拉格示威之群眾亦難逃蘇俄軍事鎮壓之命運。在波蘭要求撤除員警及領導階層之特權，爭取言論自由，准許宗教界使用大眾傳播媒體及籌組政黨等要求，促使但澤地區工人於1980年至1981年進行抗暴。王群洋（1991），〈德國統一與歐洲整合〉，頁97。

[50] 王群洋（2012），〈「歐洲化」對羅馬尼亞與保加利亞之影響〉，黃偉峰主編，《歐洲化之衝擊》，臺北：五南圖書出版公司，頁258。

[51] 王群洋（1997），〈歐洲安全與合作組織之演進〉，頁237。

[52] 王群洋（1991），〈德國統一與歐洲整合〉，頁102。

安等控制機構。該等政治與經濟體制變革的目標，並非東歐各國所能解決，西方各國之援助乃是改革順利進行的根本要素之一。美國當時受制於結構性貿易逆差及日增之債務，沒有能力經援東歐各國，故推動由當時的「歐體」執行委員會來統籌西方各國家對東歐各國的援助。在文化與歷史上和西歐國家同受西方宗教文明影響之波蘭、匈牙利及捷克等國家則明示其加入「歐體」之願望，以期安然度過體制改革之困境。[53]

東歐體制轉型為議會民主之際，國際體系由兩極化轉變為全球化、區域化、跨區域及民族主義的再起。中歐及東歐在追求民主的過程中，出現19世紀的民族主義、種族主義及種族的激進主義等現象。東歐民族認同之特色是依照文化、語言、宗教所定義之種族屬性，而非依照領土原則，故對歐洲體系的穩定造成嚴重的衝擊。[54]

自由主義世界秩序來自內部之挑戰除了有民粹主義、民族主義外，尚有威權主義。Ralf Dahrendorf在1997年就指出21世紀並非不可能成為威權主義之世紀。[55]中東歐共黨瓦解後，東歐國家政經體制之轉型及「歐盟」進一步擴大，將部分東歐國家納入。歐洲所面臨的社會整合之情勢則是高失業率、人口降低、大量的移民，特別是來自經社地位處於較低階的伊斯蘭勞工移民。在「核心歐洲」的勞工階級提升為中產階級後，伊斯蘭勞工階級卻無法整合入歐洲社會。舊的階級衝突加上宗教及種族衝突，使得伊斯蘭勞工階級成為次等階級。[56]中、東歐國家在地理上是歐洲的一部分，渴望「重返西方」（return to the West），但從西歐的觀點來看，必須在典章制度與組織等方面先進行全面的「歐洲化」。換言之，中、東歐在地理上被視為歐洲整體一部分的同時，是被排除在歐洲政治與基督文明影響區外，德國前總理艾德諾（Konrad Adenauer）視中、東歐國家為「易北河邊的亞洲」（Asia stands on the Elbe）。[57]匈牙利作家Péter Esterházy認為中東歐人疲於奔命的調適「核心歐洲」所加諸給他們的國家地位與社會階級。[58]

在「歐盟」的西部有結合算計的現實主義與民主的理想主義，且想將和平與自由推向整個歐洲。「歐盟」東擴後，東歐仍出現政治不穩定，為預防此情況，在

---

[53] 王群洋（1991），〈德國統一與歐洲整合〉，頁97。
[54] 王群洋（1997），〈歐洲安全與合作組織之演進〉，頁237。
[55] 王群洋（2015），〈歐洲聯盟代議民主之困境〉，頁89。
[56] 王群洋（2012），〈歐洲認同與歐盟東擴之互動發展〉，頁49。
[57] 同前註，頁55。
[58] 同前註，頁49。

「歐洲聯盟條約」（Treaty of the European Union）第7條規定會員國政府若不遵守「歐盟」有關保護民主、法治國家與人權的相關規定，將被剝奪在「歐盟理事會」的投票權。[59]中、東歐新會員國在推動「歐洲化」時，在政治體制轉型為民主體制之過程中受到民粹現象之影響。其主要原因在於大多數的民眾基於「歐盟」所要求之「歐洲化」進行的體制轉型，造成生活負擔過重或被邊緣化，而經濟成長的地區多集中在中、東歐新會員的城市。核心與邊陲地區以及都市與鄉村間的貧富差異，獲利者與利益受損者間日增的差異等，使得中、東歐會員國的社會內部出現代表社會的傳統與道德，以及代表支持自由與現代化兩派的對立。議會民主體制之政治文化亦因此受到衝擊，政治菁英缺乏責任感，民眾不信任政治人物與政府機構。[60]

多數歐洲人主張文化權利也應得到保護，東歐不再想模仿西歐並被其不斷地批判，而是想構建適合自己的模式。2015年的移民危機是歐洲人看待全球化發展的一個轉捩點。移民危機導致對1989年後歐洲走向統一的質疑，這並非因為在移民危機背景下，歐洲東西部會員國對它們處理民眾盡何種義務有不同的立場，而是因為它揭示了在民族和文化多元性方面以及移民問題上，存在兩個差異極大的歐洲。[61]

東歐會員國在難民議題上與西歐的立場不同，首先是宗教文明的問題，波蘭、匈牙利兩國政府有著比較強烈的天主教色彩，不願意接納以回教社群為主的中東地區難民。「歐盟」是希望其所有會員國都接收一定比例的難民，也為此和波蘭與匈牙利等國長期爭執。其次是經濟問題，歐洲經濟成長減速，「歐盟」內部會員國間形成次區域合作機制。西歐國家有意自行發展，遂提出「多速歐洲」戰略，即西歐國家自己先行合作發展，東歐之波、匈、捷克、斯洛伐克四國鞏固「維謝格拉德」合作機制，並加強了與「歐盟」之外的塞爾維亞，乃至與中國大陸的合作，例如匈塞鐵路計畫。東歐國家對美國與「脫歐」的英國持有的好感普遍高於西歐國家，對於俄羅斯則大多持負面態度，導致「歐盟」難以建立自主與統一的對外政策。東西歐國家面對經濟困境，採取不同的解決途徑，又使得彼此的不信任感逐漸加強。[62]

[59] Jan-Werner Müller (2017), "Ist die Europäische Union als wehrhafte Demokratie gescheitert?," *Aus Politik und Zeitgeschichte*, Jr. 67, Nr. 37, pp. 4-10.

[60] Gereon Schuch et al. (2007), "Ins Straucheln Geraten Zwischen Frustration und Emanzipation: Die Neuen EU-Mitglieder Stecken In Einer Turbulenten Phase," *International Politik*, pp. 9-10.

[61] Ivan Krastev (2018), "3 Versions of Europe Are Collapsing at the Same Time," *Foreign Policy*, https://foreignpolicy.com/2018/07/10/3-versions-of-europe-are-collapsing-at-the-same-time/ (accessed on 2 January, 2020).

[62] 樂國平（2018），〈歐盟東西部裂痕彌深，如何應對？〉，《中國新聞評論網》，http://hk.crntt.com/crn-webapp/doc/docDetailCNML.jsp?coluid=7&kindid=0&docid=104946656（檢視

在東歐共黨國家集團瓦解後，部分東歐人對西方感到失望，自認為已淪落為歐洲「二等公民」。面對任人唯親陋習、腐敗和經濟轉型失敗，曾被大肆鼓吹的民主、法治和人權都已形同虛設。東歐目前出現的親俄趨勢，源自於「歐盟」內部目前出現的危機，而非想恢復其傳統與俄羅斯之同盟關係。根據美國皮尤中心（Pew Research Center）的調查，在東正教徒較多的歐洲國家，大多數人認為俄羅斯應該成為在必要時保護他們的國家。[63]

以匈牙利為代表的一些中東歐國家，在媒體管控、司法改革、難民政策等方面與「歐盟」常有不同觀點之爭。「新歐洲」發展速度快，發展需求巨大，但長期以來在「歐盟」內影響不如「老歐洲」，無法與「老歐洲」國家平起平坐，而匈牙利等國一直不滿「歐盟」在基礎設施投資等方面偏袒「老歐洲」，進而引發反「歐盟」的情緒。[64]

「維謝格拉德集團」一直是歐洲內部保守主義、民粹主義和疑歐主義的主要地區。如前所述，匈牙利的歐爾班自1989年以民族主義與疑歐立場來爭取支持，組成右派政府。2011年的修憲削弱了憲法法院的司法審查權，宣布議會有權決定教會是否被承認，將家庭的定義限定為一夫一妻與子女所組成，並且將政治競選期間的政黨政治傳播，限制在國家資助的媒體。[65]歐爾班在2014年7月26日提出將匈牙利建設為「非自由主義」國家的宣言（Proclamation of the Illiberal Hungarian State），誓言向中國、俄羅斯、新加坡這些「成功國家」看齊，認為建立於自由民主原則上的國家，不僅無法保障國家利益，無法保障家庭，也無法提升全球競爭力。「非自由國家」並非不保障個人自由，而是不將個人自由作為必要的國家體制的基礎，並且能包含國家的獨特性。歐爾班認為歐美國家的主流自由民主已死，主張「非自由的民主制」（illiberal democracy）、反「歐盟」及反多元化。[66]

日期：2019年1月29日）。

[63] 該民調顯示，70%的希臘人、50%以上的保加利亞人和羅馬尼亞人，認為強大的俄羅斯對制衡西方影響力是不可或缺。該比例在塞爾維亞高達80%，在希望加入「歐盟」且都與俄存在領土爭端的摩爾多瓦和喬治亞分別為61%和52%。張曉東等（2018），〈歐洲與俄羅斯，相愛相殺的背後〉，《環球網》，http://world.huanqiu.com/exclusive/2018-01/11569342_3.html（檢視日期：2018年2月5日）。

[64] 於洋（2018），〈匈牙利大選折射歐洲「東西裂痕」〉，《人民網》，http://world.people.com.cn/n1/2018/0404/c1002-29906178.html（檢視日期：2018年6月5日）。

[65] 王子琛（2018），〈歐盟的「特洛伊木馬」與威權主義危機〉，《歐羅萬象》，http://ch-uansong.me/n/2357781153424（檢視日期：2018年6月19日）。

[66] Victor Orbán (2014), "Proclamation of the Illiberal Hungarian State," *The Orange Files*, https://theorangefiles.hu/2014/08/01/proclamation-of-the-illiberal-hungarian-state/ (accessed on 5 March, 2019).

　　隨著難民危機的爆發，對德國日益增加的不滿，使得歐爾班等政治人物將「歐盟」自由民主和多元開放的價值觀，與一個試圖奴役東歐各民族的「歐盟帝國」結合，組合不同的價值和議題，主張「非自由民主制」時代來臨，並將這一概念和傳統、主權、民族文化與對抗「歐盟」的霸權結合。[67]

　　國際社會多視歐爾班結合國內改革與威權體制，美國時事評論員Fareed Zakaria認為，歐爾班是要建立匈牙利版的「普丁主義」（Putinism），另有評論認為歐爾班領導之政府是「歐盟」與「北約」內之「俄羅斯的特洛伊馬」（"Russian Trojan Horse"），視匈牙利的對「東方開放政策」（"Eastern opening"）的本質是「西方的旗幟，東方的風」（Western flag, eastern wind）。[68]馬克宏甚至主張歐洲的文明，不能由匈牙利的天主教徒，或者俄羅斯的東正教徒來決定。[69]

　　歐爾班領導之匈牙利右派民粹的「匈牙利公民聯盟」（Partei Fidesz）在2018年5月10日發表就職演說中指出，自由民主的時代已經結束。匈牙利將以保障自由和安全、保障人的尊嚴和捍衛性別平等的21世紀的基督教民主取而代之。此民主模式支持基於男女聯姻的傳統家庭模式，反對反猶主義，捍衛基督教文化，為匈牙利民族的生存和繁榮提供機會，進而將國家體制往威權方向調整。[70]歐爾班政府要求，每年由外國組織贊助經費超過2萬4,000歐元之非政府組織，必須至法院登記，且要在其網頁及所有出版品註明經費來源，被視為針對索羅斯設立的中歐大學及民權團體。「歐盟執行委員會」認為此規定干預結社自由，違反「歐盟」法律及基本權利憲章（Charter of Fundamental Rights of the European Union），而展開調查。[71]

　　就波蘭之情況而言，在波蘭卡欽斯基兄弟（Jarosław Aleksander Kaczyński and Lech Kaczyński）領導的保守右派政黨「法律與公正黨」，與主張宗教保守的社會保守政黨合作，執政後的右派「法律與公正黨」推動的司法改革引起「歐盟」不滿。波蘭執政當局以改善效率、整頓共黨統治時期之政治人物等為理由，加強行政部門對司法的控制，例如命令最高法院的大多數法官退休，解散提名法官的司法委

[67] 王子琛（2018），〈歐盟的「特洛伊木馬」與威權主義危機〉。

[68] Aron Buzogány (2017), "Illiberal democracy in Hungary: authoritarian diffusion or domestic causation?," *Democratization*, pp. 2, 9, https://doi.org/10.1080/13510347.2017.1328676 (accessed on 6 June, 2017).

[69] Emmanuel Macron (2019), Speech at Ambassadors' Conference.

[70] 孔田平（2018），〈匈牙利再轉型之謎〉。

[71] Die Zeit (2017), "Auflagen für NGOs: EU eröffnet weiteres Verfahren gegen Ungarn," *Zeitonline*, http://www.zeit.de/politik/ausland/2017-07/auflagen-ngo-eu-kommission-verfahren-gegen-urgard (accessed on 13 July, 2017).

員會，由政府的司法部長掌握任免法官的權力，此改革牴觸「歐盟」的司法獨立精神。[72]

　　在來自波蘭的圖斯克（Donald Tusk）在擔任「歐洲理事會」主席時（2014.12.1-2019.11.30），「法律與公正黨」更是極力將反歐當作主要訴求，並且呼籲維持波蘭的主權獨立。卡欽斯基兄弟與匈牙利歐爾班均是保守的右派政治人物，批判「歐盟」並反對圖斯克的理事會主席任職，在「歐洲議會」中加入疑歐的「歐洲保守派與改革主義者」黨團，為了迎合社會保守派的主張而嚴格限制女性的墮胎權利，默認、縱容甚至暗中鼓勵極右派組織的崛起，並以腐敗為由，試圖削弱司法的獨立性。[73]

　　「里斯本條約」第2條明確提出「歐盟」基本價值觀是尊重人類尊嚴、自由、民主、平等、法治，以及尊重包括少數群體人權的價值觀基礎之上。「歐盟條約」第7條處理會員國對「歐盟」的價值觀存在嚴重違背的情況，常被稱為「歐盟」的「核選項」（nuclear option）。[74]「歐盟執行委員會」在2017年12月20日提議針對波蘭啟動「歐盟條約」第7條，對波蘭司法改革實施懲罰，除非波蘭在三個月之內撤回改革法案。「歐盟」認為波蘭的司法改革破壞司法獨立，違反「歐盟」的價值觀。根據「歐盟條約」的規定，一旦適用第7條，則理論上將可能會觸發更多的懲罰措施，包括最終取消波蘭在「歐盟」機構的投票權，但作出此決定需要得到所有其他27個「歐盟」會員國的一致贊成（英國脫歐後為26國）。前提是必須獲得五分之四的會員國代表，即22個會員國領導人同意該問題存在，並且全票一致通過方可實行警告，之後若再犯不改再進行制裁。[75]

　　匈牙利的歐爾班政府長期遭到「歐盟」批評，故支持波蘭共同回應「歐盟」的懲罰機制。[76]「歐盟」指責匈牙利和波蘭政府推行的司法改革舉措違反民主準則，威脅推遲發放或收回補貼。[77]荷蘭的綠黨議員起草的報告，譴責匈牙利政府對媒體

---

[72] 蔚醬（2018），〈貼補南歐削減東歐　歐盟新發布預算案惹惱東歐國家〉，《歐洲時報網》，http://www.oushinet.com/europe/other/20180601/292753.html（檢視日期：2018年6月4日）。

[73] 王子琛（2018），〈歐盟的「特洛伊木馬」與威權主義危機〉。

[74] 王樂（2018），〈匈牙利回懟聯合國：移民不是基本人權〉，《觀察者網》，https://www.guancha.cn/internation/2018_09_20_472839.shtml（檢視日期：2019年3月8日）。

[75] 汪倫宇（2018），〈歐洲議會決定調查匈牙利，為史上首次針對歐盟成員國〉，《澎湃新聞》，https://www.thepaper.cn/newsDetail_forward_2434905（檢視日期：2018年9月13日）。

[76] 樂國平（2018），〈歐盟東西部裂痕彌深，如何應對？〉。

[77] 蔚醬（2018），〈貼補南歐削減東歐　歐盟新發布預算案惹惱東歐國家〉。

和學術自由的嚴格管控、對非政府組織的打壓，以及否認少數民族和移民所享有的權利。「歐洲議會」在2018年9月12日通過決議，同意引用「歐盟條約」第7條展開對匈牙利破壞民主制度的調查，必要時將停止匈牙利在「歐盟」的投票權。此為「歐洲議會」第一次投票決定對一個「歐盟」會員國展開引用「歐盟條約」第7條的懲罰措施，有448名議員投票支持，197名議員投下了反對票。[78]此外，「歐盟」認為匈牙利議會自2020年3月底充分授權歐爾班政府，處理新冠肺炎疫情擴散，但歐爾班政府實行不成比例的限制措施，沒有結束日期以及沒有民主監督的國家緊急狀態法，是違反憲法程序。[79]

「歐盟」對威權主義者的抵制很多並非出自意識型態原則，而是基於各國內部壓力和「歐盟」層面的利益考量。在面對「法律與公正黨」的卡欽斯基、「歐盟」女性集體遊行、反抗波蘭修改墮胎相關法案的浪潮，及實質阻撓「歐盟」改革進程的民族主義領導人等情況，「歐盟」援引「歐盟條約」中最為嚴厲的第7條，宣布啟動為期六個月的調查。如果調查證明波蘭在司法改革過程中，確實破壞司法獨立原則，經過「歐洲理事會」的一致投票，波蘭可能遭受嚴厲的懲罰，即暫停其「歐盟」內部一切事務的表決權。「歐盟執行委員會」在2018年5月初提交的2021年至2027年預算案中，已經規定將尊重法治原則作為預算執行的條件。當會員國侵害這一原則時，「歐盟」可以暫停資金撥付。[80]匈牙利反對將法治標準與預算決策綁在一起，波蘭認為「歐盟」尊重法治制度之要求是制度上與政治上之奴役以及對主權之限制，故兩國寧願讓7,500億歐元的處理新冠肺炎疫情之歐洲經濟重建計畫無法啟動，在2020年11月16日否決了2021年至2027年預算案。[81]

歐洲中右派政黨的共同觀念是強調主權、歐洲身分認同、反對無限接收難民、支持保守價值觀、支持基督教倫理。歐爾班的政策極端保守，德國的「基督教社會聯盟」（Christian Social Union，以下簡稱「基社黨」）之主張也漸漸傾向歐爾班的立場。歐爾班在憲法中規定婚姻只能是一男與一女之結合，德國的「基社黨」

[78] 汪倫宇（2018），〈歐洲議會決定調查匈牙利，為史上首次針對歐盟成員國〉。
[79] Ursula von der Leyen (2020), "Bei Ungarn sehen wir besonders genau hin," *Frankfurt Allgemeine Zeitung*, https://www.faz.net/aktuell/politik/ausland/eu-vertragsverletzungsverfahren -gegen-ungarn-denkbar-16722143.html (accessed on 22 May, 2020).
[80] 王子琛（2018），〈歐盟的「特洛伊木馬」與威權主義危機〉。
[81] 王世純（2020），〈匈牙利、波蘭否決1.8萬億歐元預算，「歐盟又陷入了危機」〉，《觀察者網》，http://www.guancha.cn/internation/2020_11_17_571716.shtml（檢視日期：2020年11月17日）。

的執政盟友「基督教民主聯盟」（Christian Democratic Union，以下簡稱「基民黨」）在2017年有超過三分之二的議員反對同性婚姻。歐爾班主張「非自由民主制」，在擁護「民主」的意願之餘，同時試圖讓右派同情者認為，「自由」的部分來自於使得社會動盪、歐洲認同不再的左派價值觀。[82] 義大利貝盧斯科尼（Silvio Berlusconi）雖然曾經要求制定第7條來防範東歐國家在加入「歐盟」後可能的脫序情況，卻也攻擊司法且控制媒體，而奧地利在2000年中間偏右之「人民黨」（Österreichische Volkspartei）與右派民粹的「自由黨」組成之聯合政府亦藐視「歐盟」之規定。「歐盟」面臨之困境是在減少「歐盟」民主赤字的同時，會員國內卻增加民主赤字，而會員國政府之權力卻是直接來自於國內人民。[83] 為解決新冠肺炎疫情，會員國政府與國家領導人權力日漸集中與增加，使得「歐盟」與會員國內之民主赤字均有增加之趨勢，並往威權體制方向發展。

---

[82] 王子琛（2018），〈歐盟的「特洛伊木馬」與威權主義危機〉。

[83] Jan-Werner Müller (2017), "Ist die Europäische Union als wehrhafte Demokratie gescheitert?," *Aus Politik und Zeitgeschichte*, Jr. 67, Nr. 37, pp. 5-7.

第（四）章　分離主義之干擾

　　「歐盟」整合理論始於聯邦主義，舒曼（Robert Schuman）與莫內都主張建設聯邦歐洲。新功能主義理論主張一個部門的整合會外溢到其他部門，然而「歐盟」在政治整合上卻遇到瓶頸。會員國對於國家主權完全讓渡至「歐盟」仍有疑慮，但「歐盟」整合仍在政府間與超國家途徑的爭議中前行。[1]「歐盟」會員國亦搖擺在國家認同與「歐盟」集體認同間，分離主義者亦藉機爭取從國家內部獨立或自治之機會（例如西班牙之加泰隆尼亞（Cataluña）、英國之蘇格蘭），或脫離「歐盟」（例如英國）。分離主義對於「歐盟」現有秩序之干擾源自認同與地區發展之差異，且同時存在於「歐盟」層面與會員國內部層面。本章以英國與西班牙爲個案檢視「歐盟」分離主義之原因及其對歐洲區域秩序之影響。

第一節　集體認同與地區發展之差異

　　傳統的認同形成是參與者接受形成認同的特徵，例如習慣；集體是指有意的社會結合，其是以職業團體或地區、年齡團體、整個社會或超越社會的宗教團體互相結合。集體認同則是傾向於認知自己及陌生團體間的差異且包含行爲指示，而「後傳統」的集體認同標示認同形式的特殊過程，即人的結合是由集體之大小，及人們是否願意加入「我們」以別於其他團體。哈伯馬斯認爲「後傳統」的集體認同之形成，必須是每人均有平等的機會加入溝通的過程，並形成認同。此引起認同的溝通，應是持續的學習過程，不得受到意識型態或任何組織事先決定之影響。[2]安德森（Benedict Anderson）在其「想像共同體」（Imagined Communities）著作中主

---

[1] 李冠傑（2018），〈英國的「脫歐國家模式」會終結歐洲一體化嗎？〉，《澎湃新聞》，https://www.thepaper.cn/newsDetail_forward_213776（檢視期期：2018年7月10日）。
[2] 王群洋（1994），〈德意志民族觀之初探〉，頁105。

張，民族是建構於想像個體在團體中自己與其他人有諸多相同之處，而認同是在與他者有區隔的情況下就會變強。[3]

「歐體」在1973年哥本哈根高峰會提出之「歐洲認同宣言」（Declaration on European Identity），主張界定歐洲認同之內涵必須考量內部共同之文化遺產，利益與義務以及已整合之程度；評估在國際社會中合作之程度及一致對外的責任，以及考量歐洲整合之本質等層面。歐洲文化始自城邦，地理現象造成歐洲內部的差異性，歐洲認同的標的在1980年代集中在地方、民族與民族國家。[4]歐洲整合之進程原本假設可以和主權國家並存，家鄉之認同與愛國主義並存，並不牴觸多元的歐洲，[5]但「歐體」在1980年代中期所推動之非中央化計畫的同時，也提供地方的分離主義分子推動獨立的機會，組成「歐洲自由聯盟」（European Free Alliance），並在「歐洲議會」提出獨立黨綱。[6]

自1990年代以來，「歐盟」建構集體認同的目的是要在歐洲共同的文明、經濟與政治發展的基礎上，培養公民對「歐盟」的認同感，以使「歐盟」發展成為「合眾國」。隨著蘇聯解體，全球治理理論開始興起，多層次治理理論被用來解釋「歐盟」整合，使得地區、國家、超國家三個層次的治理觀念得以推廣。[7]「歐盟」在1994年成立「地區委員會」，以支持非中央化，在貫徹「輔助原則」（subsidiary principle）的基礎上，強化地方與地區之自治。「輔助原則」是指只有在地方與地區的行政機構沒有能力處理其職權範圍內職務的情況下，才移轉給上級行政機構處置。此原則雖然有效運作，但現今已有一些地區不再滿足於此「自治結構」，轉而要求獨立。「歐盟」非中央化的結構並沒有規劃，如何防止分離的政治與經濟後果之機制。此外，「歐盟」周邊國家之領土分裂所導致之國家分裂，進而促使未獲國際普遍承認之準國家的難民逃往「歐盟」。對「歐盟」造成壓力的同

[3] Khuê Phạm (2016), "Großbritannien: Sie sind wütend und sie sind viele," *Zeitonline*, https://www.zeit.de/politik/ausland/2016-06/grossbritannien-referendum-brexit-europa (accessed on 13 Juny, 2018).
[4] 王群洋（2012），〈歐洲認同與歐盟東擴之互動發展〉，頁38。
[5] Hans-Peter Friedrich (2016), "Brexit: Wir bruachen mehr Heimatliebe," *Zeitonline*, https://www.zeit.de/politik/ausland/201607/brexit-europa-eu-zukunft-hans-peter-friedrich-csu (accessed on 15 June, 2018).
[6] Sabine Riedel (2016), "Föderalismus statt Separatismus -Politische Insturmente zur Lösung von Sezessionskonflikten in Europa," *SWP-Studie*, p. 27.
[7] 李冠傑（2018），〈英國的「脫歐國家模式」會終結歐洲一體化嗎？〉。

時，卻也助長歐洲一些地區的分離主義思維，對「歐盟」整合形成壓力。[8]

　　隨著「歐盟」東擴的進程，會員國數目的不斷增加，再加上伊斯蘭文明的加入，使得前文所述之「歐盟」的文明背景複雜化，利益訴求亦趨於多元化。[9]此外，內部中心與邊緣的矛盾主要體現在「歐盟」總部與中東歐國家之間，歐洲富裕地區與相對落後地區之間，歐元區與非歐元區間的利益衝突。這類危機反映出「歐盟」內部發展的不均衡，其根源是中心國家對邊陲國家的控制與剝削，以及邊陲國家對中心國家的反控制與反剝削的爭議。[10]

　　就地區發展差異而言，在整個歐洲，富裕的國家都不希望與貧窮的國家分享自己的財富與資源，在「歐盟」各會員國內部之地區間亦是如此，在「歐盟」內部付出多而獲得少的國家有不滿，例如德國。獲得「歐盟」補貼之國家排斥新會員國的加入，東歐國家則排斥難民的湧入，以確保補貼額度增加。在一個國家內部各個地區之間也是如此，以英國與西班牙為例，多數英國人認為自己為「歐盟」付出較得到的多；西班牙之加泰隆尼亞地區試圖獨立，加泰隆尼亞人除從歷史淵源、民族差異等角度來論述其爭取獨立意圖，更關鍵之重點是從經濟角度考慮，即加泰隆尼亞人認為向西班牙中央政府上繳的賦稅較多，而從中央政府得到的好處太少。[11]此外，歐洲內部的地方與地區意識興起，侵蝕國家的主權，有分離傾向的地區紛紛借助「歐盟」之地區委員會與輔助機制的力量，實現獨立的主張，但「歐盟」基於「輔助原則」對會員國內部分離運動不主動介入。由於國家認同、地區認同、多元文化、地區發展、恐怖攻擊、難民湧入等問題的出現，會員國不得不考慮自身利益，使得在2009年底生效的「歐洲聯盟條約」第50條提供會員國退出「歐盟」的法律依據。[12]

---

[8] Sabine Riedel (2016), "Föderalismus statt Separatismus-Politische Insturmente zur Lösung von Sezessionskonflikten in Europa," p. 5.

[9] 王群洋（2012），〈歐洲認同與歐盟東擴之互動發展〉，頁34。

[10] 張曉通、賴揚敏（2018），〈歷史的邏輯與歐洲的未來〉，頁4。

[11] 馬力（譯），岡特・舒赫（Gunter Schöch）（2019），〈英國脫歐為何是多數人的暴政、民主的失敗〉，《觀察者網》，https://www.guancha.cn/GunterSchoech/2019_02_22_491018_s.shtml（檢視日期：2019年3月6日）。

[12] 李冠傑（2018），〈英國的「脫歐國家模式」會終結歐洲一體化嗎？〉。

第二節　英國「脫歐」與西班牙之分離傾向

一、英國之分離傾向

　　就英國的分離主義而言，有「歐盟」層面以及英國內部層面，且前者影響後者。就「歐盟」層面而言，涉及宗教、「光榮孤立」（splendid isolation）之歷史因素、經濟面之「例外主義」（Exceptionalism）、國家主權受限與「歐盟」之民主赤字等因素。就英國歷史而言，已有「脫歐」的經驗。早自英國國王亨利八世1533年因為婚姻問題與羅馬教廷決裂，建立英國國教不再信仰天主教，與多數信奉天主教為國教之歐洲大陸國家分道揚鑣。蘇格蘭與英格蘭在1707年「聯合法案」（Acts of Union 1707）簽署合併前，不論是皇室聯姻，例如瑪麗女王（Queen Mary of Scotland）與法國王儲佛朗克（Prince Francis of France），或是王位之爭奪，蘇格蘭多是與歐洲大陸合作以牽制英格蘭。19世紀之「光榮孤立」政策，工業革命之成功與建構大英國協之榮光等因素，使得英國對於歐洲事務無意積極參與。在第二次世界大戰結束後，邱吉爾（Winston Churchill）就主張歐洲應該建構「歐洲合眾國」，但英國不參加。直至1973年英國才加入「歐體」，但反對者之觀點有（一）反對「歐體」農業保護政策所導致的農產品價格過高和英國為此承受的巨額負擔，主張採用自由主義的經濟傳統，保障在世界市場低價購買農產品的權利；（二）保護英國獨特的國際角色，免受「歐體」約束。對於疑歐主義者而言，加入「歐體」使英國國家利益之減少；（三）英國主權受限。英國工黨在1974年就公開表達加入「歐體」支付會費過高，且受「單一市場」之約束等，並曾在1975年舉辦「脫歐」公投。[13]

　　英國「脫歐」之因素除前述歷史因素外，尚有英國在「歐盟」發展的「例外主義」，以及前文所述「歐盟」在處理危機時，所造成的民主赤字。「例外主義」源自其孤懸大西洋之地理位置與建構「大英國協」之榮光，經濟政策中的自由主義傳統，「議會主權至上」（parliamentary supremacy）之觀念，行動自由的國際角色等方面。邱吉爾反對英國加入「聯邦化」的歐洲時，視英國與歐洲國家的關係是平等，而不是英國隸屬於「歐體」。柴契爾夫人（Margaret Thatcher）強調英國與歐洲文化的傳承和英國在歐洲的特殊性，以及離岸平衡者的角色，故主張在「歐體」

---

[13] 金玲（2016），〈英國脫歐：原因、影響及走向〉，《國際問題研究》，第4期，http://www.ciis.org.cn/gyzz/2016-07/22/content_8913454.htm（檢視日期：2019年6月26日）。

整合的基本原則上,主權國家的意願和積極合作是建立成功共同體的最好方式,但不需要將權力集中到「歐體」機構。在「歐體」內推動其自由主義經濟政策理念,領導「歐體」單一市場的建設;不參加限制主權的政策領域,如貨幣政策、申根體系等。就處理危機而言,「歐盟」債務危機爆發後,歐元區為加強經濟治理,將更多權力轉向「歐盟」機構,使其對會員國經濟政策的介入具有合法性,例如「歐盟」加強經濟治理的整套方案生效後,「歐盟執行委員會」對於傳統上屬於會員國權力的政策領域內擁有監督和評估職能,有權對違規國家實施制裁;「歐洲學期」(European Semester)制度協調,推動會員國財政政策,使得「歐盟理事會」有權對於會員國預算提出建議和監督。「歐盟」日益涉入會員國的政治決策、會員國民主政治與「歐盟」權力之間的不對稱性增加、「歐盟」民主赤字的加劇等,皆是觸發英國推動「脫歐」進程的重要因素。[14]

英國「脫歐」主張者要求從「歐盟」收回國家主權,尤其是控制邊境的權力、減少移民,並表示獨立於「歐盟」之外的英國,擁有更多發展與新興國家經貿關係的廣泛空間。此外,中產階級認為自己的利益受到損害時,會對民主與市場制度產生根本的懷疑。「奪回控制權」(take back control)成為英國「脫歐」的口號,這顯示民眾認為,自己的命運已不掌握在自己手中,所以要「奪回控制權」,而「奪回控制權」的直接方式就是「脫歐」。[15]

「歐體」會員國對於是否要接納英國成為會員國之爭議早在1960年代的「戴高樂缺席」就已存在,而當前的英國「脫歐」則是會員國與「歐盟」之間權力與利益分配爭議的結果,此爭議結果除說明會員國對主權的堅持外,尚有會員國百姓對現實的不滿。[16]「脫歐」支持者認為移民衝擊工作機會,而英國貧富差異,除了財富多寡之外,在於獲得利益的地方不同。在英國自上世紀後期以來進入「後工業化社會」,大部分英國相對富有的人,獲取利益的來源是全球而非僅是英國。部分相對貧窮的人與勞工,則仍是高度依賴於英國內部,來保障自身的權益。隨著經濟全球化的發展,資本亦可在全球快速流通,特別是經濟金融化現象,使得相當多富有者的利益來自其他國家的投資成果。利益是政治共同體得以建立的前提,一個國家的內部勞方與資方間失去利益關聯後,政治認同之分歧便可能產生。[17]

14 同前註。
15 Emmanuel Macron (2019), Speech at Ambassadors' Conference.
16 張曉通、賴揚敏(2018),〈歷史的邏輯與歐洲的未來〉,頁4。
17 程亞文(2019),〈英國政治困境在於利益共同體消失〉,《環球時報》,https://cj.sina.

在全球化時代富裕國家之中下階層的收入沒有增加，有些甚至還減少，獲益者是富裕國家之菁英分子，其與一般民眾間之不信任感增加，例如英國年紀大與受教育不多且支持「脫歐」者，不信任菁英分子。英國支持或反對「歐盟」者之間的差別在於年齡與受教育程度之外，尚有對於專家的信任度，反對「歐盟」者不信任專家。社會學者Oliver Nachtwey認爲英國「脫歐」的另一個重要原因是缺乏經濟成長，使得中產階級充滿恐慌。民族主義與民粹分子在整個西方世界增加，英國之「獨立黨」在推動「脫歐」公投之訴求就是反對「歐盟」要求英國接受難民數量過多。[18]

英國「脫歐」主張者認爲「歐盟」是「新蘇維埃聯盟」（New Soviet Union），權力飢渴的官僚黑手黨，英國要再次偉大就必須從「歐盟」中解放出來。[19]自保守黨於2010年執政以來，即不斷面臨黨內要求就英國是否留在「歐盟」舉行「去留」公投（"in/out"）的壓力。英國人對歐債危機、「歐盟」移民與難民問題、英國經濟的疲弱、地區發展不均、貧富差距等之不滿，都集中至「脫歐」的公投。[20]英國前首相卡麥隆（David Cameron）在2013年主張不存在「歐洲民眾」（European demos），會員國議會是「歐盟」民主合法性的最終來源，而債務危機應是改革「歐盟」與英國關係的最佳機遇，以增加「歐盟」與英國在自由貿易、開放市場以及合作方面的利益。[21]

英國於2016年6月23日舉行全國性「脫歐」公投，從英國公投結果（52%：48%）可以得知三大分裂：（一）區域（表4-1）；（二）世代：18歲至25歲有超過70%主張留在「歐盟」內，60歲以上者約有60%主張「脫歐」；（三）社會階級：未受高等教育與收入較低者絕大多數主張「脫歐」，在大學城與倫敦受過良好教育之菁英則主張留在「歐盟」內。[22]

com.cn/articles/view/386041682/e619493b01900kfdf（檢視日期：2019年8月14日）。

[18] Patrick Bernau (2016), "Kommentar: Ein Sieg des Misstrauens," *Frankfurter Allgemeine Zeitung*, http://www.faz.net/aktuell/wirtschaft/wirtschaftspolitik/kommentar-ein-sieg-des-misstrauens-14305124.html (accessed on 14 June, 2018).

[19] Khuê Phạm (2016), "Großbritannien: Sie sind wütend und sie sind viele."

[20] 李俊毅（2017），〈英國（還）可以影響歐盟嗎？淺談後脫歐時期的英一歐關係〉，《全球政治評論》，第58期，頁17。

[21] 金玲（2016），〈英國脫歐：原因、影響及走向〉。

[22] Nicolai von Ondarza (2016), "Die verlorene Wette-Entstehung und Verlauf des britischen EU-Referendums," *Aus Politik und Zeitgeschichte*, 66 Jahrgang, Nr. 49-50, p. 9.

表4-1　英國「脫歐」公投之地區差異（2016年6月23日）

	支持退出歐盟之票數	支持退出歐盟之百分比	反對退出歐盟之票數	反對退出歐盟之百分比	投票率
英格蘭	15,188,406	53.4	13,266,996	46.6	73.0
倫敦	1,513,232	40.1	2,263,519	59.9	69.7
蘇格蘭	1,018,322	38.0	1,661,191	62.0	67.2
威爾斯	854,572	52.5	772,347	47.5	71.7
北愛爾蘭	349,442	44.2	440,407	55.8	62.7
直布羅陀	823	4.1	19,322	95.9	83.5

資料來源：作者整理自The electoral Commission (2019), "EU referendum results by region: London," The electoral Commission of UK, 25 September, https://www.electoralcommission.org.uk/who-we-are-and-what-we-do/elections-and-referendums/past-elections-and-referendums/eu-referendum/results-and-turnout-eu-referendum/eu-referendum-results-region-london (accessed on 1 March, 2021); Roland Sturm (2016), "Uneiniges Königreich? Grossbritannien nach dem Brexit-votum," *Aus Politik und Zeitgeschichte*, No. 49-50, p. 18.

　　德國前總理柯爾（Helmut Kohl）認為，「歐盟」對於英國「脫歐」不宜過度反應而採取關門政策，「歐盟」之未來應該是「較少就是更多」（"Weniger ist mehr"），現在應該是以退為進的時刻，「歐盟」應該加強重視會員國民族與地方特色與認同，並更加尊重彼此之歷史與敏感議題。[23]

　　英國對「歐盟」貿易的依賴，除了地緣因素外，最重要的是「歐盟」單一市場。「歐盟」領袖峰會於2016年6月29日回應英國「脫歐」制定之談判原則：（一）不通知、不談判；（二）平衡權利與義務；（三）不接受商品、人員、服務、資本自由流通，就不能自由進入「歐盟」單一市場。[24]為免加深會員國間之差異，助長分離主義之發展，在英國「脫歐」之談判中，「歐盟」必須遵守之底線是單一市場之商品、人員、服務、資本自由流通，此四項之自由流通是「歐盟」解決

---

[23] Die Zeit (2016), "Europa: Helmut Kohl wünscht sich Atempause für Europa," *Zeitonline*, https://www.zeit.de/politik/ausland/201606/europa-helmut-kohl-brexit-eu-grossbritannien (accessed on 8 June, 2018).
[24] 洪德欽（2017），〈英國脫歐對歐盟之影響〉，《問題與研究》，第56卷第2期，頁148。

內部差異不可或缺之機制。[25]

　　對於「歐盟」來說，其利益需從四大層面著手（一）狀態之改變：英國由會員國轉變爲第三國；（二）確保自由貨物流通；（三）多層面合作，例如內政與司法；（四）建構定期與英國交換意見之機構。[26]「歐洲議會」於2017年4月5日通過有關英國「脫歐」談判程序的決議案（2017/2593(RSP)），除了提出談判過程的基本立場與原則之外，還要求「歐盟」高峰會議應基於公開與透明之原則隨時向「歐洲議會」報告談判過程與進度。[27]

　　英國政府於2017年2月2日發表「脫歐白皮書」（The United Kingdom's Exit from and New Partnership with the European Union）說明英國將採取「全球的英國」（Global UK）作爲未來的發展策略，並以與「歐盟」談判一項全面性自由貿易協定作爲優先目標，確保英國在「歐盟」單一市場之自由貿易與市場機會。英國「脫歐」是要取回移轉給「歐盟」的主權，尤其對法律及移民控制權。英國法律必須依據「議會主權」（parliamentary sovereignty）、英國利益及價值來訂定；結束「歐盟」法律在英國的直接適用與優先適用，以及取回「歐盟」法院對英國的司法管轄權；英國提出「大廢除法案」（Great Repeal Bill），除了用以延續「脫歐」前「歐盟」法律在英國之適用之外，也將規範英國國會及法院成爲英國最終的法律裁決機構，英國「脫歐」及英國未來關係談判，會有法律爭端解決的相關安排。[28]英國於2017年3月29日啓動「歐洲聯盟條約」第50條「脫歐」程序，通知「歐盟」後的兩年內脫離「歐盟」。

　　在英國「脫歐」談判中，重點是雙方如何維持百姓生活不受到衝擊，例如是如何保障在對方境內工作居住的公民權利。英國與「歐盟」在居住權標準、工作和擁

[25] Funda Tekin (2016), "Was folgt aus dem Brexit? Mögliche Szenarien differenzierte (Des-) Integration," *Integration*, No. 3, p. 197.

[26] Barbara Lippert and Nicolai von Ondarza (2016), "Eine europäische 'Special Relationship' Leitlinien, Interessen und Spielräume der EU-27 in den Brexit-Verhandlungen," *SWP-Aktuell*, November, Nr. 74, pp. 4-7.

[27] 張台麟（2017），〈英國啓動脫歐後對歐盟政經發展之影響〉，《全球政治評論》，第58期，頁4。

[28] 英國「脫歐」政策立場，包括12項原則：1.維持安定性及透明性；2.控制英國自己法律；3.強化英國內部團結；4.確保與愛爾蘭的歷史性緊密聯繫及共同旅行區；5.控制移民；6.保護「脫歐」前已在英國及「歐盟」雙方領土上長期居住移民之權益；7.保護勞工權益；8.確保英國在歐洲市場的自由貿易；9.促進英國與其他國家簽署新的貿易協定；10.繼續使英國作爲科學研發之最佳基地；11.強化打擊犯罪及反恐合作；12.實現平穩及有序的「脫歐」。洪德欽（2017），〈英國脫歐對歐盟之影響〉，頁149。

有公司之權利、社會保障權等問題上達成一致，但仍遇到諸如繼續認可職業資格、地方選舉投票、像已定居在「歐盟」27國的英國公民有繼續遷徙的權利等問題。英國之目的是為其公民談判出特殊安排，以期英國人在「歐盟」取得便利。就公民入籍的措施而言，英國同意在其境內的歐洲人可以轉變成英國公民，並給予在英國之「歐盟」公民相關權利。英國意圖弱化「歐盟」公民認同，主張「歐盟」公民認同僅是主權國家的暫時性的現象，而「歐盟」公民最終都會回到會員國之國家認同。[29]

英國梅伊（Theresa May）政府之「脫歐」談判始於2017年6月，雙方在公民權利、北愛爾蘭邊界、財務結算、過渡期等問題上達成了重要共識外，仍存在若干分歧，如解決爭端的司法權、建立共管區等事宜。在「脫歐」問題上，英國與「歐盟」需要妥善解決的關鍵領域是英國在賽普勒斯的主權基地的法律適用問題和北愛爾蘭與愛爾蘭的邊界問題。關於在賽普勒斯的主權基地問題，雙方主要關注「歐盟」法律是否仍繼續有效的問題；關於北愛爾蘭與愛爾蘭邊界問題，雙方都贊成「軟邊界」而非「硬邊界」，保持現有條件下的交往與流通。[30]其原因在於愛爾蘭與北愛爾蘭間邊界開放是在1998年結束北愛爾蘭內戰的「貝爾法斯特協定」（Belfast Agreement，亦稱「北愛爾蘭和平協定」）得以有效存續的關鍵。[31]

英國梅伊政府在2019年3月29日正式退出「歐盟」，英國政府「脫歐」談判策略是彈性，「歐盟」則是有約束性。英國「脫歐」談判主張退出「歐盟」與建構未來雙方關係之談判同時進行；「歐盟」主張兩階段，即先談判「脫歐」，再談建構未來雙方關係。「歐盟」認為在談未來雙方建構自由貿易協定、「歐盟」公民之權利、北愛爾蘭、以及英國對「歐盟」之財政義務（「脫歐」費用）等核心問題必須先釐清。雙方在「歐盟」公民之權利方面最大之爭議是，「歐盟」法院之管轄權在英國退出「歐盟」後，是否仍適用在英國之「歐盟」公民，對此英國持反對立場。[32]

[29] Nicolai von Ondarza (2016), "Die verlorene Wette – Entstehung und Verlauf des britischen EU-Referendums," *Aus Politik und Zeitgeschichte*, 66 Jahrgang, Nr. 49-50, p. 10；李冠傑（2018），〈英國的「脫歐國家模式」會終結歐洲一體化嗎？〉。

[30] 李冠傑（2018），〈英國的「脫歐國家模式」會終結歐洲一體化嗎？〉。

[31] Die Zeit (2018), "Brexit: EU lehnt angeblich Theresa Mays vorschlag ab," *Zeitonline*, https://www.zeit.de/wirtschaft/2018-11/brexit-eu-theresa-may-grenze-irland-nordirland-plan-b (accessed on 26 January, 2019).

[32] Sascha Zastiral (2017), "Brexit: Ermüdet und entnervt," *Zeitonline*, http://www.zeit.de/politik/2017-08/brexit-grossbritannien-eu-positionspapiere-forderungen (accessed on 1 September, 2017).

　　梅伊政府本身主張「軟脫歐」，指的是英國不徹底與「歐盟」決裂，以便讓英國繼續留在「歐洲單一市場」和「關稅聯盟」內。在「軟脫歐」派看來，英國即使退出「歐盟」也無法完全離開歐洲，英國與「歐盟」間互賴程度甚深，爲了減少「脫歐」可能會帶來的經濟和社會動盪，英國之立場必須務實，而與「軟脫歐」相對應的「硬脫歐」則是指英國徹底脫離「歐盟」和歐洲單一市場，讓英國全面掌控邊界、移民和司法政策。「硬脫歐」派希望能保證英國在「脫歐」後的法律獨立，能自主地與其他國家進行貿易談判、控制移民以及處理其他事務。對於退出「歐盟」後與「歐盟」合作有兩大模式可參考，即與「歐盟」簽訂雙邊協定之瑞士模式，或設立經濟區之挪威模式。[33]

　　英國「脫歐」使得英國政府亦必須面臨如何維持聯合王國（United Kingdom）內部分離主義之挑戰。[34]蘇格蘭早在2014年9月18日舉行公投，決定蘇格蘭是否脫離英國成爲一個獨立的國家。在前述歷史因素之外，北海油氣資源之稅收以及獨立後繼續使用英鎊是獨立公投之關鍵。[35]公投結果雖然是獨立失敗，但蘇格蘭議會在2016年6月28日通過了「有關公投對蘇格蘭影響」的動議（The EU referendum result and its implications for Scotland: Initial Evidence），尋求其留在「歐盟」的可能性。[36]如果最終不能實現留在「歐盟」內，蘇格蘭勢必舉行第二次獨立公投。鑑於北愛爾蘭公投支持留在「歐盟」內，以及英國「脫歐」帶來的北愛爾蘭和平進程架構的改變，北愛爾蘭問題也可能再度爆發。[37]

　　梅伊在2019年7月4日最後一次在蘇格蘭發表演講指出，自英國2016年公投決定「脫歐」後，蘇格蘭、北愛爾蘭、威爾斯均出現「脫英」公投的主張。英國正面臨分裂危機。在蘇格蘭、威爾斯、北愛爾蘭之議會擁有稅收權和立法權，使得分離主義政黨在地方選舉中陸續取得勝利，包括2014年蘇格蘭獨立公投後，迅速崛起的

---

[33] Thierry Chopin and Jean-François Jamet (2016), "Die Zukunft des europäischen Projekts," pp. 3-13.

[34] 羅至美、吳東野（2016），〈脫歐公投對英國的衝擊：政治與經濟的分析〉，《問題與研究》，第55卷第3期，頁148。

[35] BBC（2014），〈蘇格蘭獨立公投：來龍去脈和關注焦點〉，《BBC News中文網》，https://www.bbc.com/zhongwen/trad/uk/2014/08/140806_scotland_background（檢視日期：2021年3月1日）。

[36] European and External Relations Committee (2016), "The EU referendum result and its implications for Scotland: Initial Evidence," SP Paper 5 1st Report, 2016 (Session 5), The Scottish Parliament, 12 September, pp. 34-36, http://www.parliament.scot/S5_European/Reports/EUS052016R01.pdf (accessed on 3 November, 2020).

[37] 金玲（2016），〈英國脫歐：原因、影響及走向〉。

蘇格蘭民族黨；尋求威爾斯獨立的政黨，在2019年威爾斯地方選舉中獲得佳績。蘇格蘭和北愛爾蘭是「留歐」派占主流，2016年英國「脫歐」公投通過讓蘇格蘭頗為不滿，蘇格蘭政府首席大臣（First Minister of Scotland）斯特金（Nicola Ferguson Sturgeon）在2019年4月指出，如果英國「脫歐」，蘇格蘭將爭取在2021年5月之前舉行公投，決定是否從英國獨立。受「脫歐」影響，威爾斯也在2019年5月進行首次主張獨立的遊行，民族主義政黨威爾斯黨領導人普萊斯（Adam Price）認為英國「脫歐」引發的混亂，就表示英國政府不適合治理或代表威爾斯。北愛爾蘭主要反對黨「新芬黨」在2019年2月表示，為避免無協議「脫歐」，防止北愛爾蘭和平局面出現倒退，北愛爾蘭之「新芬黨」將依照「北愛爾蘭和平協定」所賦予的權利，倡議進行整個愛爾蘭統一的公投。[38] 強生（Boris John）擔任英國首相後，表示反對蘇格蘭舉行「脫英」公投。[39]

　　按照「北愛爾蘭和平協定」所承諾的，在北愛爾蘭出生的人，可以申請成為英國人，也可以申請成為愛爾蘭人，或兩者兼可。從2015年前開始，英國內政部在北愛爾蘭地區已經違背了「北愛爾蘭和平協定」的有關承諾，禁止在北愛爾蘭地區出生的英國人擁有愛爾蘭護照。北愛爾蘭「新芬黨」擔心「脫歐」會改變北愛爾蘭民眾已有的權利。北愛爾蘭邊界問題曾是「脫歐」談判中被優先考慮的焦點問題，就此達成在北愛爾蘭與愛爾蘭間不重新設置實體海關與邊境檢查措施的「備份安排」（Irish Backstop）得到「新芬黨」的支援，但是其政治對手，也是保守黨的盟友「北愛民主統一黨」堅決反對「備份安排」，加劇了北愛爾蘭地區的政治分裂局面。自2017年1月以來，「北愛民主統一黨」和「新芬黨」聯合政府也一直處於停擺狀態，令北愛爾蘭的民生和社會發展備受影響。[40]

　　英國運作國家主權採「議會至上」制度後，履行決策功能的政治機制得以完善。2016年「脫歐」公投之結果是「脫歐」，但與議會議員之看法有差距。百姓決議「脫歐」，但相關條件只有議會才有權決議。英國議會議員對於梅伊的愛爾蘭邊

[38] 王愷雯（2019），〈卸任前最後一次蘇格蘭演講：特蕾莎梅痛切譴責分裂、呼籲國家團結〉，《觀察者網》，http://www.guancha.cn/internation/2019_07_10_508968.shtml?s=sywglbt（檢視日期：2019年8月19日）。

[39] 曾依璇（2019），〈蘇格蘭想再辦獨立公投　強生不同意〉，《中央社》，http://www.cna.com.tw（檢視日期：2020年11月22日）。

[40] 王怡（2019），〈英國北愛爾蘭新芬黨：若「脫歐」談判最終無果　將舉行愛爾蘭統一公投〉，《環球網》，http://world.huanqiu.com/article/2019-02/14315217.html（檢視日期：2019年3月5日）。

境保障措施和強生與「歐盟」談妥之方案均不同意，而使得議會改選，[41]「脫歐」時程延宕，強生當選英國首相後，將「脫歐」時程最終定在2020年12月31日。[42]

英國強生政府在2020年5月20日公布「北愛爾蘭議定書」（Northern Ireland Protocol）的實施方案，以履行2019年與「歐盟」達成的「脫歐」協議中所做出的承諾。依據「北愛爾蘭議定書」，北愛爾蘭將與英國其他地區同時脫離「歐盟」之「關稅聯盟」，但北愛爾蘭仍需繼續遵守「歐盟」有關農業和其他產品的規則。「北愛爾蘭議定書」的方案規定，北愛爾蘭企業將不受限制地進入英國其他地區市場，英國關稅區內對北愛爾蘭商品將不設關稅，也不會設立新的海關設施；北愛爾蘭企業將享受英國與世界其他國家簽署的自由貿易協定。英國政府表示，以務實與適當的方式實施「北愛爾蘭議定書」，以確保北愛爾蘭和平進程的「貝爾法斯特協定」，保護北愛爾蘭企業在英國市場內的地位。無論是否與「歐盟」達成貿易協定，該議定書都將從2021年1月1日起生效。[43]

英國退出「歐盟」對於「歐盟」整體之影響在於「歐盟」保護主義傾向增加，在經濟事務的干預增加，「歐盟」防務合作加速。英國退出「歐盟」對於「歐盟」內部權力平衡之影響，在於德法的影響力增加，歐元區與非歐元區間之分歧增加，會員國對於「歐盟」決策影響下降。[44]法國因應英國脫離「歐盟」的各種變動，包括無協議「脫歐」，主張重整申根區，以確保境內人員流動自由的同時，也能嚴格管制邊境。[45]

二、西班牙之分離傾向

英國退出「歐盟」後，除衝擊「歐盟」經濟外，南歐國家內部本就強大的地方主義思潮亦受到影響。南歐危機是由經濟危機以及政治矛盾所造成，因南歐國家經

---

[41] Beat Bumbacher (2019), "Beim Brexit ist Verdrängen nicht mehr lange möglich," *Neue Zürcher Zeitung*, https://www.nzz.ch/meinung/beim-brexit-ist-verdraengen-nicht-mehr-lange-moeglich-ld.1452073 (accessed on 14 August, 2019).

[42] BBC（2020），〈英國和歐盟脫歐貿易協議談判進入「加時賽」〉《BBC News中文網》，http://www.bbc.com/zhongwen/trad/world-55295401（檢視日期：2020年12月25日）。

[43] 張赫（2020），〈英國政府公布《北愛爾蘭議定書》實施方案〉，《今日頭條》，https://www.toutiao.com/a6829074507102323208/（檢視日期：2020年5月22日）。

[44] 張健（2019），〈英國脫歐之戰略影響〉，《現代國際關係》，第11期，http://www.cicir.ac.cn/NEW/opinion.html?id=62128518-e092-4c1d-9d510cac10579808（檢視日期：2020年2月18日）。

[45] 曾依璇（2019），〈馬克宏提西方霸權終結　主張大膽承擔風險策略〉。

濟改善不易，政治卻往民粹、地方獨立訴求等方向發展。[46]西班牙內部各區域間在族群、文化與語言等之差異，並沒有隨著近代「國族革命」而減少。西班牙自治體制之發展，是與該國在1975年佛朗哥（Francisco Franco）將軍過世後所推動之民主化進程有關。西班牙國王卡羅斯（Juan Carlos）當時主張中央集權制而非聯邦制，就是防止加泰隆尼亞的民族主義分子，以聯邦制為名要求自決權，進而挑戰西班牙之完整性。[47]加泰隆尼亞地區依照1978年西班牙憲法規定成為自治區，加泰隆尼亞人基於文化認同之堅持，對於自治的程度與權限不滿。獨立運動核心在確保加泰隆尼亞人的尊嚴並承認其文化，要求馬德里承認加泰隆尼亞為國家。一般而言，歐洲分離運動訴求國家主權、民主體制及參與體制運作，但加泰隆尼亞的獨立運動尚涉及到領土問題，因其訴求的加泰隆尼亞之領土有部分在法國境內。[48]

　　加泰隆尼亞在工業化取得進展後，促成文化民族主義與政治民族主義的抬頭，進而積極爭取自治。加泰隆尼亞歷史上之自主發展早於西班牙中央統治，族群認同並未隨政治制度、語言與文化遭受限制而消失，加泰隆尼亞之民族認同是具有西班牙與加泰隆尼亞的雙重特性。就國家內部分離主義而言，以西班牙的加泰隆尼亞為例，「歐盟」之超國家發展，使得西班牙對於加泰隆尼亞的影響力減弱。「歐盟」的區域發展基金有利於加泰隆尼亞的建設，加泰隆尼亞的菁英分子主張運用「歐盟」資源推動自治。[49]加泰隆尼亞地區經濟狀況較佳，不願協助西班牙其他貧困的地方。在宣布獨立後，隨即遭到西班牙中央政府鎮壓。西方各國在加泰隆尼亞推動獨立過程中，支持西班牙中央政府，而加泰隆尼亞的獨立派政黨經由再次勝選，掌握該地區行政權。[50]

　　歐洲的政治秩序長期以來由西歐主導，包括義大利、西班牙、葡萄牙在內的西歐國家在政治上是緊密的夥伴，與德國與法國共同致力於維護「歐盟」的自主性和國際地位。這些國家都是前殖民國家，具有強烈的民族光榮感，德國和法國更希望

---

[46] 樂國平（2018），〈社評：「南歐危機」再起　前景不容樂觀〉，《中國新聞評論網》，http://hk.crntt.com/crn-webapp/doc/docDetailCNML.jsp?coluid=7&kindid=0&docid=105091487（檢視日期：2018年6月16日）。

[47] Sabine Riedel (2016), "Föderalismus statt Separatismus -Politische Insturmente zur Lösung von Sezessionskonflikten in Europa," p. 31.

[48] Nino Löffler (2018), "Von der Autonomen gemeinschaft zur Unabhängigen Nation? Separatismus in Katalonien," *Aus Politik und Zeitgeschichte*, No. 48, pp. 40, 48.

[49] 郭秋慶（2002），〈西班牙中央與邊陲之衝突——論加泰隆尼亞族群政治的建構〉，《成大西洋史集刊》，第10期，頁155-158。

[50] 樂國平（2018），〈社評：「南歐危機」再起　前景不容樂觀〉。

與西班牙、義大利等國共同致力於「歐盟」之發展，故即便西班牙與義大利經濟不斷惡化，亦確保兩國留在「歐盟」整合之中，所以不樂見加泰隆尼亞訴求獨立。[51]

　　加泰隆尼亞人在2014年與2017年訴求獨立時不僅仍視自己是歐洲的一部分，甚至仍是「歐盟」的一部分。[52]西班牙最高法院（the Spanish Supreme court）在2019年10月14日判決在2017年10月舉辦加泰隆尼亞獨立公投之加泰隆尼亞自治區前副主席洪克拉斯（Oriol Junqueras），以及2017年9月6日與7日在議會中推動公投法與獨立之合法性的議員，以叛亂（sedition）與濫用公共基金（misuse of public funds）為由，坐牢服刑九年至十三年。[53]「歐盟法院」在2019年12月19日裁定洪克拉斯歐洲議員豁免權，引起西班牙「脫歐」（Spexit）之討論。[54]歐洲學者Sabine Riedel認為「歐盟」若要解決「西伐利亞秩序」架構之內分離傾向所造成之的動盪，要徹底解決英國之蘇格蘭與西班牙之加泰隆尼亞獨立問題，可考慮地方不得退出主權國家之規範，但可享聯邦制國家有限的國際法主體性，以取代目前之自治。[55]

[51] 同前註。

[52] Giovanni Savino (2018), "Europeanism or Nationalism? On Nation-Building in Europe and Ukraine," *Russia in Global Affairs*, Vol. 16, No. 2, p. 104.

[53] Elena Sánchez Nicolás (2019), "Nine Catalan separatist leaders given long jail terms," *EUobserver,* https://euobserver.com/political/146257 (accessed on 18 April, 2020).

[54] 徐乾昂（2019），〈歐盟裁定釋放「加獨人士」，西班牙第三政黨黨魁暗示「脫歐」〉，《觀察者網》，https://www.guancha.cn/internation/2019_12_27_529690.shtml?s%E3%80%80=zwyxgtjbt（檢視日期：2020年5月22日）。

[55] Sabine Riedel (2016), "Föderalismus statt Separatismus -Politische Insturmente zur Lösung von Sezessionskonflikten in Europa," p. 6.

第五章　難民與移民：開放或封閉歐洲之抉擇

　　歐洲為結束第二次世界大戰所造成之經濟崩潰，所推動經濟合作之核心機制是「歐盟」的單一市場與申根協定，使得勞務與貨物自由流通，促進經濟活動之開展。全球化之發展使得歐洲區域治理也因為自由的人員流通增加、歐洲邊境管制放鬆、主權國家內部族群與宗教多元化的程度增加，原有的治安與安全體系已不堪負荷。「歐盟」於2017年3月25日發表「羅馬宣言」（Rome Declaration），表示除了英國「脫歐」之外，「歐盟」在全球與內部正面臨前所未有的挑戰，即區域衝突、恐怖主義、移民壓力、保護主義以及社會與經濟不平等。[1]

　　就移民之壓力而言，歐洲國家自工業革命以來，為解決經濟發展所需要之勞動力，而買賣殖民地之人民為廉價勞工。第二次世界大戰後之殖民地的民族解放戰爭，使得此一取得勞工的途徑受限。現今歐洲受到少子化之影響，除內部人力資源自由快速流通之必要性大增，來自外部之移民亦可成為經濟發展之助力。根據歐洲統計局的資料，歐洲人口在2016年升高的唯一原因就是難民的到來。此外，歐洲統計局認為，如果沒有這些移民，只有愛爾蘭、法國、挪威和英國將在2050年之前能夠實現人口的增長；德國和義大利都將出現人口下降問題。在歐洲許多國家發展經濟面臨人力資源不足之問題，而難民與移民正可以填補。[2] 本章探討難民與移民問題之處理對於「歐盟」採取對外開放或封閉立場之影響。

---

[1] Council of the EU (2017), "The Rome Declaration, STATEMENTS AND REMARKS," 149/17, http://www.consilium.europa.eu/en/press/press-releases/2017/03/25/rome-declaration/pdf (accessed on 18 July, 2018).

[2] 李雅潔（2018），〈歐洲移民問題遠未結束〉，《中國評論新聞網》，http://hk.crntt.com/crn-webapp/doc/docDetailCNML.jsp?coluid=7&kindid=0&docid=104971717（檢視日期：2019年1月29日）。

第一節　難民對「歐盟」整合之影響

　　歐洲因戰爭面對下列幾次嚴重的難民問題：一、德國戰敗割讓土地後的難民問題；二、接納因越戰所產生之中南半島難民；三、1979年回教革命後的伊朗難民；四、非洲難民；五、1980年東歐變局的難民；六、1979年蘇聯入侵阿富汗、2001年「911事件」後美國出兵阿富汗，以及2003年美國與英國推翻海珊政權，造成伊拉克的難民問題；七、2010年至2011年阿拉伯之春之後的難民問題；八、敘利亞內戰。[3]

　　為創造一個自由流通的歐洲單一市場，法國、德國、荷蘭、比利時、盧森堡在1985年簽署「申根協定」（Schengen Agreement），該協定之第7條規定，廢除各國之間人員與貨物流動的邊境管制。單一市場中人員的自由流通牽涉歐洲會員國公民與第三國公民入境與居留，但單一市場所需之人員自由流通所引發之反彈卻是對內部多元化之限縮，例如法國內部種族和宗教隔閡不斷加深，許多社區都有不尊重回教社群習俗的規定。回教社群婦女不得在公共場所穿戴全罩面紗，學童在校沒有選擇不吃豬肉的權利，社區游泳沒有回教社群男女分池的設想等，讓當地回教社群備感挫折與孤立。法國政界普遍憂心，依目前的出生率和人口變化，2050年後的法國可能變成「伊斯蘭共和國」，[4]法國甚至以「歐盟」是世俗組織而拒絕土耳其加入。[5]

　　「歐盟」會員國面對移民來源不同，對勞工移民需求不同、移民湧入的情況也有差異。單一國家要制定一個移民政策，同時兼具內部流通與外部邊境管制兩項目標實有困難，因而逐漸導向由「歐盟」主導制定一個共同政策來統一管理移民問題，故「歐盟」移民政策是「雙軌途徑」（dual track approach），即在加強邊境控管外來移民的同時，也要處理內部安全與管理移民。[6]

　　「歐盟執行委員會」為解決湧入的難民困境，在2015年9月初提案由「歐盟」會員國分配接收難民，此提案主要著眼於透過快速的會員國間合作來初步解

---

[3]　沈玄池（2015），〈近期歐洲難民問題之根源與發展〉，《全球政治評論》，第52期，頁1-3。

[4]　吳東野（2016），〈歐洲恐怖主義趨向內地化〉，《上報》，http://www.upmedia.mg/news_info.php?SerialNo=481（檢視日期：2018年7月17日）。

[5]　Luuk van Middelaar (2016), "Wer sind wir? Auf der Suche nach der europäischen Identität," *Internationale Politik*, p. 123.

[6]　卓忠宏（2016），〈移民與安全：歐盟移民政策分析〉，《全球政治評論》，第56期，頁59。

決12萬名庇護尋求者的安置問題，「歐盟執行委員會」根據會員國的人口多寡（40%）、總體國內生產總額（40%）、2010年至2014年每百萬居民接收難民平均數（10%），以及失業率（10%）來安排12萬名配額。[7] 源自2003年「歐盟」之協定，2015年底「歐盟」制定的「都柏林協議」（Dublin Regulation）是「歐盟」庇護體系最核心之部分。該協定規範申請庇護者必須在其踏進「歐盟」的會員國申請庇護，此規範考量之重點是在保護難民與保護歐洲邊境間取得平衡點。[8]

　　「歐盟」與土耳其在2016年3月18日就合作解決難民危機達成協議。這份協議涉及難民遣返和安置相關安排。為終止難民非法從土耳其入境「歐盟」，自2016年3月20日起，所有從土耳其入境希臘的避難者須在希臘進行登記與提交避難申請，未履行上述步驟或不滿足避難條件的非法移民將被遣返土耳其。每遣返一個經土耳其入境希臘的非法移民，「歐盟」將安置一個土耳其境內的敘利亞難民到「歐盟」境內，名額上限是7.2萬人。「歐盟」將與會員國、「聯合國難民署」執行安置作業。未嘗試入境「歐盟」的敘利亞難民將被優先安置。此外，土耳其還需採取措施防止非法移民開闢新的海路或陸路通道進入「歐盟」國家；海岸警衛隊和員警機構加強安保措施，並加強資訊共用；土耳其允許敘利亞難民進入土耳其勞動市場，並為難民提供臨時保護；「歐盟」將解除土耳其居民進入「歐盟」的簽證要求。此外，「歐盟」還將加快向土耳其發放歐元援助，以用於資助衛生、教育等難民相關專案。[9]

　　針對「歐盟」是否接受難民，以及經由何種方式接收，才符合「歐盟」之利益，各地區、會員國與政黨之立場卻是分歧的。就地區而言，義大利、西班牙等南歐國家現階段經濟狀況並不允許接收過多難民，但在教宗呼籲天主教社群一個教區至少收容一個難民家庭的情況下，反倒是民間自發性提供金錢與物資給予當地教會收容難民；中東歐國家（匈牙利、波蘭、羅馬尼亞、斯洛伐克、捷克等）則大多以宗教文化為由拒絕接納難民，主張若是讓過多伊斯蘭信仰的難民進入，會威脅以基

7　楊三億（2015），〈近期難民潮對中東歐國家與歐盟整合之影響〉，《全球政治評論》，第52期，頁18。
8　Julian Lehmann (2015), "Flucht in die Krise-Ein Rückblick auf die EU-'Flüchtlingskrise'," *Aus Politik und Zeitgeschichte*, Jg. 65, Nr. 52, p. 9.
9　孫奕、張曉茹、梁淋淋（2016），〈歐盟和土耳其達成解決難民危機「九點協定」〉，《新華網》，https://www.xinhuanet.com/world/2016-03/20/c_128814954.htm（檢視日期：2021年2月28日）。

督教爲根基的歐洲社會。[10]

　　中東歐國家自共黨下臺後，發展之重點並不只是社會轉型，還有新國家之建構及其之後的社會發展。由於初始的重點不同，再加上各國的基礎不同，中東歐各國的社會發展除了有「去蘇聯化」和「西歐化」外，尚有比較強的地區性特質。波羅地海三國是探合作方式，以求生存與發展，中歐四國的整合程度比較高，而巴爾幹半島國家嚴重缺乏區域的內聚性。中東歐國家在擺脫整齊劃一的蘇聯模式後，轉型爲西歐模式，該模式是多元化，且包容性比較大，故中東歐各國在西歐模式的架構內有機會凸顯自身的發展特徵，例如前文所述匈牙利歐爾班政府所推動之非自由民主體制。[11]

　　「歐盟」內部近年來一直在批評匈牙利歐爾班政府煽動民族主義言論，漠視「歐盟」法律，借助國家機器打壓國內反對派。歐爾班則指責「歐盟」和西方非政府組織借助媒體力量干預匈牙利大選，拒絕「歐盟」的難民名額分配。[12]對匈牙利或斯洛伐克等國而言，當前的難民議題具有經濟性質，這些國家認爲許多難民其實是經濟性移民。[13]匈牙利並於2015年下令在邊境地區修建藩籬，以阻止難民從此處進入西歐，隨後還關閉了難民營。在匈牙利出生的美國投資家索羅斯也因爲主張歐洲應該引進一定數量的中東難民和移民、以充實勞動力市場的言論，引發對難民政策持保守立場的匈牙利政府不滿。從2017年7月起，歐爾班政府指責索羅斯策劃歐洲的難民危機，並通過法案對索羅斯資助的匈牙利大學和非政府機構進行限制，這些舉措在匈牙利和「歐盟」層面均引發爭議。2018年3月31日，歐爾班譴責索羅斯資助的西方非政府組織，計畫推翻匈牙利政府，讓難民潮湧進國內。[14]

　　歐爾班領導之政府之所以反對難民，除經濟因素外，還有匈牙利政府認爲移民不是基本人權，在2018年6月，匈牙利政府通過「阻止索羅斯」（Stop Soros）法案，該法案規定，凡組織非法移民來匈牙利，並鼓勵規避法律的人將受到懲罰，凡爲此類犯罪活動提供資金或者經常進行非法移民組織活動的人可被判處爲期一年的

---

[10] 卓忠宏（2016），〈移民與安全：歐盟移民政策分析〉，頁70。

[11] 孔寒冰（2019），〈對當前中東歐研究的幾點學術辨析〉，《俄羅斯東歐中亞研究》，第1期，頁50。

[12] 於洋（2018），〈匈牙利大選折射歐洲「東西裂痕」〉，《人民網》，http://world.people.com.cn/n1/2018/0404/c1002-29906178.html（檢視日期：2018年6月5日）。

[13] 楊三億（2015），〈近期難民潮對中東歐國家與歐盟整合之影響〉，頁18。

[14] 於洋（2018），〈匈牙利大選折射歐洲「東西裂痕」〉。

監禁，推動移民的外國非政府組織也要受到法案限制。[15]

　　就「歐盟」會員國之觀點而言，難民危機議題始終困擾「歐盟」。主因是歐洲會員國對難民的政策不一：在德國與瑞典國家政策歡迎難民，但人民反彈；南歐國家是政府傾向難民緊縮，但民間基於人道關懷的精神施以援助；中東歐國家則是政府與人民都出現反對的聲浪。西歐國家在第二次世界大戰後面臨經濟重建的需求，因此招募外籍勞工來解決國內勞力短缺的困境，例如德國引進土耳其勞工、法國引進阿爾及利亞人、西班牙與厄瓜多簽署的勞工協議。這些外籍勞工對歐洲戰後經濟重建有其正面的貢獻。因此「歐盟」在面臨人口老化與少子化之壓力，認為有計畫收容難民，並予以適當的職業訓練後轉換成勞動力，就成為德國與瑞典等國的主要考量。[16]（表5-1）

表5-1　歐洲難民與移民之情況（2014-2018年）

年度	到達總人數	死亡與失蹤人數
2018 （至8月21日止）	69,420	1,530
2017	178,500	3,139
2016	362,753	5,096
2015	1,015,078	3,771
2014	216,054	3,538

資料來源：作者整理自The UN Refugee Agency (2018), "Most common nationalities of Mediterranean sea and land arrivals," United Nations High Commissioner for Refugees, https://data2.unhcr.org/en/situations/mediterranean; The UN Refugee Agency (2018), "Refugees & Migrants arrivals to Europe in 2018 (MEDITERRANEAN)," United Nations High Commissioner for Refugees, Q2, https://data2.unhcr.org/es/documents/download/64891 (accessed on 22 August, 2018).

　　面對2015年之難民潮，德國總理梅克爾（Angela Merkel）認為「我們有能力做到」（"Wir schaffen das!"）解決難民之安置，故開放邊境，同意德國與奧地利以10：1的比例接納經匈牙利而來的難民，引起德國社會意見極端分化。基民黨

---

[15] 王樂（2018），〈匈牙利回懟聯合國：移民不是基本人權〉，《觀察者網》，https://www.guancha.cn/internation/2018_09_20_472839.shtml（檢視日期：2019年3月8日）。

[16] 卓忠宏（2016），〈移民與安全：歐盟移民政策分析〉，頁69-70。

（CDU）和基社黨（CSU）間的爭執由此開始。德國「另類選擇黨」（Alternative für Deutschland）批評梅克爾的難民政策，使得該黨在2016年3月多個聯邦州的議會選舉得票率有重大突破。[17]梅克爾之難民政策被迫調整由「歐盟」制定共同的難民庇護標準的同時，進行邊境管制。此外，還呼籲建立彈性機制，以克服部分國家拒絕接收難民的問題。在梅克爾看來，此前義大利政壇出現動盪就是由於「歐盟」目前的庇護政策存在缺陷。義大利「聯盟黨」（Lega）領袖Salvini出任副總理兼內政部長後，對內承諾驅逐數十萬非法難民。[18]義大利由反建制的「五星運動」黨和民粹極右的「聯盟黨」組成之疑歐民粹政府，認為解決難民之衝擊，唯有在穩固之「歐盟」架構內。[19]波蘭與匈牙利等東歐國家政府均主張嚴格管控移民和難民，公開拒絕「歐盟」按照分配額度向會員國分派中東與北非國家難民的政策，[20]荷蘭甚至因擔憂難民，在2016年4月反對「歐盟」與烏克蘭簽結盟協定。[21]「歐盟」法院駁回匈牙利與斯洛伐克有關拒絕接受「歐盟」難民配額要求的訴訟，右派保守的匈牙利總理表示不會改變該國不接受難民之政策，且不同意「歐盟」用「團結基金」（Kohäsionsfonds）來補助同意接受難民而財政較弱之會員國。[22]

就政黨之觀點而言，歐洲左派政黨對於融合回教社群，採取了象徵性融入和基於選票而融入兩種策略。這兩種策略並不一定利於回教社群社會經濟地位的提升，而基於選票的融入還讓左派政黨陷入了意識型態上的矛盾，因為優先考慮族群而非階級，強調文化差異的做法不僅可能讓左派政黨選票受損，更給右派民粹主義操作空間。近年來超過200萬來自回教世界的難民抵達歐洲，是各國右派民粹主義崛起的重要原因，例如德國「另類選擇黨」。部分中右派政黨在移民問題上立場向右

---

[17] 德國之聲（2019），〈命運之年2015：難民危機如何改變了德國〉，《德國之聲中文網》，https://www.dw.com/zh/命運之年2015難民危機如何改變了德國/a-47481911（檢視日期：2021年2月28日）。

[18] 曾心怡（2018），〈默克爾隔空回應馬克龍：這是我心中的歐盟改革方案〉，《華爾街見聞》，https://dedicated.wallstreetcn.com/toutiao/articles/3328485（檢視日期：2018年06月05日）。

[19] Mikulas Dzurinda (2018), "How I was convinced we need a federal EU," *EUobserver*, https://euobserver.com/opinion/142266 (accessed on 30 July, 2018).

[20] 蔚醬（2018），〈貼補南歐削減東歐　歐盟新發布預算案惹惱東歐國家〉。

[21] Hans-Peter Friedrich (2016), "Brexit: Wir bruachen mehr Heimatliebe," *Zeitonline*, https://www.zeit.de/politik/ausland/201607/brexit-europa-eu-zukunft-hans-peter-friedrich-csu (accessed on 15 June, 2018).

[22] Die Zeit (2017), "Ungarn: Orbán will EuGH-Urteil nicht umsetzen," *Zeitonline*, http://www.zeit.de/politik/ausland/201709/ungarn-viktor-orban-eugh-fluechtlinge-verteilung (accessed on 8 September, 2017).

轉，以繼續獲得選民支持，而難民危機給歐洲左派創造困境。各國「社會民主黨」從中產階級選民得到的支援增加，因中產階級選民雖然認同多元社會，但這些政黨的傳統支持者是工人階級，且大都反對移民，特別是從回教徒占多數的國家來的移民。部分政黨開始更積極地爭取移民和其他未被充分代表的少數群體支持，力圖構建一個由社會議題上的自由派組成的廣泛的跨階級聯盟。對於歐洲左派而言，核心問題在於移民選民中人數最多與增長最快的群體是來自回教社群占多數的國家，移民將會對歐洲社會傳統帶來衝擊。左派政黨爲了吸引中產階級選民，已導向世俗主義、全球主義和女權主義的代言人，進而造成價值觀的衝突。此等衝突在都市之社區分布即可得知，例如在世俗、進步的中產階級的社區旁邊，回教社群仍保留母國的鄉村式親緣關係、父權式權力結構和宗教習慣。[23]自新冠疫情爆發以來，在德國受疫情影響最嚴重的地區，都是極右派德國「另類選擇黨」獲得最多選票的地區。「另類選擇黨」在德國聯邦眾議院（Bundestag）的議員強力反對戴口罩，視口罩如同回教社群女性穿著全身罩袍的「布卡」（burqas）。[24]

第二節　移民對「歐盟」整合之影響

　　歐洲以文化概念作爲政治統一的前提，早在17世紀就成爲民族國家建構的基礎。從語言、文化、傳統與歷史界定族群的共同特質一直被視爲民族國家的要素，而不具此特質之移民，被視爲對傳統民族國家之威脅。歐洲國家移民問題主要面臨來自內部人力資源自由流通與外部移民進入的兩個層面，牽涉會員國內部管轄以及「歐盟」權限劃分的基本原則。[25]

　　全球化縮小國家間之差距，但拉大國內不同群體間之距離。國家間邊界檢查取消，地方間卻重新恢復邊境檢查。歐陸國家人民反對的移民主要是來自非歐洲地區的移民，英國人民反對的則是來自「歐盟」相對落後地區的移民。[26]就來自歐洲

[23] 柏迪遜（譯），Rafaela M. Dancygier（2018），〈穆斯林與歐洲左翼：融入與民粹主義（Muslim Voters and the European Left: When Inclusion Leads to Populism）〉，《歐羅萬象》，http://wemedia.ifeng.com/55002335/wemedia.shtml（檢視日期：2018年6月19日）。
[24] 法新社（2020），〈巧合？COVID-19在德國極右派地盤肆虐〉，《中央廣播電臺》，https://www.rti.org.tw/news/view/id/2086519（檢視日期：2021年3月1日）。
[25] 卓忠宏（2016），〈移民與安全：歐盟移民政策分析〉，頁51、55。
[26] 陳蔚芳（2017），〈移民問題與英國退歐的動因及其談判前景〉，《全球政治評論》，第58

以外的移民之層面而言，1950年代開始，歐洲的穆斯林人口顯著持續成長。第一波在1950年代與1960年代，英國、德國與法國，分別接納來自巴基斯坦、土耳其與阿爾及利亞的移民或移工。北歐國家（例如丹麥、荷蘭與瑞典）在1970年代與1980年代，主要是以人道理由接受伊斯蘭國家的移民，此爲第二波。第三波從1990年代開始，阿爾及利亞政變後，許多當地難民前往歐洲尋求庇護。上述三波穆斯林移民與其後代，構成今天歐洲的穆斯林社群。[27]

面對全球化所帶來之外部移民，歐洲各派政治勢力面對全球化之主張出現自我矛盾，左派基於其普世之理念，對於全球化之全球競爭與全球化之其他作用無能爲力，地方百姓只好支持願意承諾強化邊境管理，與增加所有外來人口之各項負擔的政治人物。當左派搖擺在全球化與民族團結的困境，新保護主義對於跨境資本、無止境的勞工市場的競爭與跨國罪犯，能提供「歐盟」百姓更多保護。面對歐洲之移民與難民問題，極端分子跳脫左派與右派之意識型態，以「歐盟」帝國的公民、反法西斯主義者或穆斯林等之認同來區分。自由與秩序間之關係是既需要開放之市場，也需要有管制的邊境。全球化需要更多建構秩序之政策與結構政策，遠超過法規之鬆綁，而右派要求開放與有管制之邊界。[28]

就內部人力資源自由流通而言，「歐盟」之西歐會員國如德國，擔心「東擴」之後會出現大量移民的湧入，（表5-2）對本身福利體系造成衝擊，因而對新加入「歐盟」的會員國（除南賽普勒斯、馬爾他外）採取七年過渡期的管制措施。此管制措施包含：第一，新會員國暫不適用「申根協定」，東、西歐國家人民往來以及中東歐國家之間人員的自由流動仍須接受邊境、海關的檢查；第二，加強外部邊界與移民的管制。根據「申根協定」第23條至第26條規定，在特殊情況下，區域內會員國可暫時恢復「內部邊界管制」一個月，且可視狀況延長，最長可達半年。[29]

期，頁11-12。
[27] 林泰和（2016），〈近期歐洲恐怖主義發展之研析〉，《問題與研究》，第55卷第4期，頁118。
[28] Heinz Theisen (2017), "Die Macht der Globalisierung lässt auch Ideologien alt aussehen," *Neue Zürcher Zeitung*, https://www.nzz.ch/meinung/kommentare/die-macht-der-globalisierung-laesst-auch-ideologien-alt-aussehen-ld.1330268 (accessed on 24 August, 2018).
[29] 卓忠宏（2016），〈移民與安全：歐盟移民政策分析〉，頁64、68。

表5-2　波蘭人與羅馬尼亞人移民至德國之數量（1950-2018年）

時間	波蘭人	羅馬尼亞人
1950-1954	43,557	1,137
1955-1959	248,626	2,361
1960-1964	49,832	9,241
1965-1969	62,786	7,053
1970-1974	61,075	29,802
1975-1979	141,637	41,615
1980-1984	144,551	72,824
1985-1989	488,252	78,337
1990-1994	199,623	171,900 （1990年就有111,150）
1995-1999	4,455	14,440
2000-2004	2,382	1,396
2005-2009	319	139
2010-2018	156	121

資料來源：作者整理自Marius Otto (2019), "(Spät-)Aussiedler aus Polen," *izpb*, Nr. 340, p. 45; Gwénola Sebaux (2019), "(Spät-)Aussiedler aus Rumänia," *izpb*, Nr. 340, p. 61.

　　英國人認為來自「歐盟」相對落後地區之移民減少英國人的就業、教育、住房與醫療資源，故推動「脫歐」者將移民問題作為公投前的主要議題，主張脫離「歐盟」之後便能解決移民問題，並將淨移民人數控制在五位數以下。英國在歷史上曾多次出現人口淨流出的現象，因此英國政府支持來自歐洲大陸地區的高技術移民。英國因2008年金融危機，使得勞工的實質薪資水準在2008年與2014年間平均下降約10%，英國人中特別是藍領白人認為移民是低薪資與低就業困境的主因。在教育、住房與醫療等公共服務議題上，移民也被視為掠奪英國社會資源的根源。「歐盟」東擴後，區域內的移民大幅增加，英國政府不僅未積極因應外來移民的增加，在2008年金融危機之後，保守黨政府採取撙節政策，以減少財政支出，特別在社會福利資源的支出，對英國社會造成衝擊。保守黨政府將民怨轉移至外來移民，以規避

政府失能之指責。[30] 英國與「歐盟」在2020年12月24日達成「脫歐」協議，自由移居英國與「歐盟」的權利將消失。[31]

　　有鑑於內部與來自外部移民的增加，對於「歐盟」發展是優缺點並存，固有必要制定相關規定以利管理。「歐盟」自1999年制定共同移民政策，在「坦培雷高峰會」（European Council in Tampere）針對移民，通過之「自由、安全與司法領域」（space of freedom, security and justice）之規劃。該計畫內容包括與移民來源國合作、第三國公民的平等對待、移民的共同管理、建立歐洲共同難民庇護制度和難民基金、透過立法為外籍移民獲得合法身分等措施。[32]

　　針對非法移民，「歐盟」在2002年6月塞維利亞峰會（European Council in Seville）建構的措施有：打擊非法移民、加強歐洲邊境管制、建立聯合行動網路與資訊交流；以及建立短期簽證核發之統一標準、難民身分認定和庇護申請條件；與非法移民的來源國和中繼國合作，杜絕非法入境管道。[33] 另外，因有組織犯罪集團操控移民，使得移民問題更加複雜。「歐盟」為確保區域內部之安全，於2004年通過「海牙計畫」（The Hague Program）列舉10項具體安全的領域，作為「歐盟」2005年至2010年司法與內政事務的行動準則，並設立獨立的機構「歐洲外部邊境管理局」（European External Borders Agency）於2005年正式運作，提供會員國組織與運作上的支援。「歐盟」在2005年制定「全球移民流通管理方法」（The Global Approach on Migration and Mobility），與第三國就偷渡、人口販運、組織犯罪、恐怖主義等議題展開政治對話與合作之原則。對於「歐盟」而言，要徹底解決移民問題之根源，是移民來源國之經濟發展，故透過「地中海經濟發展援助計畫」（Mediterranean Economic Development Aid），提供南地中海國家財政與技術援助，調整產業結構，協助民間部門發展經濟，縮短城鄉差距，改善醫療與教育等。[34]

　　「歐盟」執行委員會為管理對於會員國經濟發展有幫助之合法移民以及有技術之經濟移民，在2005年提出「管理經濟移民之歐盟途徑」綠皮書（Green Paper on an EU approach to managing economic migration），協助會員國接納合法移民流程的

---

[30] 陳蔚芳（2017），〈移民問題與英國退歐的動因及其談判前景〉，頁12。
[31] 田孟心（2020），〈脫歐協議終於敲定！英國拿回與失去什麼？〉，《天下雜誌》，http:// www.cw.com.tw/article/5104639（檢視日期：2020年12月26日）。
[32] 卓忠宏（2016），〈移民與安全：歐盟移民政策分析〉，頁59。
[33] 同前註，頁62。
[34] 同前註，頁59、62-63。

提案。「歐盟」高峰會在2006年通過該提案後，執委會提出「關於第三國高技術勞工入境與居住條件」指令（Directive on the conditions for entry and residence of third-country nationals for highly qualified employment）。[35]自2008年金融危機衝擊南歐後，「歐盟」制定「歐盟移民與庇護協定」（The European Pact on Immigration and Asylum），依據「全球移民流通管理方法」加強移民治理，非法移民的遣返，更有效管控邊境，建構歐洲難民網路，並與移民來源國與中繼國建構全面性夥伴關係。[36]

　　「歐盟執行委員會」在2011年提出的「單一許可」指令（Single permit directive），目的在結合工作與居留許可的單一申請辦法。依據該指令會員國可以決定第三國國民或是雇主申請單一許可，或是兩者都要申請「單一許可」。另外，會員國可自行決定申請者必須在來源國或是於會員國國內提出申請。指令的另一目標是設立合法第三國勞工共同的權利，以彌補第三國國民與「歐盟」公民之間的權利差異，並協調會員國間的法規，避免因權利差異產生的不公平競爭。[37]

　　針對恢復邊境管制，「歐盟」執行委員會在2011年通過新的「移民與移動之全球流通方法」（Communication on the Global Approach to Migration and Mobility, Com (2011) 743 Final），該法之核心重點包含一、區分短期與長期簽證。若因「外部事件」引發，可恢復申根地區的邊界管制，但須先施行其他緊急措施。邊界管制為「最後手段」，且需經由「歐盟」決定哪些會員國，及實施內部邊界管制之時間；二、遣返非法移民，加強與非法移民所屬國家合作，以期該等國家重新接納（readmission）非法移民；三、運用地中海夥伴關係，幫助北非民主化發展，提供高技能人才、學生、學者及記者快捷簽證途徑；四、減少「歐盟」會員國間在難民庇護法規上的落差；五、設置保障條款，允許暫時恢復簽證措施，避免巴爾幹半島國家的免簽證待遇遭到濫用。[38]

　　在「歐盟」制定前述移民相關法案外，馬克宏認為應重新構思「申根區」，建立統一的「歐盟」邊境防衛隊和難民辦事處。[39]馬克宏與梅克爾要將「歐洲外部邊境管理局」擴大為約有1萬人編制的「歐盟」邊境員警，德國與法國同意成立「歐

---

[35] 同前註，頁60。
[36] 同前註，頁63。
[37] 同前註，頁60-61。
[38] 同前註，頁68。
[39] Emmanuel Macron (2019), "For European renewal," *Voltaire Network*, https://www.voltairenet.org/article205525.html (accessed on 9 June, 2019).

洲移民與難民署」，以交換資訊與改善登記，並以共同之標準決定拘留資格，加強與非洲之難民與移民之來源國與過境國的合作。[40]東歐「維謝革德集團」不僅反對「歐洲移民與難民署」之設置，且長期反對「歐盟」分派難民至會員國，亦反對設立有實權之「歐盟」邊境員警。[41]馬克宏認為要強化歐洲主權的重點之一是歐洲邊界、人口和移民的議題，歐洲自2015年以來經歷移民危機，歐洲必須摒棄關於難民的緊急管理制度，從而建立一個可持續的人才登錄機制。[42]

合法進入「歐盟」的移民可以當然取得會員國之國籍嗎？「歐盟」公民資格雖賦予「歐盟」人民新的權利，但各會員國對本國「國籍」取得仍有完全的掌控。「歐盟」會員國中唯有德國的公民權由血緣主義朝屬地主義方向調整，其餘國家皆持續、甚至更進一步地緊握傳統民族國家公民概念的原則，而緊縮國籍法之適用對象，例如法國國內的政治壓力源自極右派利用外來移民所進行的政治操作，導致90年代公民概念的緊縮，而英國在帝國時期擁有廣大的殖民地，海外英國公民湧入的恐懼，導致國籍法的緊縮。[43]

匈牙利國會則在2018年6月20日通過法律，即任何幫助非法移民的援助行為都將被認定為犯罪。該法案規定，向移民提供援助、告知避難方式或提供資金的人將被判處十二個月監禁。從事與移民相關工作的非政府組織需要申請許可證，工作範圍也受到嚴格限制。該法案的條款對於被懷疑促成非法移民的救援人員，政府會視情況禁止其進入邊境地區。匈牙利國會亦通過憲法修正案，規定國家的基本職責是保護國家的憲法和基督教文化，故沒有國會的同意，不可以把移民安置到匈牙利，以阻止該國成為一個移民國家。[44]

---

[40] Die Zeit (2018), "EU-Reform: Merkel und Macron fordern Budget für die Eurozone," *Zeitonline*, https://www.zeit.de/politik/ausland/2018-06/merkel-und-macron-fordern-budget-fuer-die-eurozone (accessed on 20 June, 2018).

[41] Sören Götz (2018), "Reformen für die EU: Das wird Macron nicht alles gefallen," *Zeitonline*, https://www.zeit.de/politik/2018-06/reformen-eu-vorschlaege-bundeskanzlerin-angela-merkel-europa-emmanuel-macron (accessed on 20 June, 2018).

[42] Emmanuel Macron (2019), Speech at Ambassadors' Conference.

[43] 「歐盟」會員國對雙重國籍的態度可區分為：接受（英國、愛爾蘭、法國、義大利等）、反對（奧地利、丹麥）、法律上反對但實質上接受（德國、荷蘭）。德國在2000年生效的新國籍法以「屬地主義」取代德國傳統公民概念之「血緣主義」，法國則是1801年的國籍法採「血緣主義」，1889年改為「屬地主義」，1998年修法為屬地主義和血緣主義的混合型。英國自1608年以來國籍取得即為屬地主義，惟經1914、1948、1971、1981、2001等年之修法，規定越趨嚴格。莊翰華（2008），〈歐洲整合的「空間」概念之演變〉，頁96-97。

[44] 這項法律以出生於匈牙利的美國金融家、被視為「邊境開放宣導者」喬治·索羅斯的名字命名，即「阻止索羅斯法案」。李東堯（2018），〈匈牙利通過「阻止索羅斯法

　　在「歐盟」與會員國層面之外，會員國內握有武器之軍人對於移民也有不同之立場。以德國為例，在德國極右勢力為反移民，甚至意圖採用武力對付移民與支持移民之政治人物，聯邦刑警局在2018年偵破涉及特種部隊（Das Kommando Spezialkräfte, KSK）成員的犯罪意圖，涉及200名有著新納粹背景的現役特種兵和退役隊員，企圖謀殺支持移民政策的政治人物，以及對居住在德國的移民發動襲擊。[45]特種部隊內部反難民與移民的極右勢力持續增長，且與2019年刺殺梅克爾事件有牽連，使得德國國防部在2020年6月30日解散該特種部隊第二連隊。[46]

案」，幫助非法移民可能坐牢1年〉，《觀察者網》，http://www.guancha.cn/internation/2018_06_21_460890_s.shtml（檢視日期：2018年7月1日）。

[45] 余鵬（2020），〈德國特種部隊8.5萬發子彈可能丟了，或與軍內極右勢力有關〉，《觀察者網》，https://www.guancha.cn/military-affairs/2020_07_05_556383.shtml（檢視日期：2020年7月6日）。

[46] 同前註；祝潤霖（2020），〈KSK遭納粹滲透　德國解散菁英部隊〉，《聯合新聞網》，https://udn.com/news/story/6809/4671850（檢視日期：2020年7月17日）。

歐洲整合的進程是由民族國家利益及內外部因素所促成，其中內部因素是第二次世界大戰戰勝國與戰敗國間和解、民主化與經濟整合，而外部因素是冷戰、蘇伊士運河危機（Suez Crisis）、反殖民化、蘇聯瓦解與德國統一等。[1] 歐債危機與難民危機挑戰歐洲整合之核心，如歐元、申根協定（邊境）。歐債危機使得眾多歐洲銀行倒閉，難民問題使得「歐盟」會員國恢復邊境檢查，並將難民趕至鄰國，英國之「脫歐」則影響「歐盟」單一市場及「歐盟」外交與安全政策。[2] 新冠疫情之封城市、封國界措施與切斷人流，使得「歐盟」經濟治理面臨進一步之衝擊。本章討論「歐盟」在前述危機中，治理理念是否仍能指引「歐盟」之發展？會員國間之互賴關係是否仍存在？會員國間實力之變化，是否要建構新的權力與利益平衡機制，在經濟治理方面提出有效之解決方案。

第一節 「歐盟」治理理念之侷限

在歐洲整合理論中之「自由政府間主義」者（Liberal Intergovernmentalist）認為整合是國家間的互賴，政府間偏好情況與交易能力之結果。新功能主義專注在「溢出」之積極的反饋過程，與途徑依賴（path-dependence）所能產生比政府間主義更多之整合。後功能主義強調整合所帶動的大量政治化之後作力，而衝擊整合之深度與廣度。莫內曾指出建構歐洲是依賴解決由自利、實務之限制與制度之自治所造成種種危機的各個有效方案。[3]

---

[1] Thierry Chopin and Jean-François Jamet (2016), "Die Zukunft des europäischen Projekts," p. 4.

[2] Frank Schimmelfenning (2015), "Mehr Europa-oder weniger? Die Europ-krise und die europäische Integration," *Aus Politik und Zeitgeschichte*, Jg. 65, Nr. 52, p. 28.

[3] Frank Schimmelfenning (2018), "European integration (theory) in times of crisis. A comparison of the euro and Schengen crises," *Journal of European Public Policy*, Vol. 25, No. 7, pp. 972, 986.

　　歐洲整合發展至今可說是成也新自由主義，敗也新自由主義。新自由主義思想目前在歐洲正面臨挑戰，保護主義與重新樹立邊界受到重視。自由主義受到衝擊是早自第一次全球化（即地理大發現帶來的全球化）就開始，自由主義的擴張與征服階段，自由主義的氾濫最終導致更加濫用職權、國家干涉主義加劇的方向發展。在每個全球化階段，在經濟方面均有具體成長，但成果並非各階層都受惠，貧富差異兩極化，環境的破壞，最終引發抗議浪潮。全球化雖然縮小國家間的差異，卻拉大了國家內部不同群體間的差距。故在取消國家間領土疆界的同時，地方與地方之間卻劃出比政治界限更加難以跨越的界線。[4]

　　現代化發展是由社會、經濟及政治結構所建構西方社會之價值觀，促成官僚體制、革新的技術工人、資金的移轉及擴展市場組織等現象，其相互間之關聯性使得國際社會價值觀有一致化的傾向，利於國際體系與區域整合的形成。[5]「歐盟」從成立以來就是整合與危機並存，在「歐盟」層面之危機多是跨國的，部分源自全球化的結果，部分源自整合過程中會員國互賴所產生之後果。[6]

　　全球在1990年初興起的新一波區域主義發展潮流具有三項內涵與特質：外向型與開放型——區域整合的範圍相當廣泛，有時甚至包括好幾個區域範圍；已開發國家與開發中國家間——結合南／北國家間的貿易協定，甚至國民所得差異甚大的國家間彼此進行整合；複合型——建立兼具政治、經濟、文化等多重目的之全面性區域組織。[7]歐洲區域的整合可從新自由主義、新商業主義和社會民主主義等三個方向來檢視，其中新商業主義尋求通過各種方式，例如征服外部市場或地方保護，以建立具有強大競爭力的歐洲市場。歐洲的社會民主黨希望在新商業主義的影響下，能提供一種「歐洲的社會模式」，以處理全球化和新自由主義對歐洲之衝擊，進而成為新區域主義的模式。在此模式下，內部市場也為外來者提供了同樣的機會，而將整合當作歐洲捍衛者的觀念淡化。歐洲的區域治理大多是追隨資本的領導，故資本家的遊說扮演關鍵角色。歐洲企業家圓桌會議（European Roundtable of Industrialists）的遊說，推動「歐盟」單一市場的建立，以及擴張外部市場，無異

---

[4] 參考消息（2019），〈法學者激辯是否應「終結自由主義」〉，《參考消息網》，http://column.cankaoxiaoxi.com/2019/0719/235833.shtml（檢視日期：2019年7月25日）。

[5] 王群洋（1997），〈歐洲安全與合作組織之演進〉，頁232-233。

[6] Johannes Müller Cómez, Wulf Reiners and Wolfgang Wessels (2017), "EU-Politik in Krisenzeiten Krisenmanagement und Integrationsdynamik in der Europäischen Union," *Aus Politik und Zeitgeschichte*, Jr. 67, Nr. 37, p. 11.

[7] 莊翰華（2008），〈歐洲整合的「空間」概念之演變〉，頁86。

於「歐洲捍衛者」的觀念。[8]

　　新自由主義之演變過程分爲下列若干階段，從放任自由主義（1900-1930）的失敗所造成之大蕭條，使得社會主義思潮興起。從1940年代至1970年代在西方重視凱恩斯主義，1980年代到2018年是新自由主義發揮巨大影響力之時段，在此時段內社會主義一詞被解構爲非民主。在1990年代冷戰結束後，國際社會中意識型態之爭，亦由資本主義與社會主義之爭，轉變爲民主與非民主之爭，非西方的都是非民主。新自由主義推動全球化對國際政治的影響，在於經濟自由化、政治民主化、社會自由化。經濟自由化就是市場化與私有化，從「柴契爾主義」（Thatcherism）開始，政治民主化其實就是去政治化與美國化，社會自由化伴隨著經濟自由化和政治民主化，使得社會自由化所推動的就是小政府與大社會。經濟自由化、政治民主化、社會自由化是全球化的核心內涵，但卻造成去國家化、限縮國家與政府之職能。就經濟自由化和政治民主化的本質而言，是具有衝突性，因爲經濟自由化是指資本權利的自由，政治民主化是指民眾間的平等，但資本權力有可能衝擊社會平等，此乃俄羅斯轉型中推動兩次私有化摧毀人民對民主的信念的原因所在。就民主化、社會自由化與治理而言，如果社會結構沒有進行現代化的改革，民主化是強化了既有社會結構，因此很多轉型國家由無效民主變成無效率的治理，進而成爲反全球化關鍵因素。[9]

　　就新自由主義之內涵而言，包含知識、政治體系與政治運作方式等層次。就知識層次而言，主要表達以海耶克（Friedrich August von Hayek）與弗里德曼（Milton Friedman）爲代表的經濟學理論；就政策體系層次而言，是以自由化、放鬆控制、私有化、去政治化和貨幣主義等爲特徵的經濟政策；就政治運作方式層次而言，是以市場爲中心的政治權力和政治行爲，其中包括對合理政治秩序的理解。新自由主義的政治影響力往往是先成爲經濟領域的主導思想，一切以市場爲依歸，成爲政治運作方式。[10]

　　新自由主義推動的是資本全球化，但國家主權的行使是有疆界的。經濟活動是無國界，政府是有任期限制，而經濟發展之成敗則要長週期地檢視。新自由主義在實踐過程中，表現在互爲關聯的資本主義的經濟與全球流行的霸權主義文化。

8　林德山（2016），〈新自由主義的政治滲透與歐洲危機〉，頁6-7。
9　楊光斌（2019），〈自由化浪潮與世界政治變遷〉。
10　林德山（2016），〈新自由主義的政治滲透與歐洲危機〉，頁4。

Wendy Brown在其著作Undoing the Demos中指出新自由主義是「治理理性」（governing rationality），只需要規則的治理方式，把人變爲市場參與者，使得個人成爲經濟人，把個人利用爲人力資本，國家變爲一個公司，大學則變成工廠，個人變成有價的物體。[11]

　　新自由主義對歐洲的政治所產生之影響是從確立市場觀念的合理性開始，其中以下三個方面的進程是新自由主義得以在歐洲發揮政治影響之關鍵。首先，在歐洲傳統的社會發展模式和左派政治主張受到質疑的情況下，新自由主義成爲另一種選擇，而受到歐洲的主流政黨的支持，使得新自由主義產生影響力。「歐盟」將新自由主義制度化，「歐體」最初的制度安排是爲了在國際自由貿易與國內國家干預主義間取得平衡。因此，也被稱作歐洲版的「嵌入自由主義」（Embedded Liberalism），但自1980年代之後「單一市場」的啓動，整合歐洲市場成爲目標，以致排擠推動社會政策之目標。歐洲整合從「嵌入自由主義」轉向了「嵌入新自由主義」（Embedded Neoliberalism），部分新自由主義政策被合法地納入「歐盟」的制度之中，如鼓勵競爭、限制國家對商品和服務的保護。在部分領域如電信和高速鐵路以及服務業，「歐盟」對國家權力機構直接進行法律指導，也就直接推動了自由化的進程。在貨幣政策方面，「歐洲中央銀行」之職能在於防止通貨膨脹，而非增加經濟成長和就業。由「歐盟」的權力機構進行的談判，也促使歐洲國家的商品和服務受到自由化的規範。此外，通過「歐盟」的司法制度、經濟制度排擠社會福利的安排，致使後者與前者分離，使得該體制最初的經濟與社會之間的平衡關係被改變。[12]

　　新自由主義作爲主流經濟思想與政策選擇，在當代資本主義國家中具有主導地位，並推動資本主義經濟的發展，但新自由主義過度強調自由市場和反對政府有效干預，導致當代資本主義國家面臨著經濟增長乏力、貧富分化、政治極化以及社會失衡等諸多問題。當前全球貿易衝突加劇、歐洲政治極化、反移民浪潮高漲、全球化進程受阻等諸多事件正是新自由主義結構性矛盾所造成的。新自由主義建立在資本主義的經濟基礎之上，使得其與資本主義發展的結構性危機並存。該危機顯現在四個層面：第一，以自由市場爲導向的全球經濟格局遭到破壞；第二，以個人自由

---

[11] 丹尼爾·羅傑斯（Daniel Rodgers）（2018），〈新自由主義的應用與濫用〉，《觀察者網》，https://www.guancha.cn/DanielRodgers/2018_04_29_455283_s.shtml（檢視日期：2019年5月17日）。

[12] 林德山（2016），〈新自由主義的政治滲透與歐洲危機〉，頁4-6。

為核心的民主制度受到衝擊；第三，以多元包容為導向的社會價值體系逐漸削弱；第四，基於多邊主義的全球治理模式受到挑戰。[13]

　　就全球經濟格局遭到破壞的層面而言，在經濟衰退的情況下，貿易保護主義開始興起，西方國家普遍開始增加對市場的介入。自由市場雖為資本在全球的自由流動掃除了障礙和壁壘，但同時也導致少數擁有絕對資本優勢的跨國公司得以壟斷市場，反而衝擊到自由貿易秩序。例如2019年4月美國總統川普（Donald Trump）針對「歐盟」補貼空中巴士公司（Airbus）事件採取報復措施，宣布對「歐盟」商品加徵110億美元的關稅，以捍衛美國波音公司的經濟損失。以個人自由為核心的民主制度受到衝擊的層面而言，新自由主義信奉的是自由貿易，放任經濟自由，限制政府權限，對當代資本主義國家以個人自由為核心的民主制度造成挑戰。其原因在於社會貧富差距的擴大，使得民粹勢力增加。過度強調自由市場以及主張「去國家化」，資本家已經成為全球財富的主要擁有者和社會資源的分配者。此外，歐美國家的政黨與政治人物為了贏得大選，採用排外保守的施政方針，反而助長民粹主義的發展趨勢。就以多元包容為導向的社會價值體系逐漸削弱之層面而言，如前文所述「歐盟」接納外來移民，本可彌補會員國勞動力短缺和促進本國經濟的成長，但經濟全球化所帶來的產業分工模式，使得「歐盟」會員國內弱勢群體的就業機會受到衝擊。新自由主義使得所倡導的多元文化主義引發更多的族群矛盾和認同危機。移民和難民潮衝擊「歐盟」的政治穩定性，加劇了歐洲的社會分歧。新自由主義所主張的多元包容價值理念遭受挑戰，民粹主義和政治極端化正在興起，而此又可能引發恐怖攻擊。就基於多邊主義的全球治理模式受到挑戰之層面而言，2018年12月16日，約5,500名歐洲民眾在布魯塞爾「歐盟」總部外抗議遊行，拒絕簽署「全球移民協議」（Global Compact for Migration），美國、澳大利亞、匈牙利、波蘭等多個國家決定退出該協議。關鍵在於全球化過程中，勞動力、商品等資本要素得以在全球流動與分工，移民的湧入對民族國家造成衝擊。新自由主義力圖打破國家間的邊界，加強國家間的合作，從而獲得資源之分享與利益極大化，但國家利益受損，則會挑戰多邊主義為基礎的全球治理。因此，為了緩解因資本在全球化過程中的擴張與利益極大化，給國內社會帶來的衝擊，民族國家拋棄原有以多邊主義為基

---

[13] 王金良、周佩欣（2019），〈新自由主義與當代資本主義危機〉，《中國社會科學網》，https://twgreatdaily.com/hmPOlWwBvvf6VcSZmRSv.html（檢視日期：2019年8月17日）。

礎的全球治理模式，更傾向於「單邊主義」和「孤立主義」。[14]

俄羅斯總統普丁（Vladimir Vladimirovich Putin）認為，自由主義思想已經「過時」（obsolete），「歐盟理事會」前主席圖斯克則表示「歐盟」仍堅守自由價值。[15]「歐盟」各會員國為處理新冠肺炎疫情，封鎖國界，禁止醫療藥品與糧食出口，使得以全球化為核心之新自由主義治理理念進一步遭受衝擊，而民粹分子之反全球化反倒成為政治正確。歐洲人面對新冠肺炎疫情基於個人自由而不願配合居家防疫及戴口罩造成疫情失控，使得以個人自由為核心之民主體制處理危機的效率遭受質疑，而新自由主義作為區域治理所依循之理念亦受到衝擊。

在新自由主義之外，影響歐洲整合的主要理論中，尚有功能主義、新功能主義與後功能主義等亦面臨侷限。該等整合理論自1950年代以來嘗試解釋何謂「整合」，以及為何會發生歐洲整合。功能主義有兩個重要觀點，一是強調「互賴」會自動擴張的邏輯；另一是人民對國家的忠誠度會改變。在第一點方面，梅傳尼以「分枝說」（Doctrine of Ramification）來強調功能合作的擴張性，也就是某一部門的功能合作會有助於其他部門的合作。由於功能主義無法完整解釋「歐體」整合過程，因而有了新功能主義的產生。哈斯（Ernst Bernard Haas）、史密特（Philippe Schmitter）、林柏格（Leon Lindberg）、奈伊（Joseph S. Nye Jr.）等人，自1960年代起，分別提出與功能主義不全然相同的看法。新功能主義者認為其目標是建立一個超國家的管轄權威，亦即歐洲聯邦。在整合的過程方面，「溢出」是新功能主義的核心觀念。此「溢出」的效果就是功能合作所產生的結果，一方面是菁英分子經過學習過程，瞭解功能合作的益處，修正了觀念與行為；另一方面是功能合作使得資源與利益重新分配。哈斯認為成功的整合在於「溢出」的效果，但不認為技術合作可以忽略政治因素。因為各行為者會在若干技術性或不會引起爭論的範疇內進行合作，為達到所設定的目標，只有將較多的權威轉移至組織決策機構，或向其他相關功能領域擴大其合作範圍。所以當合作範圍日益擴大，最初的合作也就逐漸向具爭議性的部門進行。這種行為者逐漸政治化的發展，使得原來只是在經濟部門的整合，提升到政治方面的整合。哈斯認為整合理論之各種次理論幾乎都主張互動的增加，包括貿易、資本流通、通訊的互動以及人員、觀念的交換都有助於整合。奈伊

---

[14] 同前註。

[15] Andrew Rettman (2019), "Tusk and Putin clash on liberal values in Japan," *Euobserver*, https://euobserver.com/foreign/145292?utm_surce=euobs&utm_medium=email (accessed on 30 June, 2019).

則認為互動的增加，並不盡然會導致整合功能範圍的擴大，反而促成加強國家中央機構處理特殊事務的能力。新功能主義強調外在刺激對整合的助益，假定經濟與政治在整合過程中有關聯，而經濟整合將扮演推動政治整合的關鍵角色，而「溢出」的過程為經濟與政治間提供互動的管道。[16]

哈斯的「新功能主義」的整合邏輯是，政治菁英制定之政策可以指引民眾往經濟整合方向發展，進而促成確保經濟整合成效之「溢出」，以達成進一步的整合。此外，新功能主義者認為經由多層次的跨國互動與必要的權力轉移至超國家機構可以促成歐洲認同。在實踐過程中，在新功能主義基礎上，所制定出的眾多超國家規範並沒有「溢出」至政治責任與政治整合。哈斯認為在整合的進程中，存在著學習、溢出和效忠轉移三個階段，最終將促成超國家機構的出現。在設計「歐盟」整合進程時，歐洲對於未來的「歐盟」應當成是一個超國家機構，還是僅限於是一個政府間機構，進行了廣泛的爭論。最終，「新功能主義」的看法暫時說服了眾人，即各方應遵循「溢出」效應的力量。新功能主義者認為在各國融合和經濟整合的過程中，一個經濟部門的整合會逐步導致其他部門的整合，此「溢出」效應會蔓延至「歐盟」整體，最終促進一個政府間機構向超國家機構轉變。[17]在現階段實務中，英國退出「歐盟」、民粹主義、反移民與政治極端化等挑戰，「歐盟」內部之運作以利益的競爭為主，使得新功能主義無法解釋在21世紀「歐盟」整合該如何有效運作。

第二節　新權力平衡與新利益平衡之建構

國際關係中的互賴是指國家或行為者互惠的情況，此互惠效果源自跨越國家邊境的金錢、貨務以及資訊之流通。國家間是否能建構互賴，取決於其關係是否能互利，[18]而互賴國家間偏好結構決定國家行為。[19]分析互賴關係中成本效益之觀點

[16] 張亞中（1998），《歐洲統合：政府間主義與超國家主義的互動》，頁14-28。
[17] Nils Gilman and Steven Weber (2016), "Back in the USSR," *The American Interest*, https://www.the-american-interest.com/2016/12/12/back-in-the-ussr/ (accessed on 14 December, 2016).
[18] Robert O. Keohane and Joseph S. Nye (1997), *Power and Interdependence: World Politics in Transition* (Boston and Toronto: Little, Brown, and Company), pp. 8-9.
[19] Andrew Moravcsik (1997), "Taking preferences seriously: A Liberal Theory of International Politics," *International Organization*, Vol. 51, No. 4, p. 520.

集中在互賴關係中各方共同的利得或損失，而強調相對利得及分配之重要政治議題通常集中的重點在誰得到什麼。軍事盟邦通常尋求互賴，以為各方提供強化的安全。[20]複合式互賴之運作是經由一、多重管道聯接社會，包括政府菁英以及正式對外部門的安排。政府菁英的非正式聯繫及跨國組織，例如多國籍銀行；二、國際關係的多元議題並沒有階層性，軍事安全就不會常出現在議程內；三、軍事力量並不會為政府用來對付區域內其他政府，或複合式互賴可處理之議題。[21]

「歐盟」受到國際金融危機（2008）、歐債危機（2010）、難民危機（2015）以及新冠肺炎疫情（2020）等衝擊，會員國間之互賴關係是否仍受百姓支持？「歐盟」創始會員國在1950年代視建構「歐洲經濟共同體」為和平計畫，在西歐統合方面，德國欲與法國合作，以1993年開始實行之「歐洲單一市場」與「經濟及貨幣聯盟」為基礎，推動政治整合之「歐盟」。對法國而言，整合之先決條件是會員國間的「權力平衡」。[22]

「歐盟」之政治目標是從第二次世界大戰後戰勝國與戰敗國間之和解，以經濟手段確保穩定，經由單一市場確保團結與繁榮，藉由歐元將經濟推向中心，但該目標之可行性在全球化時代遭受質疑。「歐盟」會員國各有其目標，且隨著情勢決定其對「歐盟」之歸屬程度，例如法國經由歐洲再生，進而影響德國。英國及北歐國家從地緣的角度對於「歐盟」整合有保留，並從成本效益之角度讓自己國家利益極大化。南歐、中歐與東歐國家則採提升邏輯（Sublimierungslogik），將國家政經體制轉型為自由民主與市場經濟。然而德國再統一後成為歐洲經濟實力最強的國家，「歐盟」整合之進程面臨新的情勢。法國長期以來在推動整合計畫的同時又有部分的保留，例如拒絕「歐洲防禦共同體」（1954），2005年公投否決「歐盟憲法」草案卻又在2016年提出「歐盟」經濟政府之主張，大部分法國人對於聯邦的「歐盟」民主體制有相當的保留。南歐有些國家不滿「歐盟」之撙節政策、難民政策以及「歐盟」之反腐政策。東歐部分因為右派之民粹主義而較導向民族國家，使得「歐盟」必須有新的發展計畫。經濟手段是否仍能促成「歐盟」整合？經濟與金融危機以及其所帶來之社會衝擊使得「歐盟」整合的邏輯被打破。歐元區之危機使

---

[20] Robert O. Keohane and Joseph S. Nye (1977), *Power and Interdependence: World Politics in Transition*, p. 10.

[21] *Ibid.*, p. 24.

[22] Berndt von Staden (1990), "Das vereinigte Deutschland in Europa," *Europa- Archiv*, Fol. 23, p. 685.

得會員國間之政經歧異擴大，例如德法從政治權力之角度出發，對於援助希臘脫離債務危機之主張不同。民粹與右派極端民族主義者的增加，使得會員國重返民族國家之主張，衝擊到「歐盟」整合之理念。民粹與民族主義使得會員國內有關「歐盟」之決議受到制約如德國，部分會員國重新定義其與「歐盟」之關係如英國，部分會員國形成新分離運動如西班牙之加泰隆尼亞。「歐盟」自「馬斯垂克條約」（The Treaty of Maastricht）提出單一市場與歐元的整合計畫後，沒有提出中長期整個「歐盟」層級計畫之原因就在於，強化政府間主義的同時缺乏超國家之「歐盟」領導。在全球競爭增加，以及自從1930年以來最大之經濟危機使得會員國更重視國家利益而非「歐盟」。英國退出「歐盟」後，必須重新定義歐元區「歐盟」與單一市場「歐盟」間之關係。[23]

在國際關係的實踐中，多邊主義原則，即優先考慮中小國家利益，以及共同規範之法律高於參與國在體系中之個別利益的原則，而此原則即是奠定「歐盟」之基礎，但「歐盟執行委員會」在掌管之政策領域增加的同時，卻無力處理現今「歐盟」之各項挑戰。[24]「歐盟」加深整合經由在各政策部門（sector）有不同的會員國參與，而出現不同的整合速度，例如歐元、申根區、基本人權、內政與司法政策以及國防政策。英國與波蘭不參加歐盟「基本權利憲章」，在內政與司法政策方面，有關難民與邊境保護丹麥、愛爾蘭與英國適用特殊條款。丹麥在簽署「馬斯垂克條約」（1992年簽署，1993年生效）時，就不參加國防政策。[25]

「歐盟」內部因南北與東西、債權國與債務國、歐元區與非歐元區，以及在不同發展速度與不同的共同政策領域之整合等之失衡與差異，使得彼此間的互賴關係不對等與權力失衡，以致「歐盟」內部，大致可分為偏向保護主義的南方派（例如法國、西班牙、希臘、葡萄牙、賽普勒斯）和偏向自由貿易的北方派（例如英國、

---

[23] 歐元區國家包括奧地利、比利時、賽普勒斯、愛沙尼亞、芬蘭、法國、德國、希臘、愛爾蘭、義大利、拉托維亞、立陶宛、盧森堡、馬爾他、荷蘭、葡萄牙、斯洛伐克、斯洛維尼亞和西班牙。參與單一市場的國家包括「歐盟」的28個會員國，以及冰島、挪威和列支敦斯登和瑞士四個非歐盟會員國。Thierry Chopin and Jean-François Jamet (2016), "Die Zukunft des europäischen Projekts," pp. 3-8.

[24] Andrey Kortunov (2018), "Why the World is Not Becoming Multipolar," *Russia in Global Affairs*, https://eng.globalaffairs.ru/book/Why-the-World-is-Not-Becoming-Multipolar-19642 (accessed on 23 July, 2018).

[25] Klaus Brummer (2017), "Europa der vershciedenen Geschwindigkeiten Mitgliedsstaaten zweiter Klasse?," *Aus Politik und Zeitgeschichte*, Jr. 67, Nr. 37, p. 23.

德國、瑞典、丹麥、荷蘭、芬蘭、波羅的海三國）。[26]就南北差異而言，全球化產生了深遠的經濟和政治後果。窮國和富國帶來了一定程度的趨同，但它也加劇了窮國和富國內部的不平等發展。在已開發國家，全球化之利得主要集中在不到1%人口的金融資本家，貧富差異過大是不滿的主要來源，而不滿者又被反民主者所利用。南歐國家有巨額債務、高失業率之情況，經濟危機又時常轉化至政治領域，導致希臘、義大利和西班牙在選舉後亦很難產生新政府，以及地區獨立意識不斷提高，進而惡化經濟形勢。南歐威權政治歷史悠久，民主化後還遺留諸多後遺症。貪腐、階級社會、地方保護主義等，嚴重干擾正常的發展秩序。此外，南歐國家勞動生產率低，這本來可以通過貨幣政策來解決問題，例如本國貨幣貶值等，但由於歐元區實行統一的貨幣政策，南歐國家不得擅自主張，因此只能用財政政策解決問題，例如大量舉債，然而歐元的高匯率嚴重挫傷南歐國家的出口競爭力。[27]

歐債危機造成北方債權國與南方債務國間的差異加大，而「歐盟」結構基本上亦造成贏者與輸者之差異。在危機救助機制下，享有不同的權利和義務，削弱「歐盟」會員國形式上的平等。救助機制所規定的援助附加條件，使債權國和「歐盟」機構享有對債務國內政進行干預的權利，例如德國建議任命預算委員控制希臘財政，義大利在德、法以及「歐盟」機構壓力下，被迫表示接受「國際貨幣基金」組織對其改革計畫的監督，希臘放棄是否接受緊縮計畫而進行的公投，希臘和義大利技術官僚的任職等，都是「歐盟」機構和其他會員國施加壓力的結果。[28]此外，由德國帶領的北方國家所堅持的緊縮政策得以在整個歐洲實施，大幅削減公共赤字等撙節政策使得各國民粹主義黨派影響力增加，而德國投入巨額資金參與各國救債，卻引發了南歐國家對德國之不滿。德國之救債方案均需得到議會同意，故「歐盟執行委員會」、「國際貨幣基金」組織以及「歐洲中央銀行」主導歷次救債計畫，德國議會卻成為其決策的關鍵。[29]

在北方國家中，梅克爾認為歐債危機期間體現各國堅持自己之國家利益，堅持拯救歐元區的政策所依循之基本原則是穩定的財政、協助被救援國及提高競爭力。[30]葡萄牙議會在2011年3月23日拒絕通過政府提出的財政緊縮計畫，導致執政

[26] 洪德欽（2017），〈英國脫歐對歐盟之影響〉，頁153。
[27] 樂國平（2018），〈社評：「南歐危機」再起　前景不容樂觀〉。
[28] 金玲（2012），〈債務危機重塑歐盟內部力量關係〉，《國際問題研究》，第2期，頁112。
[29] 馮迪凡（2018），〈特朗普送上「神助攻」，法德攜手走向歐洲財政聯盟〉，《第一財經》，https://www.yicai.com/news/5434317.html（檢視日期：2018年7月3日）。
[30] Die Zeit (2012), "Bundestagdebatte: Merkel fühlt sich durch ESM- Urteil bestaerkt," http://www.

黨下臺，成爲債務危機形勢急轉直下的重要原因。德國政府曾以國內不具備援助希臘的政治條件，堅持私部門參與救助，導致與「歐洲中央銀行」和法國之間的分歧久拖不決，加劇危機蔓延態勢。英國前首相布萊爾（Tony Blair）認爲，第二次世界大戰結束後歐洲國家支持整合的意涵是基於和平或戰爭之考量，在21世紀則是爲了國際影響力，故認爲應有歐洲大計畫，提供會員國產生較大的影響力，[31] 英國當時的首相卡麥隆在國內疑歐派壓力之下，否決法國與德國修約建議，使得「財政公約」以政府間協定的方式出現，捷克則是援引國內複雜的批准程序，拒絕「財政公約」。[32]「歐盟」亦受制於德國法律規定，使得「歐盟」在2012年10月理事會分成兩次召開，以等待「德國聯邦憲法法院」（das Bundesverfassungsgericht）通過德國加入「歐盟」的歐元拯救計畫以及財政方案之釋憲。[33]

德國左派黨（Die Linke）聯邦眾議院議員Sahra Wagenknecht認爲「歐盟條約」是資本自由先於社會基本權利，以至於開放市場、社會福利減少、工作不易、不平等增加。歐元使得歐洲分裂，擴大不平等。德國出口大增，卻造成南歐的非工業化。[34] 英國「脫歐」使得「歐盟」內部力量失衡加劇，英國一直作爲「歐盟」範圍內重要的平衡力量，例如平衡以法國爲代表的南部歐洲國家在經濟政策上的保護主義傾向，平衡其他會員國對德國日益主導作用的擔憂，與法國合作共同推進「歐盟」安全和防務政策等。英國退出「歐盟」後，德國的影響力增加，使得「歐盟」內對於德國影響力過大產生疑慮。債務危機推動了「歐盟」以政府間方式增加其超國家屬性，難民危機凸顯申根體系的侷限性。目前「歐盟」希望加深整合應對危機，但缺乏民意支持。[35]

---

zeit.de/politik/deutschland/2012-09/bindestag-reg... (accessed on 13 September, 2012).

[31] Die Zeit (2012), "Europaeische Union: Blain warnt vor einem EU-Austritt," *Zeitonline*, http://www.zeit.de/politik/ausland/2012-11/blain-grossbritannieneu/kemplettausicht? (accessed on 26 November, 2012)

[32] 金玲（2012），〈債務危機重塑歐盟內部力量關係〉。

[33] 釋憲結果是有條件同意德國加入「歐盟」的歐元拯救計畫以及財政方案，此條件有兩個重點：1. 即在德國出資若超過歐元拯救計畫的份額時，需要德國「聯邦眾議院」同意。此外，2.「歐盟」的「穩定方案」內容必須充分告知「聯邦眾議院」。Die Zeit (2012), "Euro-krise: Verfassungsgericht akzeptiert ESM unter Vorbehalt," *Zeitonline*, http://www.zeit.de/politik/deutsehand/2012-09/bundearecfass... (accessed on 13 November, 2012).

[34] Uwe Jean Heuser and Jens Tönnesmannz (2016), "Interview Sahra Wagenknecht: Der Euro hat Europa gespalten," *Zeitonline*, https://www.zeit.de/2016/31/sahra-wagenknecht-europa-fluechtlinge-euro/komplettansicht (accessed on 7 August, 2016).

[35] 金玲（2016），〈英國脫歐：原因、影響及走向〉。

　　英國「脫歐」後，由法國（聯合國安理會常任理事國唯一的「歐盟」成員）進一步推動「歐盟」整合，馬克宏有意促成「歐盟」團結，直至目前為止沒有具體成效。原因之一是務實且強調會員國自主的「漢薩同盟」（Hanseatic League）認為，對於一些缺乏財政紀律的南歐國家退出歐元區並不是壞事，而這也是「漢薩同盟」爭奪「歐盟」領導權的誘因之一。[36]

　　就東西差異而言，冷戰剛結束時，歐洲的經濟發展不平衡主要表現為東西差距，長期實行計畫經濟模式的東歐國家明顯不如西歐。會員國對整合之途徑缺乏共識，法國主張歐元區國家朝進一步聯邦化的方向發展，德國則較偏好政府間主義之運作方式，中東歐國家傾向從「歐盟」收回權力。目前「歐盟」內部最大共識就是「歐盟」需要改革，但對於改革方向仍有歧異。[37]德國支持「歐盟」之原因除是「經濟聯盟」外，還是和平與安全之保障，繼續推動「歐盟」整合是符合德國之利益。[38]針對英國「脫歐」，斯洛伐克要推動「歐盟」機構間之權力平衡與競爭，故主張應推動政府間決策之「歐盟」（inter-governmental EU），由會員國來推動改革，而非將權力集中至布魯塞爾的超國家「歐盟」。[39]

　　中東歐國家如波蘭、捷克、匈牙利與斯洛伐克擔心英國「脫歐」後，「歐盟」內部可能之權力失衡，其原因在於：一、「歐盟」會員國之權力關係改變，對德國與德法軸心較有利；二、「歐盟」整合誘因加深，使得有些國家不能（若僅限歐元區國家）或不願意（意識型態不同）接受，而被邊緣化；三、不利歐洲政策的核心領域與普遍性的議題，例如市場經濟可能要受到一些限制；可能成立新的財政區，以節省「歐盟」之支出。對波蘭而言，英國是在「歐盟」內平衡德國與法國之力量，對外與美國之聯結，有利於跨大西洋合作之重要會員國。波蘭與匈牙利認為英國「脫歐」之後，「歐盟」內準聯邦體制勢力的影響力增加。波蘭、捷克、匈牙利與斯洛伐克對於英國「脫歐」所重視之議題有一、與英國談判：該等國家在英國移民之權利，英國可否成為歐洲單一市場的會員；二、阻止建構新的核心機制：英國退出使得非歐元區國家影響力減弱；三、「歐盟」的改革：不希望「歐盟」增加多

---

[36] 「漢薩同盟」是自12世紀以來分布於波羅的海及北海的城市商業行會組織。同前註。

[37] 同前註。

[38] Der Spiegel (2016), "Kanzlerin zum Brexit Merkel spricht von 'Einschnitt für Europa'," *Spiegelonline*, http://www.spiegel.de/politik/deutschland/brexit-merkel-spricht-von-einschnitt-fuer-europa-a-1099592.html (accessed on 13 June, 2018).

[39] Eric Maurice (2016), "Slovak EU presidency aims to take power away from Brussels," *Euobserver*, https://euobserver.com/eu-presidency/134143 (accessed on 14 June, 2018).

數決之議事機制，特別是在移民與難民政策方面，要顧及各會員國之國內情況，而非強制分派名額；四、德國之立場：擔心德國影響力增加以及德國與法國聯手掌控「歐盟」核心區，故加強與東歐會員國之合作。[40]

捷克在2018年1月總統選舉結果使得捷克的「歐盟」政策，傾向於維持「歐盟」現狀而不是深化「歐盟」整合。在加入歐元區問題上，將等待歐元區改革後經濟形勢對自己有利時才會加入，不願為希臘和歐元區其他國家銀行的債務承擔責任；在「多速歐洲」問題上，將持反對態度，以免在「歐盟」內被邊緣化。巴比斯（Andrej Babis）拒絕了波蘭總理莫拉維茨基和匈牙利總理歐爾班提出的成立「中歐地區開發銀行」的建議。捷克更加重視與鄰國奧地利和斯洛伐克共同在2015年1月29日成立的次區域合作集團——「斯拉夫科夫三角」（The Slavkov Triangle），致力於交通基礎建設、能源安全、青年就業、跨境關係、「歐盟」整合之社會議題，以及與「歐盟」的鄰國關係。[41]

英國原定於2019年3月正式「脫歐」（改為10月31日，再改為2020年1月30日），仍沿用「歐盟」法規的過渡期截至2020年12月31日，在2020年12月24日雙方談出「歐盟」與英國之貿易與合作協議（EU-UK Trade and Cooperation Agreement）。為解決英國「脫歐」所減少的750億的歐元預算，「歐盟執行委員會」提議削減預算中最大兩項支出，即農業補貼和「團結基金」。新預算案大約三分之一支出將分配給「團結基金」，此基金旨在縮減「歐盟」會員國之間的貧富差距。「歐盟執行委員會」提出採用新的計算方法分配基金，即不再以人均國內生產總值為唯一評估標準，而是將會員國的失業率水準、移民接收規模、法治程度等多重因素考慮在內。部分東歐國家過去以未開發國家地位接受「歐盟」大量補助，包括所謂「維謝格拉德集團」成員，以新計算標準可分配到之福利會有所降低。新預算案中，「團結基金」支出比2014年至2020年預算整體削減10%左右。波蘭將分得727億歐元，仍是最大受益者，但比現行預算所占821億歐元有較大幅度削減；匈牙利分得資金從230億歐元降至202億歐元；斯洛伐克、捷克、立陶宛、愛沙尼亞和馬爾他的可獲得額度亦遭削減。南歐國家與東歐相比，所獲補助則顯著增加。義大利最

---

[40] Kai-Olaf Lang (2016), "Die Visegrád-Staaten und der Brexit," *SWP-Aktuell*, Nr. 53, pp. 1-3.

[41] 薑琍（2018），〈從議會大選和總統選舉看捷克內政外交走向〉，《當代世界》，第3期，http://chuansong.me/n/2238672852219（檢視日期：2018年3月18日）；Dariusz Kałan (2015), "The Slavkov Triangle: A Rival to the Visegrad Group?," PISM Bulletin, No. 19 (751), https://www.pism.pl/files/?id_plik=19252 (accessed on 3 July, 2018).

貧困地區所得從351億歐元提高至434億歐元；西班牙從312億歐元升至383億歐元；希臘從173億歐元升至216億歐元。如前文所述波蘭與匈牙利等東歐國家現任政府主張嚴格管控移民和難民，公開拒絕「歐盟」按照配額向會員國分配中東北非國家難民的政策，而招致「歐盟」的批評。另外，「歐盟」指責匈牙利和波蘭政府推行的司法改革舉措違反民主準則，威脅推遲發放或收回補貼。[42]

波蘭政府不接受「歐盟」新預算案，認為該案歧視波蘭和東歐地區。「歐盟執行委員會」2018年5月2日發布新預算案大綱，根據預算案用於「歐盟」外部邊境管控、移民和難民事務的支出將從130億歐元增加到330億歐元，研究和創新支出將增加約50%。預算案需經過「歐盟議會」和「歐盟理事會」批准才能生效，亦即需要獲得所有會員國一致同意。匈牙利認為「歐盟」預算不該用在非法移民和難民身上，此外匈牙利與波蘭在2018年5月14日發表聯合聲明，反對「歐盟」新預算案削減農業支出，損害本國農民利益，反對「歐盟」把會員國是否遵循法治作為「團結基金」分配的指標。[43]

川普當選美國總統後，梅克爾原本被視為是西方自由價值及以規則為基礎的國際秩序與國際機構的維護者，但被梅克爾拒絕之原因是缺乏實力、意願與政策工具。德國與英國、義大利、西班牙及法國相較，是「歐盟」政治穩定與經濟力量的重心，但在難民危機時，德國並未貫徹自己的難民政策。在歐債危機與難民危機期間，不是所有「歐盟」會員國都認為德國是「歐盟」解決問題的關鍵所在，甚至有東歐與南歐會員國認為德國影響力的增加才是「歐盟」問題的一部分。[44] 義大利副總理薩爾維尼（Matteo Salvini）在2019年1月9日於華沙表示，希望義大利與波蘭建立一個「歐洲之春」，以抗衡「德法軸心」，在歐洲大陸上創造一個「新平衡」。波蘭和義大利除主張加強邊境管理外，有意成為鞏固歐洲價值觀的代表，以平衡法國和德國在「歐盟」的主導地位。[45]

就債權國與債務國差異而言，2008年的歐債危機，「歐盟」從平等國家的自

---

[42] 蔚醬（2018），〈貼補南歐削減東歐　歐盟新發布預算案惹惱東歐國家〉。

[43] 同前註。

[44] Jana Puglierin, 2017. "Deutschland als europäische Führungsmacht: Da waren es schon zwei," *Tagespiegel Causa*, https://causa.tagesspiegel.de/politik/merkel-als-neue-anfuehrerin-des-westens/da-waren-es-schon-zwei.html (accessed on 18 July, 2017).

[45] 朱夢穎（2019），〈義大利欲與波蘭建立「歐洲之春」　以抗衡「德法軸心」〉，《環球網》，https://3w.huanqiu.com/a/c36dc8/7JlnpLaHcf6agt=20&tt_group_id=6644666848648364552（檢視日期：2019年1月10日）。

願聯盟演變爲債權人與債務人關係。債務國沒有能力履行義務，而債權國給債務國制定了必須遵守的條件，德國推動有利於自己的撙節政策。再統一前的德國是推動「歐體」整合的主要力量，願意提供公共財給「歐體」會員國，以說服抵制「歐體」整合的勢力。德國政府爲整建再統一的德東區，消耗部分國家實力，故在2008年國際金融危機爆發雷曼兄弟（Lehman Brothers）倒閉時，德國認爲自己沒有實力承擔更多義務。當歐洲財政部長們宣布決不能讓金融機構再倒閉時，梅克爾基於德國之民意，宣布各會員國應該照顧好各自的機構。2008年國際金融危機以及後續之歐債危機，衝擊「歐盟」和歐元區之常態運作，挑戰「歐盟」整合之行動不斷，例如2016年英國退出「歐盟」，然後是川普當選美國總統，推動「美國優先」（America First），以及2016年12月4日義大利選民以明顯優勢拒絕憲政改革，[46] 2019年8月由義大利「聯盟黨」與「五星運動」黨兩大民粹黨派組成的聯合政府，因高鐵建設案而分裂，所組聯合政府無法繼續。[47]

就歐元區與非歐元區差異而言，自1990年以來中東歐國家將自己之金融體系與貨幣體系之運作交由「歐盟」主導，實質上是西歐國家主導。2008年國際金融危機與2010年之歐洲主權債務危機，資本由中東歐撤回西歐，使得中東歐國家出現經濟危機，「老歐洲」與「新歐洲」間之互賴關係也逐漸轉爲互斥關係。東歐之非歐元區國家在2011年9月12日由波蘭、拉脫維亞、捷克、匈牙利、保加利亞和羅馬尼亞等國的歐洲部長在布魯塞爾會晤，意圖對歐元區的爭論發揮影響力。波蘭進一步在其擔任輪值主席國期間主張，加強歐元區經濟治理進程應開放，不能產生排他性結構，從而加劇「歐盟」分裂的潛在危險，要求所有國家都能夠參加有關歐元區治理的會議。[48] 此外，以「歐盟」預算爲例，立陶宛總理Dalia Gryb主張歐元區預算計畫必須與「歐盟」2014年至2020年的預算分開處理，反映出新會員擔心核心會員國會以歐元區預算爲藉口而削減「歐盟」2014年至2020年的預算，東歐新會員國亦反對英國想要減少負擔「歐盟」預算之決議。英國則爲維護其在「歐洲銀行總署」（European Banking Authority）之投票權，而反對歐元區之銀行監理機制（Euro-

[46] 索羅斯（2016），〈特朗普內閣充斥極端分子和退休將軍〉，《中國評論新聞網》，http://hk.crntt.com/crnwebapp/doc/docDetailCNML.jsp?coluid=7&kindid=0&docid=104524297（檢視日期：2016年12月29日）。
[47] 陳亦偉（譯）（2019），〈高鐵引爆兩黨翻臉　義大利政府瀕瓦解〉，《中央社》，https://www.cna.com.tw/news/firstnews/201908090124.aspx（檢視日期：2020年9月21日）。
[48] 金玲（2012），〈債務危機重塑歐盟內部力量關係〉。

zone banking supervisor）。[49]

　　自2008年金融危機以來，「歐盟」面對危機採用財政緊縮計畫，除加劇歐元危機，還造成歐元區內部債權國和債務國之間關係的緊張。債權國給債務國設置緊縮的財政政策，使得會員國間之關係是既非自願也非平等，而此等關係與「歐盟」的目標截然相反。緊縮的財政政策意味著國家要減少各種一切開支，包括農業補助、價格補貼、基礎設施建設以及各種公共計畫、削減社會消費與投資等，使得生活水準降低，進而衝擊經濟發展前景。「歐盟」的緊縮政策導致失業和不景氣，使得年輕人喪失對「歐盟」的信心。民粹主義者藉機促成反「歐盟」的（極右派）政黨和運動得以快速發展，不利「歐盟」整合。索羅斯認為，為拯救「歐盟」，「歐盟」的目標應該是一個「多軌歐洲」，而不是一個不平衡發展的歐洲，會員國應該有更多的選擇。[50]

第三節　新實驗：歐元區預算與銀行聯盟

　　歐洲自「西伐利亞條約」簽署以來，歐洲地區大小戰爭不斷，其中兩次世界大戰對歐洲產生毀滅性的破壞。第二次世界大戰之後，歐洲國家領導人為了避免未來戰火重演，在1970年代針對推動歐洲經濟金融整合達成共識，主張歐元的發行降低歐洲國家間再度爆發戰爭的可能性。

一、「貨幣聯盟」之侷限：缺乏「財政聯盟」之配合

　　德國再統一後經濟實力增加，其他「歐體」會員國無法制衡，法國認為原有之平衡不可能維持，故力圖鞏固「歐體」之「貨幣政策」，透過功能性或選擇性之統合，以期控制德國。鑑於西德馬克及德國聯邦銀行的主導地位源於德國經濟實力，法國同意德國成立「貨幣聯盟」之主張，期以一個「歐洲中央銀行」統籌「歐體」各會員國經濟、預算、稅務及社會福利政策，以約束德國的影響力。[51]

---

[49] Valentina Pop (2012), "EU leaders stalling 'irresponsibly' on crisis, MEPs say," *EUobserver*, http://euobserver.com/economic/117962 (accessed on 23 October, 2012).

[50] 周遠方（2018），〈索羅斯：歐盟面臨存亡危機〉，《觀察者網》，https://newrss.guancha.cn/toutiao/toutiaopostglobal-news/2018_05_30_458404.shtml（檢視日期：2018年5月31日）。

[51] Berndt von Staden (1990), "Das vereinigte Deutschland in Europa," *Europa Archiv*, Fol. 23, pp. 686-687.

　　「馬斯垂克條約」規定，匯率、通貨膨脹與長期利率由「歐洲中央銀行」統籌管理，但預算赤字與政府負債仍由「歐盟」各會員國各自進行管理。隨著歐元的啟動，各會員國之間的名目利率（normal interest rate）水準迅速趨同，但歐元區各會員國的通貨膨脹水準卻並未隨之趨同。在歐元區名目利率相同的情況下，通貨膨脹率越高的國家，實質利率（real interest rate）越低。[52]

　　「歐盟」擴大的政策，在行政調控手段上遇到極限。迄今為止，建立一個共同的經濟區域和貨幣區域的功能性要求是改革的重點。[53] 「歐體執行委員會」主席雅克·德洛爾（Jacques Delors）在1989年4月17日向「歐洲理事會」之馬德里會議提出「德洛爾計畫」（Report on Economic and Monetary Union in the EC, Delors Plan or Report），放棄「歐洲中央銀行」與「歐洲經濟政府」的平行機制，在機構上只設計了獨立制定和實施貨幣政策的「歐洲中央銀行」體系，財政政策的協調則僅為對會員國預算的紀律制約，從而形成了貨幣政策和財政政策的「非對稱治理機制」，此機制在法律上接受由建立「歐盟」「經濟與貨幣聯盟」的「馬斯垂克條約」之規範。[54]

　　歐元對「歐盟」而言，對內可提升歐洲認同，促進人員、商品、勞務與資金流通更加便利，減少貨幣匯兌成本與匯率波動風險；對外，歐元成為世界主要通貨亦可增加「歐盟」會員國家的國際政經影響力，在內部亦獲得相當之支持。（表6-1）

表6-1 「歐盟」28個會員國對於歐元支持之情況（2010-2018年）

年、月	2010年 10月	2011年 10月	2012年 10月	2013年 10月	2014年 10月	2015年 10月	2016年 10月	2017年 10月	2018年 3月
支持度	58%	53%	53%	53%	56%	56%	58%	60%	61%

資料來源：Pawel Tokarski (2018), "Deutschland, Frankreich und Italien im Euroraum-Ursprünge, Merkmale und Folgen der begrenzten Konvergenz," *SWP-Studie*, Serie 25, p. 38.

---

[52] 朱宇方（2018），〈從馬克龍訪德看歐盟經濟治理改革中的德法之爭〉，《澎湃新聞》，https://www.thepaper.cn/newsDetail_forward_2103396（檢視日期：2018年5月15日）。

[53] Jürgen Habermas and Jacques Derrida (2003), "Nach dem Krieg: Die Wiedergeburt Europas," *Frankfurt Allgemein Zeitung*, https://www.faz.net/aktuell/feuilleton/haberms-und-derrida-nach-dem-krieg-die-wiedergeburt-europas-1103893.html (accessed on 11 September, 2019).

[54] 朱宇方（2018），〈從馬克龍訪德看歐盟經濟治理改革中的德法之爭〉。

　　歐元在國際支付中的比重約爲36%，在國際儲備貨幣中的比重約爲20%，是僅次於美元的全球第二大流通貨幣與儲備貨幣，但會員國面臨不同的經濟發展階段，未開發國家不具備貨幣政策工具進行調整。在尚未形成「財政聯盟」的情況下，富裕國家不能對弱國進行足夠的轉移支付。歐元區國家的國際收支失衡將日漸嚴重，且對歐元區內的順差國缺乏制衡。雖然全球國際收支失衡在2008年之後的十年間顯著緩解，但歐元區內部依然存在顯著的經常帳項目之失衡。德國、荷蘭等國家有著顯著的經常帳戶順差，而南歐國家普遍面臨顯著的經常帳逆差。歐元區內部目前缺乏調整會員國經常帳失衡的機制，對德國以及其他順差國而言，則是缺少約束機制。持續的經常帳戶失衡，表示資源錯置，並加劇逆差國的債務負擔，最終可能爆發爲債務危機。[55]（表6-2）

表6-2　「歐盟」使用歐元之會員國與居民之損益（1999-2017年）

歐元國家	1999-2017年每位居民之損益 （單位：歐元）	1999-2017年使用國之損益 （單位：10億歐元）
德國	+23,116	+1,893
荷蘭	+21,003	+346
希臘	+190 （2001年開始使用歐元）	+2
西班牙	−5,031	−224
比利時	−6,370	−69
葡萄牙	−40,604	−424
法國	−55,996	−3,591
義大利	−73,605	−4,325

資料來源：Alessandro Gasparotti and Matthias Kullas (2019), "20 Jahre Euro: Verlierer und Gewinner Eine empirische Untersuchung," cepStudie, p. 4, https://www.cep.eu/fileadmin/user_upload/cep.eu/Studien/20_Jahre_Euro_-_Gewinner_und_Verlierer/cepStudie_20_Jahre_Euro_Verlierer_und_Gewinner.pdf (accesssed on 6 June, 2019).

---

[55] 張明（2019），〈歐元誕生二十周年回顧：成就、問題與前景〉，《愛思想》，http://www.aisixiang.com/data/115078.html（檢視日期：2019年5月16日）。

　　歐元雖已成為第二大流通貨幣與儲備貨幣，但自發行以來，就存在結構缺陷，即有「貨幣聯盟」卻無「財政聯盟」的支撐。「歐盟」有統一貨幣政策卻沒有統一財政政策。「歐盟」各會員國國內經濟發展情況嚴重不均，但「歐盟」的「中央銀行」執行的是統一的貨幣政策，而在西歐強國不斷增強出口競爭力的同時，南歐國家卻陷入了債務危機。雖然引爆歐元危機的是主權債務危機，但財政問題只是表徵，債務危機背後更嚴重的是歐元區各會員國因薪資水準、通貨膨脹水準差異，而造成在國際競爭力上的差異，並因此出現國際收支的嚴重失衡。因此歐元區要若想最終擺脫危機的陰影，就必須平衡各會員國之間總體經濟發展水準。[56] 此外，「歐盟」的問題是有「單一市場」與共同貨幣，而缺乏有效的民主體制之支持。企業與政治菁英分子將人民對於資源分配不平等之失望作為工具對「歐盟」施加壓力，而「歐盟」之無效率使得右派民粹分子直接反對「歐盟」與共同貨幣的主張，並獲得民意支持，使得整個歐洲輿論往右派傾斜。[57]

　　就2010年歐債危機之背景因素而言，歐洲經濟成長與薪資所得之下降始自1980年代，1987年的「單一法案」（the Single European Act）及1992年之「馬斯垂克條約」使得「歐盟」之政策與新自由主義之金融自由化與市場自由論之主張一致，以致「歐洲中央銀行」被視為是造成不景氣、低成長、不平等、減少收入及大規模失業率增加的主要原因。[58]

　　「歐盟」為解決歐債危機並維繫歐元優勢，提出回應之金融措施有貸款與援助方案，例如「歐洲金融穩定機制」（European Financial Stabilization Mechanism）、「歐洲金融穩定基金」（European Financial Stabilization Facility），財政措施則有「穩定與增長公約」（Stability and Growth Pact）與「超額赤字程序」（Excessive Deficit Procedure）等決議。「歐盟執行委員會」自2008年以來即積極構思從監督、協調與調整會員國之總體經濟政策著手，以期達到穩定經濟成長與創造就業機會的目的，其重要經濟措施有「歐洲經濟復甦計畫」（European Economic Recovery Plan, EERP）、「歐盟」之「2020戰略」（EU 2020 Strategy）以及「超額失衡程序」（Excessive Imbalance Procedure, EIP）等，該等經濟措施均設有「監督、預警

[56] 朱宇方（2018），〈從馬克龍訪德看歐盟經濟治理改革中的德法之爭〉。
[57] Aleksandra Eriksson (2017), "interview Guerot: Germany could lose its role in Europe," *Euobserver*, https://euobserver.com/elections/138767 (accessed on 29 August, 2017).
[58] Philippe C. Schmitter (2012), "European Disintegration? A Way Forward," *Journal of Democracy*, Vol. 23, Nr. 4, p. 42.

與懲罰」機制，以有效引導「歐盟」會員國總體經濟之競爭力。[59]

　　「歐盟」為強化監督與協調機制方面，在2011年通過並正式實施「歐洲學期」制度，強化財政紀律、促進經濟協調、加強「歐盟」經濟治理，推動經濟政策權力進一步向「歐盟」層級轉移。「歐盟」通過實施「歐洲學期」制度下之「歐元附加公約」（Euro Plus Pact, 2011），在「歐盟」層級加強預算和總體經濟政策協調。「歐洲學期」亦要求各會員國每年財政和經濟政策在各會員國議會通過之前，「歐盟執行委員會」和「歐盟理事會」應該在「歐盟」層級對其政策進行評估，以保障各會員國財政和經濟政策的有效協調。此政策影響會員國在預算和經濟政策上的主權行使，且「歐盟」執行委員會對會員國經濟政策的建議權和監督權明顯增加。「歐元附加公約」所規範之領域，在傳統上都屬於會員國的權力。此外，每年春季「歐元附加公約」的簽署國將舉行會議以總結績效。「歐盟」在加強經濟治理的立法方案除了財政政策外，尚且提出解決歐元區內部結構不平衡的對策，其中包括薪資多寡、私人和公共債務、房產泡沫、資源分配以及消費水準等傳統上屬於會員國權力的政策領域，並賦予執行委員會在上述各領域內發揮監督和評估作用，以及對違規國家實施制裁，故增加「歐盟」在財政預算和經濟政策領域內的權力。[60]

　　「歐盟」前述救債方案所引起之爭議，基本上是集中在兩個方案間之爭議，即：（一）撙節政策，結構改革與提高競爭力之方案；或是（二）刺激消費以加速經濟成長之方案間之爭議，而此亦涉及債權國與債務國、歐元區與非歐元區間之權力重新安排。「歐盟」近幾十年來的經濟與社會不平等是其經濟與金融危機形成的主要原因，但「歐盟」尚未實踐經濟與社福支出的公平分配，而處理歐債危機之財源卻是以來自中產階級為主，故有部分政治、企業及學界人士認為經濟成長才是「歐盟」克服結構改革之前提。[61]

　　債務國為解決危機所執行「歐盟」要求之財政緊縮政策，卻使得經濟增長受到抑制，失業率持續攀升，引發民眾抗議。債務國希望放鬆緊縮程度，以緩解國內的政治與經濟壓力，以防債務國局勢失控，導致支持改革的主流政黨失去選民支持，

[59] 張福昌（2012），〈歐債危機對歐洲統合的影響〉，《全球政治評論》，第37期，頁16-17。

[60] 「歐元附加公約」是以提升競爭力、增加就業、鞏固財政、加強金融穩定為指導原則，旨在加強「貨幣聯盟」的經濟支柱，推動經濟政策的進一步協調，實現更高程度的趨同。金玲（2012），〈債務危機重塑歐盟內部力量關係〉。

[61] Henning Meyer (2012), "Auswege aus der Krise: Europa neu erfinden," *Die Zeit*, http://www.zeit.de/meinung/2012-06/eurokrise-politische-uni... (accessed on 18 November, 2012).

使得極端勢力有機會上臺，而此又不利於解決債務問題。以德國爲首之債權國主張
應該採取撙節政策，因歐元區雖然是「經濟與貨幣聯盟」，但各會員國是不同的主
權國家，要求部分會員國持續地提供援助，尤其是在債務國改革不如預期的情況
下，很難得到債權國國內民眾的支持，繼續提供援助。故主張「歐豬」國家須提升
自身競爭力，縮小與核心國家的差距，以扭轉長期區內貿易逆差，並有效彌補歐元
區共同貨幣因不同財政機制造成的缺失，嚴守財政紀律並使其得到有效執行，監管
權必須集中，但歐洲整合必須找到新的動機，會員國民眾要面對向「歐盟」層級進
一步轉移國家主權的必要性。歐元區雖然推出「財政公約」，但與「財政聯盟」仍
有相當的距離，故「歐盟執行委員會」前主席巴羅索（José Manuel Barroso）主張
「歐盟」應先發展爲「國家聯邦」，才能解決此等問題。[62]

　　「里斯本條約」（The Lisbon Treaty）第136條明定「歐盟」部長理事會可以採
取以強化政策協調，財政紀律之監督以及明定經濟政策之指導原則。「歐盟」財政
可在不危及其他的收入的情況下，以自籌方式來達成。「歐盟」執委會爲解決歐債
危機主張要徵收「歐盟稅」，並主張所有「歐盟」機構，特別是執行委會及「歐洲
議會」要有行動力之同時，亦必須有權力與經費，並保障「歐盟稅」之徵收。此
外，「歐盟」必須重新考量下列三項財政收入的比重：（一）「歐盟」的金融機構
的稅：「執行委員會」提議對「歐盟」內金融機構收稅；（二）加值稅的重新分
配：（三）會員國直接交至「歐盟」的稅收必須低於其國民所得之1.23%。[63]「歐
洲議會」於2012年12月12日在斯特拉斯堡通過決議，同意法國、德國、比利時、葡
萄牙、斯洛維尼亞、奧地利、希臘、西班牙、義大利、斯洛伐克和愛沙尼亞等「歐
盟」11個會員國加強金融領域的合作，設立金融交易稅（tax on financial transac-
tions），而此使得更多的國家主權移轉至「歐盟」的超國家機構內。[64]

　　「歐盟」在處理歐債危機的過程中，歐元區國家提出多項建制，並要求非歐
元區國家遵守，引起非歐元區國家強烈質疑之原因在於「歐盟」會員國對產生危機
的原因有不同的認知，而不同危機之因應方案凸顯會員利益分歧；不同經濟治理
方案反映各自利益，且改變會員國間之權力平衡，使得歐元區成爲核心，而非歐元

---

[62] 中評社（2012），〈歐洲進入「緊縮困局」左右爲難〉，《中國評論新聞網》，http://www.
chinareviewnews.com/（檢視日期：2012年11月22日）。

[63] Claas Tatje (2011), "Pro Eu-Steuer: Die EU-Kommission braucht Macht und Geld!," *Zeitonline*,
http://www.zeit.de/2011/28/EU-Stener-Pro-Contra/Kompletta.../ (accessed on 25 November, 2012).

[64] 這11個國家的國內生產總值約占歐元區國內生產總值的90%。Henning Meyer (2012), "Aus-
wege aus der Krise: Europa neu erfinden."

國家則變爲邊陲。「歐盟」前元首理事會主席范龍佩（Herman van Rompuy）承認「歐盟」低估了部分會員國之危機，主張歐元區轉型爲更緊密之政治與經濟聯盟，此主張最困難實踐之處是會員國之主權移轉與團結之意願。[65]

　　部分「歐盟」會員國拒絕增加整合之深度與廣度，導致差異化之整合外，亦可能造成整合的倒退。在歐債危機中「歐盟」政策之政治化，「貨幣聯盟」之結構問題的巨大壓力以及會員國在危機期間想要收回權力，然而「聯盟」整合之強化才能解決危機。歐債危機是「歐盟」政治化之最高點，高負債之歐元區會員國之百姓受制於「歐盟」與「國際貨幣基金」組織之救債方案，被迫減少薪資與退休金、加稅與失業。高負債之歐元區國家也被迫提前選舉，以撤換政府，疑歐與民粹政黨也因此而強大。歐債危機卻也是政府間危機外交與政策協調的高峰，從政府間主義觀點來看，歐債危機是相關國家政府在艱難的談判中，貫徹自己經濟利益的過程，雖然所有會員國有共同利益確保歐元及歐元區，但想將救債的支出轉嫁給別國，債務國偏好發行歐元債券，亦即由所有會員國來分攤債務、整頓銀行、擴張貨幣與財政政策，債權國則反對成立擔保與支付聯盟，並要求債務國撙節以減輕債務。新政府間主義者認爲會員國政府不應該侷限在「歐盟」領導之政策的決議，而更應該掌握政府間機構，例如「歐洲理事會」、歐元區以及經濟與社會理事會，以協調救債方案與經濟政策。新政府間主義者認爲歐債危機的改革，不會導致減少「歐盟」整合的廣度與深度。歐元區國家從成本效益之觀點，依然選擇增加整合，但更多的整合並不意謂著更多的超國家機制。[66]

　　從歐債危機尚未完全恢復的「歐盟」，在經濟整合方面又面臨英國「脫歐」之衝擊。高盛公司（The Goldman Sachs Group）研究報告顯示，自2016年「脫歐」公投以來，英國每週經濟損失約6億英鎊，至2018年底損失約2.5%的國內生產總值，此損失主要集中在投資方面。在無協議「脫歐」情況下，英國之國內生產總值將下跌5.5%，英鎊將貶值約17%。若達成「脫歐」過度協議，英國之經濟成長將增長1.75%，英鎊升值約6%，若最終留在「歐盟」，英鎊升值約10%。[67]英國正因爲具「歐盟」會員國身分，倫敦才得以享有「歐盟」單一市場中金融市場的通行權

[65] Valentina Pop (2012), "EU leaders stalling 'irresponsibly' on crisis, MEPs say."

[66] Frank Schimmelfennig (2015), "Mehr Europa-oder weniger? Die Eurokrise und die europäische Integration," pp. 30-32.

[67] 穀至軒（2019），〈高盛：脫歐使英國每週損失6億英鎊，GDP減少2.5%〉，《觀察者網》，http://www.guancha.cn/internation/2019_04_02_496058.shtml（檢視日期：2019年4月2日）。

（pass porting），成為「歐盟」單一市場的金融中心。[68]「歐洲銀行總署」因為英國「脫歐」而遷至巴黎。英國若硬「脫歐」，將使得「歐盟」每人每年損失約400億歐元，英國則是每年損失約570億歐元，每個英國居民損失約900歐元，貨物與勞務交易亦變貴。[69]

英國「脫歐」使得「歐盟」必須面對歐元區的歐洲與單一市場的歐洲並存且相互影響的現象。「歐盟執行委員會」前主席容克（Jean-Claude Juncker），前「歐盟理事會」主席圖斯克，前歐元集團主席狄瑟布隆恩（Jeroen Dijsselbloem）與「歐洲中央銀行」前總裁德拉吉（Mario Draghi）在2015年6月22日發布「完成歐洲經濟與貨幣聯盟」（Die Wirtschafts-und Währungsunion Europas vollenden）報告。在報告中主張歐元區要繁榮必須發展出一個將國家主權進一步託付之共同機構，此機構必須建構在很強的立法機制與真正之政治責任的基礎之上。歐元是歐洲團結、歐洲認同與在全球權力結構中共同利益之象徵。[70]

法國與德國全力支持發行歐元的考量不同，法國的立場是通過一種共同的貨幣來制約德國國民經濟的強勢，從而限制再統一後德國的政治力量，故主張「更多與更大的歐洲」的導向，德國則希望在完全整合的歐洲當中提升自身地位。德國經濟發展是出口導向，統一貨幣是有利的發展趨勢。故德國之策略是支持統一貨幣「外溢」至政治整合之「聯邦歐洲」，而為了維持歐元的長期穩定，有賴協調機制。歐元增強了德國在「歐盟」的主導地位，「歐盟」整合不論是擴大或加深，必須讓渡主權至「歐盟」機構，而「歐盟」機構改革亦有其必要性。「歐盟執行委員會」必須成為一個政府，應當由「歐洲議會」選舉產生；「歐盟理事會」則應是各國政府的圓桌會議，相當於德國「聯邦參議院」（Bundesrat）的第二議會。德國前總理施洛德（Gerhard Schröder）認為「歐盟」的主要問題是缺少一個中央機構，它的作用是協調各國經濟和金融政策，審視各國是否遵循「歐盟」標準，直至決定制裁措施。[71]

---

[68] 羅至美、吳東野（2016），〈脫歐公投對英國的衝擊：政治與經濟的分析〉，頁148。

[69] Dominic Ponattu (2019), "Brexit kostet Deutschland bis zu zehn Milliarden Euro jährlich," *Bertelsmann Stiftung*, https://www.bertelsmann-stiftung.de/de/themen/aktuellemeldungen/2019/maerz/brexit-kostet-deutschland-bis-zu-zehn-milliarden-euro-jaehrlich/ (accessed on 23 März, 2019).

[70] Thierry Chopin and Jean-François Jamet (2016), "Die Zukunft des europäischen Projekts," p. 9.

[71] 格哈德‧施羅德（2017），〈美國在衰落，金磚在做強，歐洲還有戲嗎〉，《觀察者網》，http://www.guancha.cn/shiluode/2017_10_22_431800_s.shtml（檢視日期：2017年10月25日）。

　　法國在2008年就試圖對「歐盟」進行根本性的改革，當時法國總統薩科齊（Nicolas Sarkozy）就認為為解決歐元區部分國家的債務危機，歐元區會員國必須在「歐盟」層面成立一個擁有總秘書處的經濟政府（gouvernement économique），以確保歐元區之運作。因為法國雖然在政治上推動「歐盟」整合，但在經濟上並不贊同當時「貨幣聯盟」的治理模式。法國認為對經濟增長和就業這兩個目標應當制定具體明確的政策，通過政治性的財政政策對目前完全自治與純技術性的貨幣政策進行補充和制衡，具備此種機制就是「歐洲經濟政府」。從權力分配之角度來檢視，法國主張在歐洲層面確立中央集權式的機制，但又力圖保留國家層面的權力。此反映在實務運作中是法國希望在財政政策方面建立一個能夠與「歐洲中央銀行」相互制衡的機構，這個機構是集中管理而非協商「治理」，故要求各會員國將財政方面的主權讓渡給「歐洲經濟政府」的超國家機構。[72]

　　「歐洲經濟政府」必須擁有效力和貫徹能力，必須確定發展原則與方向並領導各會員國，但前提條件是各國主權願意讓渡至「歐盟」機構。「歐盟」機構與會員國間應有之權力分工，例如技術性的規範由國家層面來執行，貨幣政策應當由「歐洲中央銀行」負責，經濟和財政政策則應由「歐盟」負責。為解決會員國之間的經濟發展程度的不平衡，必須規定社會政策執行的上下幅度，例如失業保險和退休保險等政策。由歐洲規定退休年齡的幅度若在65歲至70歲之間，各個會員國可以再根據本國人口統計發展情況和經濟能力做出決策，若要確保歐元之價值就必須改革。[73]法國「歐洲經濟政府」的主張，除德國外未獲得「歐盟」其他會員國的支持，因有的會員國會擔憂「歐洲經濟政府」會成為大國的工具，從而使小國徹底喪失經濟政策的發言權。[74]

　　在「歐盟」看來，避免分裂和應付前述民粹勢力挑戰的最好方式是讓歐元更加強勢。「歐盟」有計畫地加強歐元在能源、大宗商品和飛機製造業等戰略部門的使用，以挑戰美元作為世界儲備貨幣的主導地位。「歐盟」執行委員會於2018年底要求能源合約以歐元計價，還主張把以歐元計價的金融交易引入註冊平臺，並鼓勵發展「歐盟」支付系統。「歐盟」認為推動全球使用歐元，可以彰顯歐元區在多極化

---

[72] 戰後法國的經濟體制，是典型的現代「計畫型」混合經濟體制，行政管理權和經濟調控權都高度集中於中央政府。法國貨幣政策的主導權是由財政部掌握。朱宇方（2018），〈從馬克龍訪德看歐盟經濟治理改革中的德法之爭〉。

[73] 格哈德‧施羅德（2017），〈美國在衰落，金磚在做強，歐洲還有戲嗎〉。

[74] 朱宇方（2018），〈從馬克龍訪德看歐盟經濟治理改革中的德法之爭〉。

的世界之政治、經濟和金融影響力。[75] 馬克宏認爲「歐盟」需要建立歐元主權，以及建立影響未來之經濟主權的數位貨幣主權。[76]

二、歐元區預算與銀行聯盟

歐債危機爆發之後，「歐盟」推出一系列措施以穩定歐元區，其中主要措施有德國主導之「穩定與增長公約」。除英國和捷克以外的「歐盟」會員國在2012年3月2日舉行的「歐盟」春季峰會上正式簽署「歐洲經濟貨幣聯盟穩定、協調和治理公約」（The Treaty on Stability, Coordination and Governance in the Economic and Monetary Union），又稱「財政公約」（Fiscal Stability Treaty），以加強各會員國的財政紀律。「財政公約」設立金融救助機制，強化監督程序，成立包含共同監管、單一清算與共同存款保險三大支柱的「銀行聯盟」（banking union）。「歐盟」會員國財政部長同意設立「歐盟」銀行業單一監管機制，「歐洲中央銀行」成爲監管機制的核心，負責監管歐元區會員國所有資產超過300億歐元的銀行，非歐元區的「歐盟」國家可自願加入此監管架構。在銀行業單一監管機制達成協議後，「歐盟」第7次峰會（2012.12.17）通過貫徹「經濟和貨幣聯盟」的路線圖。根據該路線圖，相關國家將致力於建立一個獨立運行的歐元區預算，爲「經濟與貨幣聯盟」提供財力支援，並支援處於經濟困境中的會員國。此外，「歐盟」前元首理事會主席范龍佩表示，「歐洲理事會」將與「歐盟執行委員會」合作，提出有關協調各國改革措施，增強競爭力與社會包容度的措施。此外，「歐盟」在2013年上半年決議在歐元區救助機制架構內直接紓困銀行之方式，[77] 並在2013年12月12日通過「銀行重建與評鑑架構條約」（Trilogue Agreement on the Framework for Bank Recovery and Resolution），作爲邁向「銀行聯盟」的第一步。[78]

歐元區與非歐元區國家在2012年針對建立「銀行聯盟」表達不同的意見。英國擔心在負責規範單一市場內銀行業監理標準之「歐洲銀行總署」較重視歐元區的

[75] 王亞宏（2019），〈20歲歐元面臨抉擇〉，《中證網》，http://www.cs.com.cn/hw/03/201903/t20190302_5927940.html（檢視日期：2019年6月5日）。

[76] Emmanuel Macron (2019), Speech at Ambassadors Conference.

[77] 中評社（2012），〈歐盟第7次峰會取得多項成果　歐元拯救戰繼續〉，《中國評論新聞網》，http://www.chinareviewnews.com/doc/1023/5/0/9/102350905_2.html?coluid=7&kindid=0&docid=102350905&mdate=1217201631（檢視日期：2012年12月17日）。

[78] European Commission (2013), "Commissioner Banier welcomes trilogue agreement on the framework for bank recovery and resolution," MEMO/13/1140, Brussels, 12 December.

利益。在英國施壓下，「歐洲銀行總署」表決機制是來自於歐元與非歐元區之「雙重簡單多數決」（double simple majority）。[79] 歐元區「銀行聯盟」將導致歐元區與非歐元區之關係複雜、「歐洲議會」權力擴大、政治結構多元化以及達成共識之難度增加。英國退出「歐盟」使得「歐盟」內部政治權力改變，如前文分析「歐盟」內的非歐元區國家擔心英國「脫歐」會使其在「歐盟」內邊緣化。[80]

馬克宏在2015年擔任法國經濟部長時，就主張「歐盟」必須進一步融合。在2017年馬克宏成為法國總統後，推進歐元區改革成為其重振歐洲倡議的核心內容，其提出，歐元區應設立共同預算，同時增設一名「歐盟」委員，負責協調歐元區經濟政策，指揮歐元區各會員國間的財政轉移事項，主張設「歐元區財政部長」。在「歐盟」內設立歐元區財政部長職位，設立歐元區統一預算，設立「歐洲貨幣基金組織」（European Monetary Fund），並將「歐盟」用於救助重債國的緊急救助金注入其中，用於應對可能發生的金融危機。馬克宏的改革計畫，不僅遭到德國國內民粹勢力和主流經濟學界的反對，在梅克爾所領導的「基民黨／基社黨」（CDU/CSU）內也備受批評，而批評的焦點就聚集在馬克宏的兩個核心倡議，即將歐洲穩定機制（European Stability Mechanism）轉化為「歐洲貨幣基金組織」以及建立「歐洲投資基金」（European Investment Fund）。[81] 而德國前財長蕭伯樂（Wolfgang Schäuble）在2017年提出德國的改革方案是將「歐洲穩定機制」轉化為「歐洲貨幣基金組織」，該組織是高效的主權債務重組機構和強有力的財政紀律監管機構。德國主張加強財政紀律管束，防止會員國因違規而引發危機，並要求發生危機的國家整頓債務和財政紀律。[82]

「歐盟執行委員會」在2017年12月6日提出「加深歐洲經濟與貨幣聯盟之路線圖」（Roadmap for deepening Europe's Economic and Monotary Union），並分三個

---

[79] Pawel Tokarski and Serafina Funk (2019), "What is fate of non-euro EU states after Brexit?," *Euobserver*, https://euobserver.com/opinion/143962 (accessed on 27 January, 2019).

[80] *Ibid.*

[81] Die Zeit (2018), "EU-Reform: Merkel und Macron fordern Budget für die Eurozone," *Zeitonline*, https://www.zeit.de/politik/ausland/2018-06/merkel-und-macron-fordern-budget-fuer-die-eurozone (accessed on 20 June, 2018)；馮迪凡（2018），〈特朗普送上「神助攻」，法德攜手走向歐洲財政聯盟〉。

[82] 德國的「歐洲貨幣基金組織」方案主要包括三個方面：第一，擴大資金，增強應對未來危機的能力；第二，優化職能，形成一套更有效的債務重組機制，對危機國家實施更有效的救助；第三，機構轉型，將目前「歐洲貨幣基金組織」非政府金融機構的身分轉變為「歐盟」機構，賦予其監督會員國執行財政紀律和對會員國的經濟風險進行觀測、預警的權能。朱宇方（2018），〈從馬克龍訪德看歐盟經濟治理改革中的德法之爭〉。

階段執行，第一階段（2015.7.1-2017.6.30）是依循五位總裁之報告（The five President Report: Jean-Claude Juncker, Donald Tusk, Jeroen Dijsselbloem, Mario Draghi, and Martin Schulz）規劃為歐元區的「加深融合」階段，各國應在既存的政策工具中，依據已有之條約來加強歐元區財政紀律；第二階段（2017.6.30-2025）是依循2010年春提出的「加深歐洲經濟與貨幣聯盟」（Deepening Europe's Economic and Monotary Union）及「未來歐洲財政」（Future of Europe Finances）之報告，各國需在融合的基準線上達成一致，並討論是否給予此基準線法律地位；在第三階段，歐元區將最遲在2025年設置「財政聯盟」。該報告特別提出，一個真正的「貨幣聯盟」需要在貨幣政策方面有更多的共同決策，因此各會員國需要分享更多主權給「歐盟」機構，而做出這一共同決策的場所，是未來的「歐元區財政部」。[83]

　　德國154位經濟學家在2018年6月初在「法蘭克福彙報」（Frankfurter Allgemeine Zeitung）發表公開信，阻止德國政府向馬克宏妥協，反對理由是如將目前的「歐盟」的「穩定基金」轉化為「歐洲貨幣基金組織」，可使非歐元區的「歐盟」國家也能參與到「歐洲貨幣基金組織」的決策之中，而債權國在投票中有可能被債務國的投票數量超過，「德國聯邦眾議院」也會因此對該基金喪失控制權。其次，如果按照馬克宏計畫中的「歐洲投資基金」行事，則資金更將加速流入歐元區急需改革的國家，而使其喪失改革動力，而德國經由「歐洲中央銀行」已為該等國家近9,000億歐元債務背書。在國內反對壓力下，梅克爾僅同意部分法國的核心提議，即從2021年開始建立歐元區共同預算，增加投資以減少歐洲內部之不平衡，並同意將擁有5,000億歐元放貸額度的「歐洲穩定基金」轉變成「歐盟」版「國際貨幣基金」，並提出建立「歐洲投資基金」，但德國堅持該「歐洲貨幣基金組織」在有限的額度與必須全部歸還的條件下，為會員國提供五年的短期貸款，以防止會員國依賴該基金。此外，「歐洲貨幣基金組織」不能被「歐盟」控制，而應由會員國國會掌握審核權，梅克爾對設立「歐元區財長」的新權力機構持保留態度。在「歐洲投資基金」方面，馬克宏希望建設一個預算在2,000億歐元左右的基金池，梅克爾表示該基金規模不能超過500億歐元，且必須用在增加歐元區之科技實力。[84]「新漢

[83] European commission (2017), "Commission set out Roadmap for deepening Europe's Economic and Monetary Union," http://ec.europa.eu/commission/presscorner/detail/en/IP_17_5005 (accessed on 2 November, 2020).

[84] 為了穩定歐洲金融秩序，2011年3月25日至26日的「歐盟」高峰會批准建立「歐洲穩定機制」。該機制擁有5,000億歐元（7,090億美元）的實際放貸額度，旨在為成員國提供金融救助，保持其國債的可持續性，提高其從金融市場自籌資金的能力。德國在其中貢獻的資金比

薩同盟」（New Hanseatic League）支持「歐盟貨幣聯盟」進行改革，但反對德法主張的成立歐元區預算。[85]

馬克宏的「歐盟」改革計畫要讓「歐盟」盡可能強大，為此須投入大量資金。該計畫包括建立更完善的「歐盟」對外邊防，並逐步形成共同的難民和外交政策，增加「歐盟」尤其是歐元區的投資，而且應當實現由「歐盟」自己的財政進行投資，並為此設立「歐盟財長」一職。此外，引入「共同存款保險」、完善「銀行聯盟」，以防範危機。對馬克宏的改革計畫，梅克爾最初支持形成「歐盟」的「共同安全與外交政策」，並增加必要的開支，但對馬克宏計畫的其餘部分，均持懷疑態度。反對馬克宏擴大投資的主張者認為，「歐盟」可用於投資的經費已不算少。每年用於縮小地區差異僅「凝聚政策」一項就有3,500億歐元的預算，「歐盟執行委員會」還通過所謂的「容克計畫」（Junker Plan），為私人資金投資基礎設施提供總金額高達5,000億歐元的資助。馬克宏有關設置專門預算以防杜經濟危機的想法，例如歐洲失業保險，所有會員國均繳納資金，必要時為危機國家的雇員提供資金支援。「危機預算」是指危機發生時無需談判即可實現各個方向的轉移支付，但德國部分反對力量擔心，歐洲失業保險很可能使他國之失業成為德國的失業問題。此外，德國認為建立歐洲「銀行聯盟」，各別會員國的金融機構有可能為整個「歐盟」帶來問題，且「歐盟」為此已經引入銀行的「共同監管」和「單一清算」機制這兩大支柱。「銀行聯盟」的第三大支柱是尚處討論階段的「共同存款保險」。「共同存款保險」的想法在德國引發憂慮的原因是，存款保險會把銀行的存量債務普遍化，例如義大利金融機構的帳面上就還有數十億歐元的無擔保貸款。德國不同

例最高，因此掌握極大的影響力。「歐洲穩定機制」對於遭遇困難國家的救援設定嚴格條件。歐元區成員國財長擔任「歐洲穩定機制」管理委員會的會員，協商決定是否提供金融援助、提供援助的條件、貸款規模以及工具。德國通過「歐洲穩定機制」管理委員會採用德國的財政緊縮要求，南歐國家必須依照德國的要求進行自我改造。參閱：章永樂（2020），〈被中美遮住的歐盟危變，恰恰醞釀出獨特的「迴旋空間」？〉，《觀察者網》，https://user.guancha.cn/main/content?id=375762（檢視日期：2020年9月7日）；Sören Götz (2018), "Reformen für die EU: Das wird Macron nicht alles gefallen"；曾心怡（2018），〈默克爾隔空回應馬克龍：這是我心中的歐盟改革方案〉；Die Zeit (2018), "EU-Reform: Merkel und Macron fordern Budget für die Eurozone"；馮迪凡（2018），〈特朗普送上「神助攻」，法德攜手走向歐洲財政聯盟〉。

[85] 「新漢薩同盟」於2018年2月由八個北歐國家（丹麥、荷蘭、瑞典、芬蘭、愛沙尼亞、拉脫維亞、立陶宛、愛爾蘭）組成，初期著重「歐盟」的發展及會員國的預算控制，近期逐漸介入外交，尤其是「歐盟」與中東和非洲的關係；荷蘭財長Wopke Hoekstra被外界視為「新漢薩同盟」的領導者、發言人。Pawel Tokarski and Serafina Funk (2019), "What is fate of non-euro EU states after Brexit?."

意將無擔保貸款納入共同存款保險之共同債務，此外，德國對於馬克宏有關設立「歐盟」財長的主張有疑慮。因在處理危機中，歐元區的財長們已越過民族國家的民主立法機制，為整個歐洲做決定。德法之間在「歐盟」經濟治理理念上的巨大差異，在歐洲「經濟與貨幣聯盟」成立之初就已存在。德國主張嚴格財政紀律的「貨幣主義」，法國主張「歐洲經濟政府」的「經濟主義」。「歐體」的經濟治理機制是「歐洲化」的德國模式，其核心是「歐盟中央銀行」擁有絕對的獨立性，並將維護幣值穩定作為首要目標。[86]

「歐盟」會員國在新冠疫情流行初始，部分會員國未與「歐盟」或其他會員國協調就暫停出口相關防護設備，而義大利提出的援助請求沒有得到「歐盟」和其他會員國回應。直到2020年3月17日「歐盟」才宣布關閉申根區的外部邊境至少三十天，但內部邊境的控制則仍讓會員國根據「申根協定」自行決定。「歐盟」在人員、貨物的自由流動仍繼續，但在衛生方面由會員國主導，「歐盟」僅發揮協調功能。在疫情擴大後，「歐盟」內部有放債紓困與嚴格財政紀律、整體利益與個別國家利益之爭，但疫情危機在一定程度上加速「歐盟」內部權能的整合與讓渡，例如重啟和促成「歐盟」醫衛聯合儲備機制。此外，「歐盟」會員國財政部長會議2020年4月9日達成協議，同意為部分「歐盟」會員國新冠疫情實施總額為5,400億歐元的救助計畫。該計畫包括為勞工提供保障，為企業尤其是中小企業提供救助以及為歐元區國家提供資助。[87]

「歐盟」之疫情救助計畫的經費來源是「歐盟」紓困基金，即「歐洲穩定基金」。該基金將提供2,400億歐元經費，為受疫情衝擊的債務國支出提供擔保。此外，各會員國財長同意「歐洲投資銀行」提供2,000億歐元擔保，以及「歐盟執行委員會」為受疫情衝擊國家短期運轉系統發放1,000億歐元的失業保險。法國和義大利為解決國內疫情，已經提出多項穩定就業措施，德國和西班牙則分別在國內提供數千億歐元的經濟救助計畫。「歐盟」在解決疫情方面顯示出經濟調控資源不足，各會員國處理危機之措施分歧。法國、西班牙和義大利等國提議發行「新冠債券」（corona bonds），以便從金融市場籌措資金。德國、奧地利和荷蘭等國堅決

---

86 朱宇方（2018），〈從馬克龍訪德看歐盟經濟治理改革中的德法之爭〉。
87 魏建華、韓冰（2020），〈疫情之下，歐盟面臨三大考驗〉，《新華網》，http://www.xin-huanet.com/2020-04/10/c_1125838816.htm（檢視日期：2020年5月24日）；齊倩（2020），〈歐盟成員國財長就5400億歐元的抗疫救助方案達成協議〉，《觀察者網》，https://www.guancha.cn/internation/2020_04_10_546276.shtml（檢視日期：2020年5月24日）。

反對發行這種聯合債券，以免爲財政收支不穩定的國家付費。[88]

　　梅克爾和馬克宏於2020年5月18日提議，爲協助在新冠病毒肆虐期間遭到重創的「歐盟」會員國重振經濟，希望「歐盟」發起一個總價值5,000億歐元的復甦基金方案。該基金需要獲得「歐盟」27個會員國政府和議會的批准，而且將作爲「歐盟」正常預算，以「歐盟」債券的形式在會員國中發行，在新冠病毒疫情中遭災最嚴重的「歐盟」會員國將有權優先申請。奧地利、荷蘭、丹麥和瑞典等國政府表示，不支持或有意反對這個政策。奧地利總理庫爾茨（Sebastian Kurz）表示，奧地利政府支持「歐盟」給疫情嚴重的國家貸款解決其困境，但反對發行救助金，以贈予的方式援助這些國家，以避免債務由所有會員國分擔，並規定貸款安排只能是暫時性和一次性，提供給受疫情影響最嚴重的地區與行業。同時需在開始兩年後，加入落日條款。這筆貸款資金將由「歐盟」編列預算逐年償還，而不是由受惠國家各別償還；而義大利的立場則是該基金應以不可償還的贈款形式支持遭疫情重創國。[89]

　　麥肯錫公司（McKinsey & Company）在對五個國家——法國、德國、義大利、西班牙和英國——2,200多家公司的調查中發現，若收入維持在當前水準，55%的公司預計到2021年9月就會倒閉。按照目前的趨勢，預計將有十分之一的中小企業在六個月內申請破產，歐元區經濟在2020年會萎縮約8%。[90]爲解決受新冠肺炎疫情對經濟之衝擊，根據「歐盟執行委員會」主席馮德萊恩（Ursula von der Leyen）表示，「歐盟執行委員會」編列「歐盟」2021年至2027年之財政預算中總值達7,500億歐元的復甦計畫，支持會員國的經濟復甦、刺激私部門的投資以及加強「歐盟」衛生醫療體系的建設，其中5,000億歐元作爲無償補貼金，2,500億歐元以貸款形式發放，預留給危機國家義大利和西班牙的資金就占其中的3,000億以上歐元。復甦計畫之資金是以「歐盟」名義在資金市場借貸，由全體會員國共同償還。「歐盟」國家此前已建構5,400億歐元的共同貸款安全網，「歐盟議會」與「歐洲理事會」亦已同意。經由貸款融資的款項中的大部分將作爲補貼項，發放給

[88] 同前註。

[89] 中國新聞網（2020），〈各說各話？歐盟四國拒德法經濟復蘇倡議另祭方案〉，《今日頭條》，https://www.toutiao.com/a6830211044003021319/（檢視日期：2020年5月24日）。

[90] 中小型企業是指雇員在250人或以下的企業。參考消息（2020），〈麥肯錫預測：未來一年，歐洲過半中小企業或將倒閉〉，《參考消息網》，http://www.cankaoxiaoxi.com/finance/20201027/2423418.shtml（檢視日期：2020年10月27日）。

會員國且將來不由接受國，而是由「歐盟」所有會員國共同償還。[91]「歐盟」為解決疫情所帶來之衛生問題、經濟復甦以及刺激私部門投資所進行之借貸，由「歐盟」編入預算，全體會員國分攤共同償還，有助「歐盟」推動建立「財政聯盟」之進程。

三、「政治聯盟」之必要性

「歐盟」連遭危機，顯現其體制性缺陷。債務危機推動「歐盟」以政府間方式增加其超國家屬性，難民危機凸顯「申根協定」的侷限性。「歐盟」層面希望進一步整合應對危機，但缺乏民意支持。會員國對整合方式也缺乏共識，法國主張歐元區國家朝聯邦化的方向發展，德國則偏好政府間主義手段，中東歐國家傾向從「歐盟」收回權力。在此情況下，「歐盟」範圍內最大共識就是「歐盟」需要改革，[92]而在新冠疫情的衝擊下，使得「歐盟」會員國必須面對改革之深度與廣度是否必須增加的問題。

前文所提在「歐盟」會員國圍繞債務危機所產生的分歧、爭論和相互指責，激化歐洲民族主義的再起。一方面，德國、法國與荷蘭等歐元區北方國家不願為希臘、義大利等國負責，例如德國有超過三分之二的民眾反對德國對希臘和其他債務危機的國家進行救助。另一方面，南方國家則認為北方國家從歐元受益，卻不願意承擔責任，缺乏團結意識。波蘭財長將其歸納為歐洲政治中兩種形式的危險民族情緒：即南方國家不負責任的財政政策和北方國家缺乏團結精神的民族主義，全歐洲的菁英分子之權威漸失。「歐盟」及其會員國都被技術官僚體制和民粹主義的力量所左右，歐元危機背後更嚴重的挑戰是「歐盟」政治體制受到質疑。[93]

在理論上，解決歐債危機之政策與建制可以促成會員國在各部門與政策領域全面協調，使得超國家層面具有聯邦政府性質之規劃、預算及稅務等機制之制度化；促成會員國之政策合作及促成更高層次的超國家體制，為歐元政體（Euro-Polity）與歐洲政黨體制（European party system）奠定基礎。此論述的假設前提是解決歐

---

[91] 義大利、西班牙和希臘等會員國受創尤重。義大利政府將獲得820億歐元緊急救助金和高達910億歐元的低息貸款；西班牙預計將獲得770億歐元的救助款和至多630億歐元的貸款；希臘可以獲得總計320億歐元的救助款和貸款；法國獲得390億歐元救助款。Ursula von der Leyen (2020), "Speech at the European Parliament Plenary on the EU Recovery package," https://ec.europa.eu/commission/presscorner/detail/en/SPEECH_20_941 (accessed on 28 May, 2020).
[92] 金玲（2016），〈英國脫歐：原因、影響及走向〉。
[93] 金玲（2012），〈債務危機重塑歐盟內部力量關係〉。

債危機可將「歐盟」從經濟整合「溢出」政治整合，但在實務上，會員國反而更重視本國的利益，進而反對跨國之政策協調，特別是以德國為首之北方國家，有些國家由右派民族主義分子所支持的政黨與運動甚至再度復活，堅決反對進一步將國家主權「溢出」到「歐盟」機構，有些甚至主張退出「歐盟」。[94]

　　梅克爾、馬克宏與容克認為「歐盟」改革方向之重點是改革經濟與貨幣聯盟、強化共同外交與安全政策、共同之難民政策以及高科技之研究合作，例如人工智慧領域。[95]義大利疑歐之民粹政府知道，唯有在穩固之「歐盟」架構內，才能解決難民之衝擊。前斯洛伐克總理Mikulas Dzurinda主張歐洲的戰略選擇只能是轉型成為可信與有功能的聯邦體制，即是以遵守授權之「輔助原則」來運作的「國家聯盟」。聯邦層級負責外交與安全、單一市場、單一貨幣，其餘則交由各會員國處理。在此架構下之「歐盟」必須直選總統，並由其組成被充分授權之政府，決議前述被授權領域內之事項。[96]

　　「歐盟」前執行委員會主席巴羅索針對會員國之債務困境，表示「歐盟」要進一步整合之因是市場需求。「歐盟」的百姓不必擔心「歐盟」會變成歐洲超級國家（super-state），但也絕對不能讓民粹分子與民族主義分子藉機坐大。「歐盟」若再不增加共同政策，確實是無法克服現階段的困難。[97]此外，歐洲歷史經驗顯示，僅有多數決才能促成「歐盟」整合前進。在「歐盟」處理「跨大西洋貿易與投資夥伴協議」（Transatlantic Trade and Investment Partnership）以及難民問題，可以看出「歐盟」需要一個外交部。[98]長期反對「聯邦歐盟」（federal European Union）以及「歐洲合眾國」的思想家Jean-Marc Ferry亦認為歐洲之債務危機，是提供推動「歐盟」進一步整合的重要契機。「歐盟」現階段的合法性要建立在能有效控制金融市場，以及因應全球化所帶來的負面結果。德國前外長費雪在2011年1月「歐洲議會」「歐元－聯邦主義者小組」（Spineli group, new network of prominent euro-federalist）的會議中亦呼籲要加速歐洲整合，並認為政府間主義者堅持主權的主張僅能使「歐盟」無效率，「歐盟」在國際的影響力有可能不如崛起的中國，故「歐

[94] Philippe C. Schmitter (2012), "European Disintegration? A Way Forward," p. 40.

[95] Die Zeit (2018), "EU-Reform: Merkel und Macron fordern Budget für die Eurozone."

[96] 「輔助原則」是指會員國靠自己之力量先行動。Mikulas Dzurinda (2018), "How I was convinced we need a federal EU," *EUobserver*, https://euobserver.com/opinion/142266 (accessed on 30 July, 2018).

[97] 王群洋（2015），〈歐洲聯盟代議民主之困境〉，頁98。

[98] Elmar Brok (2016), "Forum 2016-ein Schicksalsjahr für die EU?," *Integration*, Nr. 1, p. 47.

盟」整合必須是加速邁向「歐洲合眾國」，而歐洲認同是其必要之基礎。[99]「歐盟執行委員會」在2015年5月6日提出「數位單一市場戰略」（A Digital Single Market Strategy for Europe），2018年5月生效之「通用數據保護條例」（General Data Protection Regulation）是「數字單一市場」與網路經濟之基礎，有利於「歐盟」整合，而「歐洲大學聯盟」（European University Consortium）在2025年建構之「歐洲教育區」（European Education Area）以及「數位教育行動計畫」（Digital Education Action Plan, 2021-2027），將進一步推動「歐盟」整合。[100]

「歐盟」在處理歐債危機中涉及體制面之重要討論在於，相關因應機制是否有可能使「歐盟」「溢出」為「政治聯盟」或重返民族國家之政府間運作方式？「歐盟」危機顯現其結構弱點，即沒有「政治聯盟」做支撐的單一貨幣是無法長存的。若歐元瓦解，將使「歐盟」喪失全球競爭力，以及在多極的國際體系中喪失成為一極的領導力量，而加速地緣政治上的邊緣化。[101]歐元區在2010年5月8日提出救債方案之危機處理機制是將歐盟之「輔助原則」——「會員國先行」之原則改變，使得「歐盟」有可能發展成為「政治聯盟」，可在「歐盟」層級有效協調各國之經濟政策。在國際建制方面，「歐盟」是仍有發展成為具有規範能力之「規範性強權」（normative power）？[102]芬蘭外交部長Erkki Tuomioja警告，歐債危機減少「歐盟」在國際上發揮其規範的能力，很多會員國僅有在涉及其國家直接的利益時才利用「歐盟」，而「歐盟」若沒有共同的立場，在國際上將不被視為夥伴，亦將不具能力影響國際事務。「歐盟議會」綠黨團議員Franziska Brantner擔憂「歐盟」之債務危機使得歐洲整合模式不再成為其他地區整合之模範，[103]「歐盟」處理新冠肺炎疫情亦採「輔助原則」，未能及時控制疫情之擴散，又更加深此疑慮。

在邁向「歐洲合眾國」路上，會員國對政治整合有不同之看法。戴高樂（Charles de Gaulle）支持歐洲整合是以不放棄國家主權之政府間合作方式，而非建構超國家之歐洲。[104]法國堅持其主權國家理念，尤其在國防領域上不願動搖其

[99] 王群洋（2012），〈歐洲認同與歐盟東擴之互動發展〉，頁47-48。
[100] European Commission (2020), "Achieving a European Education Area by 2025 and resetting education and training for the digital age," *European Union,* https://ec.europa.eu/commission/press-corner/detail/en/IP_20_1743 (accessed on 28 December, 2020).
[101] Henning Meyer (2012), "Auswege aus der Krise: Europa neu erfinden!."
[102] 王群洋（2012），〈歐洲認同與歐盟東擴之互動發展〉，頁57-58。
[103] Jochen Bittner (2012), "EU - Außenpolitik: Europa ist keine Insel," *Die Zeit,* https://www.zeit.de/2012/29/EuropaAussenpolitik (accessed on 18 November, 2012).
[104] Charles de Gaulle (1998), "A Concert of European States," in Brent F. Nelsen and Alexander C-G.

絕對自主性，故主張在歐洲建立一邦聯體系。[105] 德國前總理施洛德認爲「歐盟」整合應該首先是政治聯盟，其次是歐元。在共同的貨幣區域內通過「歐盟」的中央銀行協調「貨幣政策」，卻沒有能力協調金融和經濟政策，而「政治聯盟」才是展示歐元強項的前提條件。[106]「歐盟」前執行委員會主席巴羅索提出（一）以「政治聯盟」作爲修憲議題之思考方向；（二）成立眞正的歐洲層級的政黨，而非各會員國議員組成的黨團；（三）成立具有民主機制監督及合法性的眞正的「財政聯盟」，以期徹底解決「歐盟」整合進程中所面臨之制度與認同之爭議。[107] 馬克宏進一步主張「歐洲復興」，認爲歐洲處於關鍵時刻，英國「脫歐」是個教訓，爲抵抗封閉和分裂，應以自由、保護及進步來因應。針對英國「脫歐」，馬克宏認爲「歐盟」的團結比各國與英國脫離「歐盟」後，建構夥伴關係重要。[108]

Stubb eds., *The European Union: readings on the Theory and Practice of European Integration* (2nd ed.) (Colorado: Lynne Rienner Publishers, Inc.), p. 27.

[105] 王群洋（1991），〈德國統一與歐洲整合〉，頁102。

[106] 格哈德・施羅德（2017），〈美國在衰落，金磚在做強，歐洲還有戲嗎〉。

[107] Matthias Krupa (2012), "Euro-Krise Barroso dämpft Angst vor einem Euro-Superstaat," *Die Zeit*, http://www.zeit.de/wirtschaft/2012-09/boaroso-euro-krise,esm... (accessed on 13 September, 2012).

[108] Die Zeit (2018), "Europäische Union: Emmanuel Macron will Europa militärisch unabhängiger machen," *Zeitonline*, https://www.zeit.de/politik/ausland/2018-08/europaeische-union-emmanuel-macron-eu-verteidigungspolitik (accessed on 27 August, 2018).

　　在西方的政治史上，和平與安全的觀念通常是合而爲一，由羅馬所建構的和平秩序（pax romana）是中古時期的安全觀念（securitas）及政府施政的目標。17世紀主權國家將和平與安全觀念合併在「確保和平」（assecuratio pacis）的觀念中，和平是指沒有戰爭或沒有組織集體地使用武力。自1960年代末期以來，使得和平定義有了革命性突破的挪威學者佳桐（Johan Galtung）以戰爭爲出發點定義和平，即不使用個別武力及結構性的武力實踐社會正義與公平。近代各國維持和平秩序的目標是要確保國家安全，在國際政治中和平與安全間的關係並非持續和諧，和平基本上仍是所有國家與國際政治組織所追求的目標，而和平的內涵包括積極的和平、消極的和平與安全三個層面。[1]

　　積極的和平在國際政治實務中是指國際組織依法規範仲裁各項紛爭，此種和平的先決條件是由「世界的內政」（Weltinnenpolitik）來取代國際政治，而達成積極和平最具體的辦法是集體安全體系。消極的和平是指民主國家間彼此不會發動戰爭，故希望建構民主體制來維繫和平。和平的安全層面則可從體系理論、政治實務、價值觀、國家間共存之不確定性等層面分析。體系理論之觀點認爲安全是指在政治或國家之組織結構，人或物在現在及未來持續地有保障。陶意志認爲安全是可靠、有績效且可長期維持體系穩定的必要因素。在政治實務中，安全觀念以涵蓋個體、民族及國家體制之安全，個體安全是組織得以生存之先決條件。領土完整、個體之生存及主權等是國家安全得以確保之先決條件。就價值觀而言，價值的本質是因人、時、地的不同而改變，安全主要是指不危及價值需求，故解析安全必須區分因價值衝突而引發之價值危機，以及此價值危機出現之可能性或不確定性。價值危機所造成之安全問題多是源自價值需求無法全然獲得滿足，造成分配衝突或價值對

---

[1] 所謂個人武力是指動用武器之武力或任何形式之實質權力威脅，結構武力則指武力的出現，使得人的本質及精神層面無法全然發揮。王群洋（1997），〈歐洲安全與合作組織之演進〉，頁229-230。

立。從國家間共存的不確定性來論安全，安全則是指己方行動與他方反行動間的確定狀況，[2]歐洲民主國家間不會發生戰爭是建構在各國間之權力平衡。本章從積極和平中之國際規範，及消極和平中所言民主體制之建構，來檢視現階段歐洲安全合作所依循之規範、機制與體系是否仍能促成和平？

第一節　權力平衡與體系之穩定

一、權力平衡

　　法國神學家François Fénélon（1651-1715）指出權力平衡可以視爲重複出現的現象而非特殊與短暫之狀態。[3]1789年法國大革命、1815年拿破崙在滑鐵盧戰敗所簽訂之「巴黎條約」（Traité de Paris）與1919年第一次世界大戰結束後所簽訂之「凡爾賽條約」（Treaty of Versailles），涉及革命、帝國崩解及重組影響區。權力平衡體系始自歐洲，後平衡體系（post-balance system）即是後現代體系（postmodern system）。[4]從現代化之角度來檢視，現今的世界可分爲前現代、現代與後現代世界三大類。前現代的世界、前國家及後帝國體系崩解的混亂（pre-modern world, the pre-state, post-imperial chaos），例如阿富汗、索馬利亞，不符合韋伯所指的獨享合法使用武力的權力。因爲混亂而與世界隔離，此類國家對世界不具危險性，但若有非國家組織利用此等國家進行攻擊，國際社會就會反擊。[5]

　　現代的世界是傳統的國家體系，國家擁有武力的獨占權，且準備使用武力互相對抗。現代的世界內秩序是建構在權力平衡，或霸權國家認爲維持現狀是有利的情況下，而現代的世界內的秩序與危機是並存的。在現代秩序（modern orders）內的重要特徵是承認國家主權以及內政與外交的界限，禁止介入他國內政，確保安全的是武力（force），國界可以經由武力來改變。實力與生存是關鍵（might and raison

---

[2] 民族安全之危機主指軍事威脅，1970年代的石油危機使得安全觀念中加入經濟因素。同前註，頁230-231。

[3] Kenneth N. Waltz (1993), "The Emerging structure of International Politics," *International Security*, Vol. 18, No. 2, pp. 52-53.

[4] Robert Cooper (2002), "Europe and Security," in Dick Leonard and Mark Leonard eds., *The Pro-European Reader* (New York: Palgrave), p. 150.

[5] *Ibid.*, p. 151.

d'état），國際關係就馬基維利（Niccolò di Bernardo dei Machiavelli, 1469-1527）及克勞塞維茲（Carl von Clausewitz, 1780-1831）所言，是利益與實力計算的世界。現代的世界價值與論述仍主導國際關係的思維，例如現實主義與理想主義，對於現實主義來說仍是利益與權力平衡的計算；理想主義則是建立在國際體系內無政府狀態可以經由世界政府或集體安全體系來取代。「聯合國」就是被認知為世界政府，以期在現代國家體系內建構秩序、維護國家主權及使用武力來維持秩序，但非創造新秩序。[6]

在後現代的國際體系內，現代的世界崩解在更大範圍的秩序內，「西伐利亞和平」孕育出現代歐洲，後現代歐洲來自1957年「建立歐洲經濟共同體條約」（Treaty establishing the European Economic Community，以下簡稱「羅馬條約」）與「歐洲傳統武力條約」（Treaty on the Conventional Armed Forces in Europe, 1990）之簽署。「羅馬條約」得以簽訂，證明現代體系之失敗，因為權力失衡以及民族國家利用國家主權進行極端的破壞。「羅馬條約」是要超越民族國家，「歐洲傳統武力條約」的簽署是因為冷戰的失敗，浪費與不合理。「歐洲安全與合作組織」（Organization for Security and Cooperation in Europe, 1995，以下簡稱「歐安組織」）的成立、「化學武器協定」（Chemical Weapons Convention, 1993）的簽訂、「渥太華條約協定」（Ottawa Convention Banning Anti-personnel Mines, 1997）的簽署以及設立「國際刑事法庭」（International Criminal Court, 2002），均是基於後現代世界的理念所建立的規範與組織。[7]

從前現代發展到後現代的國際秩序，使得西方國家間未出現帝國主義。「北約」會員國間在軍事方面的公開程度是前所未見的，共同的敵人促成「北約」的團結，「北約」是西方國家內部建構互信機制的措施（intra-western confidence-building measure）。從權力平衡的觀點來看，分裂的歐洲需要分裂的德國，故德國再統一後需要一個後平衡與後現代體系，而冷戰時期「北約」是關鍵因素。[8]

對於現實主義者而言，制度反映國家基於其相對權力之關切來計算其利益，故制度之結果是反映權力平衡。現實主義者不認為制度可以影響國家之行為，但同意大國有時會建構制度，特別是結盟以保持或增加其在國際上權力之分享，例如，對

---

[6]　*Ibid.*, pp. 151-152.

[7]　*Ibid.*, pp. 152-153.

[8]　*Ibid.*, pp. 156-157.

於美國以及其盟邦來說，經由「北約」來平衡俄羅斯是更有效的，故「北約」並沒有強迫其會員國從事違反權力平衡之行動。[9]

現實主義者也承認國際關係有時是經由制度來運作，因為該等制度反映國家在國際的權力分配中自己利益的計算。在國際體系中最有實力的國家訂定制度，以確保或增加其在國際體系中之權力。對於現實主義者而言，防止戰爭爆發與維護和平是權力平衡的主要功能，而制度是反映體系內之權力分配。簡言之，「權力平衡」是解釋戰爭之自變項，而制度是在過程中之介入變項，而「北約」是最能代表現實主義者對於制度之主張，其所扮演之角色是阻止第三次世界大戰爆發及幫助西方國家贏得冷戰。「北約」基本上是歐洲在冷戰時期兩極權力分配的產物，是權力平衡而非「北約」維持了歐洲大陸之穩定。「北約」是美國在面對蘇聯威脅，處理權力關係之工具。現實主義者認為蘇聯瓦解，「北約」可以解散或在歐洲新的權力分配基礎上重建。[10]

現實主義者認為制度之影響力強弱取決於國家之意圖，故只要蘇聯是「北約」會員國的直接威脅，「北約」就可以長存。「北約」功能擴大是美國要推動的，而非「北約」制度的調整，Robert Art 認為沒有「北約」及美國之軍隊駐紮在歐洲，歐洲國家將陷入安全競爭中。保存「北約」及美國之領導地位可以防止歐洲之安全競爭與衝突發生，盟國內部之管理仍由美國負責，歐洲內部之霸權不可能是歐洲國家，而美國才是維持內部之權力平衡。[11]

自1960年代以來，東西方集團間採用權力平衡策略促成雙方在安全領域之互動，例如在軍備管制及政治協商的合作及非正式的接觸，雙方在政治及技術方面的諮商，對各自內部政治均有影響。其中影響最深遠者莫過於戈巴契夫擔任前俄共總書記時，在內政上推動政治經濟現代化，在外交政策方面除提升國際體系安全至新境界，對美國採取「談判政策」外，對於歐洲則提出「歐洲家庭」（The Common European House）之觀念，以促使歐洲體系內的和平與合作。[12]德國在1989年再統一與冷戰結束改變的是權力平衡的架構以及主權獨立的國家間的權力平衡，而歐洲

[9] John Mearsheimer (1995), "A Realist Reply," *International Security*, Vol. 20, No. 1, pp. 82-93.

[10] John Mearsheimer (1994/1995), "The False Promise of International Institutions," *International Security*, Vol. 19, No. 3, pp. 13-14.

[11] Kenneth N. Waltz (2000), "NATO expansion: A realist's view," *Contemporary Security Policy*, Vol. 21, No. 2, pp. 35-36.

[12] 王群洋（1997），〈歐洲安全與合作組織之演進〉，頁236-237。

傳統之權力平衡體系與建構帝國之渴望亦隨之結束。[13] 在新體系內國家間的結盟，若要在平時或戰時得以生存，相互介入內政以及接受國際法院的司法管轄，必會衝擊國家主權的不可分割性。[14]

　　德國的再統一影響歐洲在第二次世界大戰後所建構之權力平衡，有鑑於此在德國再統一前夕，蘇聯、美國、法國與英國均提出將再統一後的德國制約在泛歐洲安全體系內作爲前提條件。蘇聯將其對德政策之目標制定爲德國再統一於全歐洲安全體系之內，貫徹此目標所採取之策略則隨情勢之變化而變更。在1955年成立的「華沙公約組織」（Warsaw Treaty Organization，以下簡稱「華約」）解散後，蘇俄西翼安全受損，故要求西德政府承諾，再統一後之德國必須退出「北約」，保持中立且只可擁有防禦性軍隊。直至雙方同意德國再統一應是一漫長且平等之過程，蘇俄才接受德國再統一可整合東西歐洲長期以來，在安全、經濟、科技等方面之分裂，是歐洲和平關鍵，並要求德國再統一於西方集團之歐美國家立場與下列各項問題結合，以迫使西德讓步，確保蘇俄國家安全：（一）促使「歐安會議」制度化；（二）確定歐洲最高軍力之維也納裁軍談判；（三）東西歐洲國家間新關係的界定；（四）保證給予波蘭西疆國際法之承認；（五）西德放棄生產、擁有核生化武器；（六）西德簽署之放棄武力及核子禁試條款仍繼續適用；（七）放棄西德「基本法」（Grundgesetz）中不適用德國統一之條款。[15]

　　西德爲加速推動德國統一，同意蘇俄前述之要求。雙方簽訂對德和約（Vertrag über die abschließende Regelung in Bezug auf Deutschland），蘇俄同意再統一之德國在內政及外交上，享有完整之主權及自由選擇盟邦之權；西德則同意再統一後之德國領土界定在東西德及柏林，放棄生產、占有及擁有核子、生物和化學武器，並將再統一後德國軍隊制定上限在37萬人。蘇俄同意將駐防在德國的軍隊於1994年底完全撤離及西德承認現存德國、波蘭及捷克疆界，使得德國再統一之障礙減少，有利歐洲和平秩序之建立。[16]

　　德國再統一有可能衝擊美國作爲重構歐洲大陸權力平衡之關鍵因素，故美國同意德國再統一之前提是（一）東西德人民以公民自決方式，自由選舉以決定國家前途；（二）東西德統一必須不牴觸西德對「北約」承諾之義務，「歐體」之整合

---

[13] Robert Cooper (2002), "Europe and Security," p. 151.
[14] *Ibid.*, p. 150.
[15] 王群洋（1991），〈德國統一與歐洲整合〉，頁98。
[16] 同前註。

及美國、英國、法國及蘇俄四強之權責；（三）東西德再統一必須是和平、漸進，且是東德變革的一部分，以符合全歐洲穩定的利益；（四）再統一後德國疆界之界定，必須符合「歐安會議」之「赫爾辛基決議」原則，即現存歐洲疆界不以武力變更之。美國主張德國再統一後必須整合在歐洲整合架構內，為確保美國於德國再統一後在歐洲之影響力，老布希（George Herbert Walker Bush）政府積極投入「北約」結構與性質轉變事宜、「歐體」之整合及「歐安會議」之制度化。[17]

　　法國雖與西德是鄰國，但歷史上兩國多次戰爭的經驗使得法國不樂見德國強大。第二次世界大戰結束後，殲滅敵人的傳統戰爭目標改變。此外，東西方兩大集團形成，德國與法國同屬民主國家集團，法國對德國的恐懼，從軍國主義的抬頭轉變為對德國人及德國工業潛力之恐懼。法國世界日報（Le Mond）創辦人Hubert Beuver-Mery曾言：「德國將控制歐洲，現存唯一的問題是在有利於美國或蘇俄的情況下發生」，即反映出法國的憂慮。法國對德國政策之目標，是使西德在政治、經濟及軍事方面整合入西方的價值體系，且不得再變更。法國當時的總統密特朗支持歐洲的分裂，認定東德的存在是歐洲安全的保證，且試著提高東德的外交地位。在美國與蘇俄對立時，德國統一遙遙無期，法國支持兩德統一；美蘇對立緩和時則認定德國統一並非可能及值得期待的。[18]東德出現難民逃亡潮及東德國家主席何內克（Erich Honecker）被迫下臺，法國總統密特朗才承認德國再統一是歐洲的責任，但再統一之過程必須符合民主程序，經由自由選舉進行德意志民族自決。法國當時的外交部長杜馬（Roland Dumas）指出德國再統一的先決條件是放棄核子武器，以兩德分屬東西方集團的事實為基礎，接受國際協定及「赫爾辛基決議」之基本原則，以規範德國再統一之過程。東西德再統一後，東德部分即自動加入「歐體」。再統一後的德國必須以「歐安會議」之決議為依據，制定其安全政策。[19]

　　第二次世界大戰後，英國需要西德對付蘇俄的擴張，故形式上支持德國再統一，但實質上阻止德國再統一為英國政府政策的目標。為防止再統一後的德國在政治及經濟方面稱霸歐洲，影響歐洲權力平衡，英國採取之策略是將德國再統一、歐洲安全及歐洲統合等三個問題結合，互相牽制以使德國整合入歐洲的和平規範內。故要求再統一後的德國必須仍是「北約」的會員國，「北約」之核子武器繼續部署

---

[17] 同前註，頁99。
[18] 同前註。
[19] 同前註，頁99-100。

在德國境內，美國與英國的軍隊亦不撤離德國。德國要求以獲得完整與獨立的主權，作為大力推動歐洲整合的先決條件。[20]

和平是國際政治之核心，冷戰至1989年所維持較長之和平的關鍵是兩極體系與核武。主要戰爭的爆發源自體系之不穩定，在主要戰爭結束後仍存在之體系則是穩定的。歐洲以前之多極體系內是高度穩定，但都傾向於戰爭（war-prone），兩極體系較和平，但較之前的多極體系是較不穩定。新現實主義與結構現實主義主張國家在國際體系之位置是源自其行為，美蘇兩強在冷戰時期因為實力相當而有類似之地位，軍事競爭使得雙方軍力與學說有雷同之處，美國與蘇聯均干預對方之事務，亦打邊緣戰爭（peripheral wars）。多數美國人不認為需要解釋自己追求國家利益與國際正義之合理性，但卻以其猜測蘇聯之意圖來解釋蘇聯之行為。[21]在1990年代建構歐洲安全秩序的國際規範之前提是，德國再統一與俄軍撤出東歐及波羅的海三國，而「巴黎憲章」（Charter of Paris）以及「歐洲傳統武器協定」（Conventional Armed Forces in Europe）是歐洲安全的兩大規範性支柱。[22]

二、體系之穩定

如前文所述，歐洲不同宗教間衝突和政治動亂持續了一個多世紀，最終釀成了1618年至1648年的「三十年戰爭」。新教的存活和發展導致了一統宗教的分裂。打成平手的各種自治的政治實體並存，呈現出政治多樣化的特徵。當代國際政治之互動方式多源自歐洲，一些主張多元化之政治行為者探索用於管控自身行為與減緩衝突的中立規則，但因彼此實力相當，很多政治行為者信奉截然不同的哲學，或者有自己獨特的信仰。「西伐利亞會議」建立的和平秩序，反映出政治行為者對於現實的妥協，且以一個由獨立國家組成的體系為基礎，各國不干涉他國內政，並經由權力平衡之建構來制約各自的擴張。在歐洲的權力競爭中，沒有任何規範或價值絕對勝出，而是每個國家各自對其領土行使主權，不干涉他國的內政和宗教。歐洲歷史上產生的分裂和多元性構成了新的國際秩序體系的特徵。故歐洲為結束自己的戰禍所做的努力與記取之教訓是避免對絕對價值做出評判，轉而採取務實的態度接受多

---

[20] 同前註，頁100。

[21] Kenneth N. Waltz (1993), "The Emerging structure of International Politics," *International Security*, Vol. 18, No. 2, pp. 44-47.

[22] Wolfgang Richter (2014), "Die Ukraine-Krise Die Dimension der paneuropäischen Sicherheitskooperation," *SWP-Aktuell*, 23, p. 2.

元世界，以期經由多邊和克制能建構秩序。[23]

　　歐洲多邊外交源自奧古斯堡王朝統治時期之議會承認宗教自由決議的「奧古斯堡和約」（Augsburger Reichs- und Religionsfrieden, 1555）以及為結束「三十年戰爭」締造「西伐利亞和平」的敏斯特及歐斯納布克會議（Münster and Osnabrück, 1648），多邊外交雖然促成了歐洲穩定的國際體系，但並未確保持續的和平。拿破崙戰爭（Napoleonic wars）結束後所召開的維也納會議（1814.9-1815.6）是歐洲探討和平的多邊論壇，依照帝俄建議所成立的「神聖同盟」，同意確保歐洲的和平與不變更既存的疆界，戰勝國協議在同盟內確保歐洲軍事之權力平衡。由戰勝國組成的軍隊承擔抵禦法國任何侵略，且定期召開會議討論歐洲之問題，以維持歐洲的和平秩序。「維也納會議」之各次後續會議就如同「歐安會議」之各次後續會議，期望以多邊外交預防大規模戰爭並促進歐洲和平，此兩不同時空的多邊外交會議面臨相同的情勢，即部分歐洲民族要求獨立，對維持和平之多極體系造成嚴重衝擊。[24]

　　回教的普世秩序觀認為，它命中註定要在征伐之地（指不信奉回教的人居住的地區）實現擴張，直到先知穆罕默德的聖訓把全世界變成一個完整統一的和諧體系。在歐洲建立了一個基於多國之上的秩序時，以土耳其人為主的鄂圖曼帝國認為其代表唯一的合法統治，在阿拉伯世界的腹地、地中海、巴爾幹半島和東歐確立了至高無上的地位。鄂圖曼帝國對歐洲的秩序是孕育分裂的根源，鄂圖曼帝國可以借此向西擴張。「西伐利亞會議」之原則現在受到挑戰，歐洲有意經由主權共享來超越「西伐利亞體系」所帶來之戰爭與分裂。權力平衡概念出自歐洲，其影響至今仍嚴格限制新成立的歐洲機構的權力。[25]

　　國際體系隨著強權數量之多寡而改變其形式，到目前為止可粗略分為兩極和多極的形式。就國際體系而言，兩極體系涉及兩極化秩序問題，其與多極體系的差別在於國家在國際體系中維持秩序的手段，在兩極體系中不平衡的現象可由內部自己解決，在多極體系內會員國結盟關係的改變，則會造成平衡手段的複雜化。多極體系內各會員國互賴的軍事關係，隨著會員國數量及權力平衡策略而有所改變，強國的安全在多極體系中得以確保。在兩極體系中軍事關係的互賴明顯減少，會員國間的平衡靠內部的手段多於外來的手段。多極體系中雖會員國多，可使一個國家在

---

[23] 和訊名家（2018），〈基辛格：對世界秩序問題的思考〉，《和訊網》，http://news.hexun.com/2018-04-03/192767855.html（檢視日期：2018年7月1日）。

[24] 王群洋（1997），〈歐洲安全與合作組織之演進〉，頁235。

[25] 和訊名家（2018），〈基辛格：對世界秩序問題的思考〉。

盟邦或敵人間劃清界線，但也很難對一個或多個變弱的盟國劃清界線。多極體系之會員國間之結盟關係因此而處於非敵即友的關係，以致各國在評估國際體系之權力關係會產生不確定感，此不確定感會使各國在外交政策上採取自保措施。強國在兩極及多極體系中所處之情勢有下列四項程度上的差異：（一）在多極體系中強國常不知眞正的敵人；（二）在兩極體系中強國的利益是視對手的強度而定。在多極體系中強國不僅關注其他國家之強大，且要知道其眞實與潛在盟友對其敵對勢力的立場，但評估相對強度有其困難度；（三）在多極體系中強國之政策目標與手段，必須配合其現存及潛在之盟國。在兩極體系中，強國之盟國可提供之援助甚少，對於強國之行為無法置喙，強國在兩極體系中之自主性反而較大；（四）多極體系中強國因聯盟關係所產生的問題是不易解決實力相當的會員國之紀律及管制問題。在會員國實力相等的國際體系中，一方的沒落或退出，造成他方的不安。在實力不相等的體系中，較少需要弱國的貢獻，故其影響力亦小。當部分會員國對體系的貢獻異常重要時，則對各會員國產生影響力而成為體系的領導國家，領導國家間是因互相強烈依賴而易保持體系的穩定。[26]

就結構理論而言，單極之國際體系是最不長久之國際結構，主要原因有二：（一）主導國家處理太多國外事務，長期來看會弱化自己之實力；（二）即便主導力量行為適度與節制，弱國仍會擔心主導國家未來之行為。國際體系在蘇聯瓦解後，沒有力量制衡美國，使得部分國家加強自己之力量或與他國結盟，以促使國際權力分配能達到平衡。[27]

體系的穩定並不等於體系的和平共存，權力平衡政策並非等同和平的平衡及戰爭所造成的平衡。權力平衡政策促成體系內各國家間權力平衡，來確保國家獨立的可能性，戰爭是促成或建構平衡的手段，在國際體系變遷的過程中會改變維護和平的可能。主權國家間結盟建構國際體系，雖是為了維護或拓展國家利益，但目前國際體系所面臨之問題在於會員國是否有超越本國憲政秩序之意願。[28]

現實主義對於國際體系的五大假設：（一）國際體系是無政府狀態；（二）國家具有攻擊性軍事能力，使得彼此有可能互相攻擊；（三）國家永遠不確定他國的意圖，且意圖有可能快速改變；（四）推動國家最基本之動機是生存。國家要確保

---

[26] 王群洋（1997），〈歐洲安全與合作組織之演進〉，頁233-234。
[27] Kenneth N. Waltz (2000), "NATO expansion: A realist's view," *Contemporary Security Policy*, Vol. 21, No. 2, p. 23.
[28] 王群洋（1997），〈歐洲安全與合作組織之演進〉，頁234-235。

主權：（五）國家戰略性的思考，如何在國際體系內生存，國家是工具理性的。單一假設不會促使國家行動具競爭性，主張國家存在的基本動機是生存，其是防禦性目標。五項假設一起可以促成國家思考或有時行為攻擊的誘因。特別是會造成三種行為模式：（一）國家在國際體系內互相恐嚇與猜疑，擔心戰爭爆發。戰爭恐怖之結果有可能造成國家間互相視為潛在之死敵；（二）每個國家在國際體系中確保自己之生存，因為其他國家是潛在之威脅，且當危險發生時國家之上並未有更高之權威機構來救援，國家之安全不可能依靠他國；（三）國家在國際體系中致力於超越其他國家之相對權力的極大化，因為一國之軍事利益越大於他國就越安全。每個國家均希望在國際體系內擁有最強大之軍事實力，以確保其生存。依此邏輯國家有強烈之意願利用他國，在有利之情況下甚至發動戰爭。此理念產生之結果是體系中之霸權，生存幾乎得以確保。所有國家均受此邏輯之影響，換言之，國家是攻擊與防禦取向並存。[29]

　　國際秩序不僅只是實質的權力分配、階級及權威結構等而已。秩序是建立在引導國家行為、治理與他國關係的規範及規則之上。不同國家對此等規範與規則之內容有不同的看法。強國想要推動至國際體系之規範與規則通常都反映其歷史、文化及社會與經濟的軌跡。故當權力分配移轉，崛起的國家會要修改國際體系以符合自己的利益與意識型態。[30]

　　攻勢現實主義主張，國際體系基礎的結構迫使國家為了安全而與他國競爭權力，大國的目標是極大化其在世界之權力，並盡可能地掌握此體系。具體而言，此指最有權力的國家尋求在其區域內建構霸權的同時，也要確定沒有敵對之大國掌控其他區域。攻勢現實主義對於理性之現實世界的假設是，國家作為國際政治之主要行為者，在其之上無更高之權威，國際體系是無政府狀態；所有國家均有攻擊之軍事能力；國家對於他國之意圖不確定。國家將生存視為最重要之目標，生存不僅指領土完整，尚有確保國家政策制定過程之自主性。國家是被認定為在設計戰略，促成國家生存機會極大化時是理性與有效的。依照此等假設國家為求生存會盡量追求權力，大國會致力於建構對其有利之權力平衡，同時阻止他國在追求權力時讓自己

---

[29] John Mearsheimer (1994/1995), "The False Promise of International Institutions," pp. 10-12.

[30] Charles A Kupchan (2014), "Reordering Order: Global Change and the Need for a New Normative Consensus," in Trine Flockhart, Charles A. Kupchan, Christina Lin, Bartloniej E. Nowak, Patrick W. Quirk, and Lanxin Xiang eds., *Liberal Order in a Post-Western World* (Transatlantic Academy, Washington DC), pp. 6-7.

付出代價，大國最終之目標是建構霸權。現實主義所指之霸權是指全球之霸權，但地理之距離與國內之民族主義，使得大國僅能成爲主導鄰近地區之區域霸權。[31]

　　康德認爲任何事情都有可能造成戰爭之爆發，自然之狀況就是戰爭之狀況。[32]霍布斯認爲「自然狀況」是指全面對抗的戰爭，安全政策僅是權力政策。因國際體系內的會員國準備爲維持體系內之權力平衡，而使本國的權利受到相當程度的限制，在古典的權力平衡政治中可發展出廣義的和平或防止戰爭的安全政策，國際體系內會員國所接受之「相互性」使得「自然狀況」之權力政治得以一定程度地文明化。19世紀歐洲列強間所運用的古典權力政治基本上是侷限在聯盟關係，國際體系內會員國間的交叉結盟及協定甚具有彈性，故使得歐洲出現軍事衝突的機會減少。[33]

　　體系所支持之目標通常致力於安全，政治行爲者之間是否互相平衡或轉變成爲贏的一方，均視體系架構而定。在國際體系中，強者與其他強者結合是爲了戰鬥，並尋找可以給予其支援的盟邦。在國際體系內，國家若有自由選擇權，弱國通常選擇加入有擊退敵人之足夠防禦及嚇阻能力的弱國聯盟，以期拒斥強國的威脅，並獲得更多的承認及安全。[34]由此觀之，國家在國際體系中是以權力平衡之政策來維護其安全。若一國之國家安全在國際體系內能提高則傾向維持該體系，該體系之整體實力若能使會員國贏得戰爭則能持續保持高度穩定。

　　在核子時代，國際政治仍是自助的，國際政治體系之結構仍是無政府狀態。多極體系之安全有賴國內之努力與其參與之聯盟（alliances），在多極體系內競爭較兩極體系內複雜之因在於，國家間比較能力隨著國家之數目增加而不確定，以及評估內聚力及結盟強度不易。民主國家發動戰爭是因爲要保持和平，就要打敗非民主國家，並使其轉換爲民主國家。和平得以確保，是靠內部與外部限制間的平衡，戰爭之原因不僅在國內或國際體系，而是兩者內都有。現實主義之主要假設在於國際政治是反映國家實力，以及國家間之權力平衡以對抗其他國家。現實主義認爲若平衡被打破會再回復，但不知道何時，而未被制衡之強權對於其他國家均是潛在之威

---

[31] John Mearsheimer (2014), "Can China Rise Peacefully?," *The National Interest*, pp. 3-5, http://nationalinterest.org/commentary/can-china-rise-peacefully-10204 (accessed 29 October, 2014).

[32] Kenneth N. Waltz (2000), "Structural realism after the Cold War," *International Security*, Vol. 25, No. 1, p. 8.

[33] 王群洋（1997），〈歐洲安全與合作組織之演進〉，頁231-232。

[34] 同前註，頁233。

脅。[35]

　　國際體系若處於高度無法治情況，安全狀況則不穩定，傳統安全政策主張以核武的發展、軍事科技的精進與嚇阻策略等手段來獲致國際體系的穩定。[36]第二次世界大戰結束後至冷戰結束，兩極體系造就了歐洲於歷史上最長之和平時期，而兩極體系較易維持和平之因在於可能衝突者較少、嚇阻較易阻止權力失衡、嚇阻較能確保體系之穩定，以及誤判相對實力（relative power）及對手之決心與機會較少。在此體系內之小國較不可能互相攻擊。在多極體系內有三個以上國家主導，針對結盟夥伴而言，小國在此體系內較具彈性。[37]此外，美國與蘇聯所領導之兩極的軍力之分配大致相當，且兩個超級大國均擁有龐大的核武。[38]

　　自1871年以來歐洲安全問題源自歐洲地理上的中心強權（德國、奧地利、義大利）及地理上的邊陲勢力（英、法、俄及美國）爭奪歐洲的主控權。雅爾達（Yalta）及波茨坦（Potsdam）協定奠定歐洲在二次大戰後兩極體系的秩序，東西歐內自成體系且均形成多邊及雙邊合作。西歐反對全盤接收美國的理念，東歐各民族反抗前蘇聯的控制及新政治秩序的建立，強化民族認同及重視歷史傳統成為思想主流。此外，東歐國家有關歐洲安全之聲明，均要求承認歐洲疆界之不可變更性。[39]

　　國內因素亦影響戰爭之可能性，特別是強烈之民族主義。自1945年以後歐洲之民族主義衰退，維持了戰後之和平。超強離開中歐使得歐洲由兩極體系轉型至多極體系，不利於穩定秩序之建立且各國間權力有明顯差異，而超強離開中歐時，亦將維繫歐洲政治和平之核武移走，反對「超強離開中歐會不利於穩定秩序」之觀點者提出三種論述：（一）第二次世界大戰結束以來之自由國際經濟秩序之效力可以確保和平；（二）民主和平論，即民主國家間幾乎不會發生戰爭，而東歐國家持續民主化，使得戰爭爆發之可能性降低；（三）歐洲國家記取戰爭之教訓。[40]

　　西方的政治與經濟問題使得美國投入國際事務的意願降低，美國所建構的國際

[35] Kenneth N. Waltz (2000), "Structural realism after the Cold War," *International Security*, Vol. 25, No. 1, pp. 5-13, 27.

[36] 王群洋（1997），〈歐洲安全與合作組織之演進〉，頁232。

[37] John Mearsheimer (1990), "Back to the Future: Instability in Europe after the Cold War," *International Security*, Vol. 15. No. 1, p. 14.

[38] *Ibid.*, pp. 6-7.

[39] 王群洋（1997），〈歐洲安全與合作組織之演進〉，頁236。

[40] John Mearsheimer (1990), "Back to the Future: Instability in Europe after the Cold War," pp. 7-8.

和平秩序（Pax Americana）之基礎，在於美國與歐洲國家提供公共財，以及在全球使用武力（global providers of last resort），但政治與經濟危機使得其不具能力與意願繼續扮演此角色。[41] 新的國際政治勢力崛起必然引起涉及基本秩序規範與規則的競爭，例如合法性、主權、介入、國際法與國際制度等。西方民主國家推動之自由的國際秩序，雖然內部有一些不同的觀點，但新興國家尚未有一致的立場提出新的國際規範以取代自由的國際秩序。[42]

　　現實主義主張國家是國際政治中的主導行為者，而武力是執行政策可使用且有效的工具。現實主義者認為國家間衝突或潛在的衝突，可隨時使用武力來解決。每個國家均嘗試防禦其領土及利益所面臨之任何衝突（包括潛在的）。國家間政治整合僅有在符合有影響力國家之利益的情況才得以形成及延續。國家僅有在善於使用武力或威脅使用武力才能生存，且僅有在政治家們能有效調整其利益以維繫運作良好之權力平衡（well-functioning balance of power），體系才會穩定。[43]

　　現代的國際秩序的基礎是平衡，後現代秩序的基礎是開放。後現代體系並不依賴平衡，也不強調主權或內政與外交必須分開，甚至國家合法的武力獨占權，在面對國際體制之制約時都得自我設限。「歐洲傳統武器條約」的邏輯是，要防禦自己，就要準備裁減自己的軍力，歐洲國家共同之利益是避免核子災難、解決「安全困境」。冷戰時期已有一些後現代的要素，例如透明機制可使嚇阻發生作用。「歐洲傳統武器條約」創造了互信機制，解決「囚徒困境」就是靠公開與透明的機制。冷戰結束改變權力平衡的架構以及主權獨立的國家間的權力關係，歐洲權力平衡體系亦結束。新的體系中結盟若要在平時或戰時生存，相互介入內政以及接受國際法院的司法管轄，而此意味國家主權與獨立的絕對性會被減弱。[44] 美國在川普總統任內主張「美國優先」，不願多邊結盟，而是推動與盟國之雙邊合作，就是不想減損國家主權。

　　後現代的世界安全體系為避免戰爭之因在於對現代科技戰爭的恐懼，以及開放的民主社會，而安全則是可以靠大國或是具潛力的國家間的合作來達成。在後現代國際秩序架構下，合作國家面臨的困境是，民主與民主秩序是與國家領土緊密結

---

[41] Charles A Kupchan (2014), "Reordering Order: Global Change and the Need for a New Normative Consensus," pp. 8-9.

[42] *Ibid*., p. 8.

[43] Robert Owen Keohane and Joseph S. Nye (1977), *Power and Interdependence: world politics in transition* (Boston, Toronto: Little, Brown and Company), pp. 23-24.

[44] Robert Cooper (2002), "Europe and Security," pp. 152-153.

合，構成國家的相關要素中，如經濟、軍隊等均可與國外合作，只有國家認同與民主制度仍無法超越國界。[45]

現實主義雖然基本上視國際關係爲競爭的，但同意國家間之合作亦會發生，但相對利得之考量與對欺騙之關切會阻止合作。國家間若要合作，會考量利得如何分配，現實主義者認爲國家關切權力平衡，故要考慮合作必須先爭取相對利得，但國家多致力於絕對利得。國家擔心在合作條約中被欺騙，特別是在軍事領域之合作，即便有這些障礙，在現實主義者之觀點中，合作之可能性仍存在，例如權力平衡之邏輯使得國家結盟，並合作抵抗共同之敵人。有時國家間合作對付第三國，例如德俄合作瓜分波蘭。若能反映大致的權力分配與滿意的解決欺騙之疑慮，與對手亦可簽訂協定，例如冷戰時期之美蘇間所簽訂之各項武器管制協定。關鍵是合作發生在以競爭爲核心之國際關係，且國家均有強烈之意圖利用他國。[46]結盟合作可以解釋爲權力平衡運作的結果，制度主義者認爲共享的經濟利益可產生國際機構與規則的需求。[47]

擁有核武且採用維持現狀政策與嚇阻戰略之國家，僅要使用不到一半之經濟能力即可與他國進行軍事競爭。相反地，一個國家無法僅用經濟優勢去建構軍事主導力量或獲得戰略利益，以超越其他擁有大國實力的對手。核武所組成之戰略武力可以達到嚇阻他國對於本國攸關生死利益之攻擊，核武確保第二次世界大戰後之和平，擁有核武之國家在軍事衝突中之得或失不會太多。核武限制大國間在戰略層面使用武力，致使其在經濟與科技方面之競爭增加。在自助的國際體系內，各國致力於平衡之行爲，若是兩個大國的話，平衡可以靠內部之工具來達成，結盟是有效的工具，故有其必要性，但在兩個強國間之安全關係則不是必要的。第二次世界大戰後維持和平之兩大支柱是核武與兩極體系，戴高樂認爲就戰略面而言，核武使得結盟過時。[48]

若發動戰爭之費用與危機明顯很大時，嚇阻則最有可能維持秩序。核武有利於和平之因在於其是大眾毀滅武器，其保證攻擊者與防守者在攻擊與報復時均會相互毀滅（mutual assured destruction, MAD）。核武保證高付出，且在自衛方面較攻

[45] *Ibid.*, pp. 154-156.

[46] John Mearsheimer (1994/1995), "The False Promise of International Institutions," pp. 12-13.

[47] Robert O. Keohane (1984), *After Hegemony: Cooperation and Discord in the World Political Economy* (Princeton, New Jersey: Princeton University Press), p. 7.

[48] Kenneth N. Waltz (1993), "The Emerging structure of International Politics," pp. 53-59, 73.

擊更有用。此外，核武可以影響國家在體系內之地位，而擁有核武之國家較能在國際體系內得到平等之位置。相互毀滅可以在實力相當之國家間或聯盟間促成和平。國家間有可能誤判意圖，但不會誤判核武能力，因其不論規模大小，均具有威嚇力。[49]

　　歐洲各民族國家維護本身安全及體系之穩定，除靠軍事外，主要取決於經濟、政治、社會之穩定性。國際組織的形成及發展源自參與國的共同利益，而國際組織亦是使國際體系文明化的重要手段。在以共同的價值及信仰爲基礎之國際組織內可形成跨國共識，進而資訊的交流及互動的加強，有助於彼此行爲的透明度及可預估性，以確保互信的形成及安全。歐洲國家建構安全組織之初，以傳統主權國家的安全來考量裁軍及檢查武器，在「後現代」國際政治中，「民族國家」是由國際合作之過程及機構化來擴張主權之內涵。[50]

第二節　「北約」合作安全之侷限

　　「北約」作爲歐洲安全治理機構，是經由設立機構如「北約－俄羅斯理事會」（NATO-Russia Council），以及建立機制，如夥伴關係制定規範來維持區域安全。國際建制包含整套明示或暗示的規則、規範、原則以及決策過程。合作與霸權的關係並非對立，因霸權依靠某種不對稱的合作才得以維繫，國際建制可使非霸權的合作較易推動。合作的前提是和諧並不存在。所謂和諧是指行爲者在執行追求自利的政策時，自動地使他者的目標較易達成。和諧情況存在則不需要合作，Kenneth Waltz認爲在無政府狀態下，沒有自動的和諧。Robert Keohane認爲合作中有衝突，亦可成功地解決部分具體與潛在的衝突。國際建制可被理解爲基於權利所引發之安排，作爲體系中的一部分，主權仍是組成的原則。現實主義者認爲國際建制是由強國爲其自身利益所塑造，但建制是會影響國家利益。[51]

　　傾向於自由主義的新功能主義除了關切國際機制對個別單位的影響之外，更進一步將焦點放在機制架構下的統合進程。新功能主義者認爲，概念化的統合觀是由

---

[49] John Mearsheimer (1990), "Back to the Future: Instability in Europe after the Cold War," pp. 19-20.

[50] 王群洋（1997），〈歐洲安全與合作組織之演進〉，頁239。

[51] Robert O. Keohane (1984), *After Hegemony: Cooperation and Discord in the World Political Economy*, pp. 8, 49-53.

國際組織中利益的制度化所形成，參與的會員試圖達成集體的目標或解決相互間的歧異，在過程中由某一領域的合作擴散至其他領域，尤其是從經濟與貨幣領域先開始，被稱為「溢出」效果。新功能主義強調，區域統合的「溢出」效果，「溢出」不必然擴散至國防政策，但如果決策者或利益團體對於軍事政策整合具有強烈的推動意願，則區域的統合有可能從經濟、政治領域，擴散至安全與軍事。因此，國家間可藉由合作建立特定的國際規範、規則與機制，以藉此推動安全建制。[52]

一、合作安全之推動

東歐體系的巨變使得歐洲之秩序自1990年代發生根本的變化，而在安全情勢出現下列發展方向：（一）有關東西歐間對立的安全政策主張不再適用，「華約」解散，原會員國同意加入「北大西洋合作理事會」（North Atlantic Council），部分國家接受「北約」的邀請參加「和平夥伴」之計畫；（二）東歐及東南歐武裝衝突有擴大趨勢，使得歐洲體系增加安全需求，維護安全之策略及手段有調整之必要，軍事手段應在用盡一切經濟穩定之措施及社會改革措施之後使用；（三）德國的再統一在歐洲解組及重組過程中，提高了地緣政治的不穩定性。再統一的德國擁有最大的經濟潛力，人口占「歐盟」四分之一及歐洲共同市場三分之一的總生產毛額，使得歐洲國家有意形成對抗德國的區域聯盟，德國為免遭受孤立，反覆強調其「歐洲理念」；（四）歐洲再度出現依照傳統的社會文化及宗教所劃分的疆界，例如基督教、天主教及東正教，且均擁有各自的影響區。此等新的安全發展趨勢，使得歐洲體系所面臨的情勢是民族認同、組織的合法性、社會參與、資源分配及區域整合危機等問題必須同步解決。[53]

「北約」在冷戰時期成功抵擋蘇聯之威脅，制度主義者認為此為結盟制度是可以帶來和平之證明。自由制度主義者認為，制度可以經由協助解決集體行動之困境，使得國家間之合作較容易進行。John Mearsheimer認為在世界的眾多制度形式內，主要國家行為仍是受到權力平衡考量之影響。現實主義者認為，國家行為多是國際體系中實質的結構所形塑，結構會強迫國家行為，大國之間因為國際體系中實質的結構而進行安全競爭是不可避免的。[54]

---

[52] 甘逸驊（2016），〈「歐洲安全」研究的理論基礎：區域安全、國際關係、全球體系〉，《問題與研究》，第55卷第3期，頁94。

[53] 王群洋（1997），〈歐洲安全與合作組織之演進〉，頁238-239。

[54] John Mearsheimer (1995), "A Realist Reply," pp. 83-85, 89-91.

　　自1990年代建構歐洲安全秩序之基礎是德國再統一，俄軍撤出東歐及波羅的海三國，而歐洲安全的兩大規範性支柱有「巴黎憲章」以及軍事面的「歐洲傳統武器協定」。在德國統一的條約中，同意德國有選擇盟邦的權力，但德國必須留在「北約」中，但「北約」之軍事設施亦保證不會進入德東地區，「北約」的軍隊及核武不會部署在德東及柏林。1991年蘇聯與「華約」瓦解，但並未改變「歐洲傳統武器協定」中東西兩大集團間的軍事平衡及「北約」與俄羅斯間的距離。[55]

　　「北約」設立之初，考量的是防禦結盟直至歐洲復興至有能力防禦自己為止。現實主義者認為冷戰結束後，「北約」作為一個結盟組織已喪失其功能，而僅是美國保持與加長對於歐洲國家在外交與軍事政策之控制。[56]東歐各國體制變革後，東西歐普遍存在的現象是新民族主義的興起，建立解決衝突的歐洲安全體系，可以掌握此新興思潮。歐洲安全體系必須具有解決集體衝突之能力，與鄰接區域間建立穩定之戰略關係。「北約」具有掌握及調和歐洲限武及武器控制過程制度化的功能，並有意變更其目標以面對歐洲之新情勢。曾經擔任過德國國防部長的史托騰貝爾格（Gerhard Stoltenberg）認為「北約」可以保存國防能力，加強與東歐國家對話，談判在政治及經濟方面之合作，監督目前武器管制過程，協助擴大及鞏固歐洲共同體，確保美國在歐洲之影響力等途徑，推動東西歐洲整合。[57]

　　對於涉入歐洲事務甚深的美國而言，不穩定的歐洲體系使得美國陷入歐洲的混亂中，故其不希望共黨勢力在前蘇聯及東歐境內再度回頭，亦不願見東歐出現權力真空情況。美國的東歐政策卻也因此陷入困境：一方面協助各民族和平地自決是美國外交政策的最高原則，另一方面卻又與強國結盟以防止在該區域的權力真空情況下，增加種族對立及社會秩序緊張之衝擊，而散布在該區域的核子潛力更令美國有威脅感。[58]在「北約」六十周年之際，美國要求重新定義「北約」之任務，以及新的架構，亦即「北約」之轉型，美國希望「北約」能在全球出任務。[59]

　　「聯合國憲章」中規定之集體安全理論基礎，是將和平解釋為不使用武力，透過組織解決衝突，且以集體的防護體系防範可能的侵略行為。各國為獲致安全所制

[55] Wolfgang Richter (2014), "Die Ukraine-Krise Die Dimension der paneuropäischen Sicherheits-kooperation," *SWP-Aktuell*, 23, p. 1.
[56] Kenneth N. Waltz (2000), "NATO expansion: A realist's view," pp. 28-29.
[57] 王群洋（1991），〈德國統一與歐洲整合〉，頁103。
[58] 王群洋（1997），〈歐洲安全與合作組織之演進〉，頁238。
[59] Hauke Friederichs (2009), "Amerikanischer Wunsch und Europäische Wirklichkeit," *Zeitonline*, http://images.zeit.de/text/online/2009/15/nato-transformation (accessed on 13 April, 2009).

定之安全政策涵蓋政治、軍事、經濟及社會等層面，就維持和平與安全而言，一國越是靠軍備來獲致安全，國際體系就越是無安全可言，體系內的會員國感受到更大的威脅感，此種安全政策不僅無法帶來和平且使國際體系陷入安全困境。報復性及防禦性嚇阻雖是多數國家為貫徹安全政策目標的重要手段，但鑑於劃分武器之攻擊性與防禦性之困難度，使得撤除具有威脅之攻擊武力及建立不具威脅、非挑釁的防禦性軍事潛力，成為獲致安全的先決條件。[60]

　　「北約」為維護安全，在「哈莫爾報告」（Harmel Report, 1967）中指出，「北約」地區不能和世界其他地區分開行動，因區域外之危機與衝突，以及全球權力平衡之改變，均可能影響其安全。[61]「北約」會員國之政府首長於倫敦高峰會（1990.7.5-6）決議「北約」轉型以因應新情勢，但「北約」在推動轉型過程中，面臨最基本的挑戰不再是嚇阻攻擊，而是整個歐洲及歐洲與大西洋地區間之「一體與和平」（whole and peace）的問題。為使「北約」成為歐洲與北大西洋兩岸地區穩定的力量，羅馬高峰會（1991.11.7-8）中正式提出「北約」的「新戰略觀」，將「北約」的戰略由冷戰時期之「防禦」、「嚇阻」、「低盪」（détente）調整為21世紀之「合作安全」戰略（cooperative security strategy），以期將中、東歐國家整合入歐洲的安全組織內，協助俄羅斯在歐洲找尋適當的定位，以及為全球化時期歐洲戰亂地區建構穩定的新秩序。[62]

　　為貫徹「北約」的安全基本任務，「北約」必須持續完成集體防禦、危機處理與合作安全。[63]危機處理可被界定為除了個別及集體防禦外，所有回應危機的行動，包含預防行動、維持和平、創造和平、確保和平以及衝突後之解決措施；[64]合作安全是經由主要代表或核心國家的代表，召開定期非正式會議來設定議程及協調執行。[65]為確保「北約」有能力嚇阻及防禦任何威脅，「北約」必須保有核武及傳

---

[60] 防禦性嚇阻包含傳統的軍事防禦、半軍事防禦及非軍事防禦等三種因素。防禦性因素包含傳統武器用在第一擊（攻擊）及第二擊（報復）。王群洋（1997），〈歐洲安全與合作組織之演進〉，頁231。

[61] Johannes Varwick (2009), "Auf dem Weg zum Weltpolizisten?," *Aus Politik und Zeitgeschichte*, B. 15-16, pp. 4-6.

[62] 王群洋（2004），〈北大西洋公約組織功能之演變〉，《兩岸與國際事務季刊》，第1卷第3期，頁2-3。

[63] NATO (2010), "Lisbon Strategic Concept 'Active Engagement, Modern Defence'," http://www. nato.int/cps/en/SID-347FOE18-2383F7A6/natolive/office (accessed on 11 October, 2011).

[64] Jan wouters and Fredrik Naert (2001), "How effective is the European Security Architecture. Lessons from Bosnia and Kosovo," *International and Comparative Law Quarterly*, Vol. 50, p. 543.

[65] William Zartman (1995), "Systems of World Order and Regional Conflict Reduction," in William

統軍力，要積極尋求俄羅斯與其他歐洲與大西洋夥伴（Euro-Atlantic partners）在飛彈防禦的合作。此外，「北約」要發展網路防禦以及確保能源安全的能力，其中包含保護重要的能源基礎設施，運出地區與路線。「北約」的目標是為無核武世界創造條件，但只要世界上仍有核武，「北約」仍是一擁有核武的盟國組織。[66]

　　因核武嚇阻可以保障一國之核心利益，但卻不包含新加入之東歐會員。嚇阻比防禦便宜，美國增加對於「北約」之承諾，更渴望依靠嚇阻，但可能性更少。「北約」的擴大增加美國軍事利益，擴大美國責任與增加其負擔。新會員不僅要求「北約」的保護，且要求「北約」處理邊境附近之動盪事件。美國認為「北約」不僅是世界之主導力量且是自由的主導力量，故柯林頓（Bill Clinton）政府支持年輕、體質脆弱長期困頓之民主政體。[67]「北約」採用實力與外交雙重策略，加強其能力與信用以防禦其東歐夥伴，特別是波羅的海國家，此區域透過「北約」在波蘭及羅馬尼亞部署反飛彈防禦系統（an anti-missile defense system）或共同軍演以確保安全。[68]

　　「北約」在合作安全戰略指引下，可以協助歐洲地區之安全治理（security governance）之處集中在塑造制度與軍事基礎架構以及與非會員國聯結方面：「北約」是制度或規範因素；「北約」擴大其政治目的；「北約」是在若干安全議題的主導機構，例如維持和平、強化和平、防禦外交與夥伴對話；「北約」盟國之理念與安全治理是相關的等途徑。[69]「北約」的集體防禦理念在其「華盛頓條約」第2條與第5條中有所規範，第2條強調會員國要經由自由的制度來強化安全。隨著國際與區域內權力平衡之改變，以及新安全威脅之出現，使得「北約」之重點著重在集體安全。[70]

Zartman and Victor A. Kremenyuk eds., *Cooperative Security Reducing Third World Wars* (New York: Syracuse University Press), p. 17.

[66] NATO (2010), "Lisbon Strategic Concept 'Active Engagement Modern Defence'."

[67] Kenneth N. Waltz (2000), "NATO expansion: A realist's view," pp. 33-34.

[68] Hubertus Hoffmann (2014), "Russia, NATO and the EU: A Plea for a True Partnership," *World Security Network*, http://www.worldsecuritynetwork.com/UN-Russia-NATO-Europe/hubertus-hoffmann-1/Russia-NATO-and-the-EU-A-Plea-for-a-True-Partnership (accessed on 23 July, 2014).

[69] Mark Webber, Stuart Croft, Jolyon Howorth, Terry Terriff, and Elke Krahamm (2004), "The governance of European Security," *Review of International Studies*, Vol. 30, No. 1. p. 14.

[70] 集體安全是分擔維持和平與國際秩序的責任，例如2011年之維持和平行動；2009年協助非洲之角（Horn of Africa）追擊海盜，協助阿富汗重建國家（nation-building），「北約」成為會員國處理國際危機的軍事工具。Roger E. Kanet and Maxime Henri André LARIVÉ (2012), "NATO and Russia A Perpetual New Beginning," *PERCEPTIONS*, Vol. 17, Nr. 1, pp. 77-78.

　　對於「北約」而言，21世紀上半葉主要的全球安全威脅挑戰有，「失敗國家」之「溢出」效應，例如跨境動盪、飛彈擴散、海盜與網路戰（cyber warfare）。[71]當「北約」認定其安全利益受到衝擊時，不論在何時與何地，均須回應危機與衝突，從非洲薩赫勒（Sahel）至中亞的危機弧線，促成「北約」準備嚇阻與防禦任何型態之威脅，故「北約」為確保行動與能力優勢此兩目標，飛彈防禦、網路防衛及特種部隊的重要性增加。飛彈防禦是「北約」集體防禦之核心要素，故在土耳其部署愛國者飛彈以回應威脅。在提升能力方面，歐洲會員國將其軍艦配備飛彈雷達及攔截戰鬥機，以便其可部署在美軍航母群內，「北約」前秘書長Anders Fogh Rasmussen認為必須改善受網路攻擊後之修復能力，以提供遭受攻擊之會員國專業協助。故「北約」從投入行動轉型至準備行動，從戰鬥轉變至偶發事件之處理，從部署的「北約」轉型為待命的「北約」，[72]以促使「北約」有能力在衝突區預防性的部署軍隊，並且在衝突情勢升高時威脅使用武力。[73]

　　「北約」必須處理會員國軍力的差異，故必須進一步投入多國的「靈巧防禦」計畫（"Smart Defense"），以及進一步的區域合作；而面對俄羅斯的入侵，「北約」堅持每個國家均有權決定自己的未來，包括與「北約」的關係。「北約」要強化集體防禦，增加防禦支出，填補能力差距。「北約」的開門政策（NATO's open door policy）與「歐盟」東擴是經由選擇主權國家及自由人民來強化整個歐洲均是自由地區（whole and free）。每個國家均有天賦的權力去選擇盟友或改變其參與之安全組織，以結束影響區（spheres of influence）的設立，而此亦是1999年歐洲國家在「歐安組織」之「歐洲安全憲章」（Charter for European Security）內之承諾。「聯合國憲章」、「赫爾辛基最後議定書」（The Helsinki Final Act）及「北約－俄羅斯基本協議」（Founding Act on Mutual Relations, Cooperation and Security between NATO and the Russian Federation）（附錄二）內亦遵守此原則。[74]

　　俄羅斯擔心「北約」東擴不僅將前「華約」國家納入，且更進一步地將前蘇

---

[71] Alexander Vershbow (2013), "Regional Defence Cooperation for Southeastern Europe," *NATO*, http://www.nato.int/cps/en/natolive/opinions_103817.htm (accessed on 9 October, 2013).

[72] Anders Fogh Rasmussen (2013), "NATO after ISAF-staying successful together," NATO, http://www.nato.int/cps/en/natolive/opinions_94321.htm (accessed on 18 August, 2013).

[73] Jan Wouters and Fredrik Naert (2001), "How effective is the European Security Architecture. Lessons from Bosnia and Kosovo," p. 574.

[74] Anders Fogh Rasmussen (2014), "Standing up for Freedom and Security," *NATO,* http://www/nato.int/cps/en/natolive/opinions_109859.htm?selectedLocale=en (accessed on 28 May, 2014).

聯之共和國納入。1997年「北約」與烏克蘭在黑海進行海軍演習，且爲了以後之演習，要在烏克蘭西部設立軍事測試基地。布里辛斯基（Zbigniew Brzezinski）在1998年即表示要烏克蘭準備在2010年加入「北約」。「北約」東擴進入前蘇聯之勢力範圍，以利更往南與東發展影響力，美國前國務卿阿爾布萊特（Madeleine Korbel Albright）表示沒有民主國家會因爲地理位置而被排除在「北約」之外。[75]

　　就現實主義之觀點而言，「北約」要貫徹其經由「開門政策」建構歐洲「新現狀」，依憑的僅能是自己之實力。「北約」自1949年至今已有多次擴納入新會員，會員國由12個增加至30個，2018年7月烏克蘭、喬治亞、馬其頓共和國、波士尼亞赫塞哥維納正式宣布申請加入「北約」，[76]「北約」對所有旨在維護歐洲與大西洋地區安全的歐洲國家開放，獲得「申請國」地位的國家有可能被邀請加入「北約」之「會員國行動計畫」（Membership Action Plan）（附錄三），展示其履行未來可能成爲正式會員國後的義務和承諾的能力，爲下一步正式取得會員國地位做準備，但加入「會員國行動計畫」並不一定能成爲正式會員國。[77]

　　「北約－俄羅斯理事會」是雙方建構夥伴關係的機制，雙方均承諾遵守1997年「歐洲－大西洋夥伴理事會之基本文件」（Basic Document of the Euro-Atlantic Partnership Council）、1997年「北約－俄羅斯基本協議」以及2002年「羅馬宣言」。「北約」認爲俄羅斯非法兼併克里米亞、製造東烏克蘭之動盪，以及在「北約」邊境挑釁之軍事部署與行動力，例如侵入「北約」會員國之領空、在克里米亞島之軍事設施等均違反前述相關協定。[78]在俄羅斯兼併克里米亞後，「北約」強化其反應部隊與特種部隊（NATO Response Force and Special Forces），以及對於會員國的任何威脅的快速反應能力，並重新檢視其威脅評估，情報分享的安排，早期預警程序及危機反應計畫，以回應無法預估的安全環境。[79]

[75] Kenneth N. Waltz (2000), "NATO expansion: A realist's view," *Contemporary Security Policy*, Vol. 21, No. 2, pp. 30-31.
[76] NATO (2018), "Englargement," NATO, https://www.nato.int/cps/en/natohq/topics_49212.htm (accessed on 21 August, 2018).
[77] Euromaidan Press (2018), "NATO officially gives Ukraine aspiring member status; membership action plan is next ambition," *Euromaidan Press*, http://euromaidanpress.com/2018/03/10/nato-officially-gives-ukraine-aspiring-member-status-membership-action-plan-next-ambition/ (accessed on 21 August, 2018).
[78] NATO (2018), "Brussels Summit Declaration," Press Release PR/CP (2018) 074, https://www.nato.int/cps/en/SID-B670B48428CFB648/natolive/official_texts_156624.htm?selectedLocale=en (accessed on 2 August, 2018).
[79] Anders Fogh Rasmussen (2014), "Standing up for Freedom and Security."

「北約」會員國領導人批准「四個30」的戰備倡議，即在2020年前確保「北約」擁有能在三十天或更短時間內部署30個機械化營、30個空軍中隊和30艘作戰艦艇的能力。各國領導人還決定更新「北約」的指揮架構，同意增加1,200名軍事指揮機構工作人員，以及在美國和德國增設司令部。此外，「北約」將組建一個應對混合戰爭威脅的支持團隊，「北約」專家將在網路防禦、輿論戰和能源安全等領域向會員國提供支援。「北約」領導人還同意建立網路運營中心，作為加強軍事指揮架構的一部分，並增強會員國的網路防禦能力。「北約」領導人同意，在馬其頓和希臘就更改國名問題完成所有程序後，才會邀請馬其頓開始加入「北約」的談判。「北約」與「歐盟」合作，致力於推動軍事機動性（military mobility）領域之相關程序的途徑，[80]馬其頓確定國名為北馬其頓後，於2020年3月27日正式加入「北約」。

就「北約」危機處理而言，在「北約」會員國領土外所發生之危機與衝突，若對會員國之領土與人民的安全產生直接威脅，「北約」將在必要的時機，於可能的地區投入，以預防危機、處理危機、穩定衝突後之情勢以及支持重建，而政治、非軍事與軍事途徑對於有效的危機處理是必要的。[81]「北約」投入危機處理有三個行動階段：軍事行動（科索沃、阿富汗）、建構衝突後之穩定秩序的行動（波士尼亞、科索沃、阿富汗），以及重建行動（例如波士尼亞、阿富汗與伊拉克）。[82]

21世紀以來，俄羅斯與歐洲的關係進入危機多於合作的狀態，喬治亞戰爭（2008）、敘利亞戰爭（2011）、烏克蘭危機（2013）和俄羅斯歸併克里米亞（2014），使得俄羅斯與歐洲關係不斷惡化，陷入更深層次的危機。由前俄羅斯間諜斯克里帕爾（Sergei Skripal）及其女兒尤莉雅（Yulia Skripal）之「中毒」事件（2018）引發的俄羅斯與歐美大規模外交衝突，其後歐洲多國參與美國主導的對敘利亞聯合空襲和制裁，這標誌著俄羅斯與歐洲關係全面惡化。自1990年代中期開始的「北約」東擴進程，是西方對俄羅斯軍事抗衡升級的行動。烏克蘭危機後，首次建立專門針對俄羅斯的新軍事指揮系統，並在敏感地帶（包括波羅的海地區）以前所未有的規模部署武裝力量。美國主導的在「北約」新會員國羅馬尼亞等地直接部署反導系統，打破了雙方在戰略武器領域的平衡。俄羅斯在2014年兼併克里米亞，

---

[80] NATO (2018), "Brussels Summit Declaration."
[81] NATO (2010), "Lisbon Strategic Concept 'Active Engagement Modern Defence'."
[82] Friis Arne Petersen and Hans Binnendijk (2007), "The Comprehensive Approach Initiative: Future Options For NATO," *Defense Horizons*, No. 58, pp. 1-5.

普丁在2018年3月1日的國情咨文中展示新型武器，以示威懾「北約」。[83]

二、合作夥伴

季辛吉（Henry Kissinger）認為冷戰時期之權力平衡是由軍事力量決定，冷戰結束後的現代權力平衡的內容必須包含夥伴關係，軍事力量不應該算作首要決定因素。權力平衡和夥伴關係的結合，可以減輕敵對因素的影響，而秩序得以維護需要克制、實力與合法性三者間的平衡。[84]

面對俄羅斯有意經由建構新影響區重返大國地位的意圖，而挑戰「北約」在東擴後所建構之新現狀，美國認為「北約」歐洲會員國的國防預算短缺，使其軍事能力不足以因應新的任務，故主張要功能分工與分擔經費。有鑑於在「北約」內動員資源之困難，美國堅決主張與「北約」內外有意願與能力之夥伴合作。[85]「北約」與夥伴國家及國際組織發展密切關係，夥伴條約可以協助和平、強化穩定與促進進步之因在於（一）夥伴關係是危機處理的工具，夥伴國家與「北約」強化軍力協作；（二）「北約」夥伴關係最主要的層面是實際的合作；（三）夥伴關係協助一些國家成為「北約」的會員國。[86]

「北約」之「華盛頓條約」第5條之法源立論基礎是「聯合國」憲章第51條原則上授權會員國在有需要時使用武力對付非「北約」會員的攻擊者的武裝攻擊。「華盛頓條約」第45條均是以共同體利益為基礎，依照「北約」條約第7條及「聯合國」憲章第八章之規定，「北約」之區域集體安全功能，必須仰賴「聯合國」安理會之優先性，在集體防禦功能方面，「北約」則享有完全的自主性。[87]

「北約」為因應新威脅與危機，以及在降低成本的考量下，依據前文所述「合作安全」戰略之指引，在全球與主權國家、國際組織與區域組織建構雙邊與多邊

[83] 馮紹雷（2018），〈俄歐關係的兩重性及其當代路徑〉，《觀察者網》，http://www.guan-cha.cn/FengShaoLei/2018_06_21_460772_s.shtml（檢視日期：2018年6月30日）。

[84] 基辛格（2017），〈中國著眼大局發展，但美國不是〉，《觀察者網》，https://www.guan-cha.cn/JiXinGe/2017_11_09_434069.shtml（檢視日期：2017年11月18日）。

[85] Josef Braml (2009), "Im Westen nichts Neues ?," *Aus Politik und Zeitgeschichte*, B. 15-16, pp. 18-19.

[86] Alexander Vershbow (2014), "NATOs partnership policy in a changing security environment – Speech at the conference on NATO Partnerships: achievements and prospects," Chisinau, Moldova, *NATO*, http://www.nato.int/cps/en/natolive/opinions_109810.htm?selectedLocale=en (accessed on 28 May, 2014).

[87] Contanine Antonopulos (2004), "Some Thoughts on the NATO position in Relation to the Iraqi Crisis," *Leiden Journal of International Law*, 17, p. 175.

「夥伴關係」，並配合「靈巧防禦」與「聯合部隊」之戰術，「北約」在1992年開始基於集體安全，同意在「歐安組織」或「聯合國」的請求下，處理區域外的軍事危機。此外，在「聯合國」與「歐安組織」授權下與區域組織合作，在全球出任務以解決衝突。James Huntley在1998年提出「北約」之「全球化」是建立在洲際間的泛民主體制（Pax democratica）的概念，即必須是相信未來可建立自由之平民秩序的歐洲民主體制所組成之共同體。[88]

　　「北約」之所以接受「歐安組織」授權，出任務解決衝突之歷史背景在於羅帕齊（Adam Rapacki）在「聯合國」大會（1964.12.14）中提出，在蘇聯及美國的參與下召開歐洲會議，討論歐洲安全問題；而「北約」在布魯塞爾部長會議聲明（1965.12.15）中，間接回應「歐安會議」之構想。「華約」（1965）表明有限地支持此構想，東西歐才展開雙邊及多邊對話。東歐國家最初將「歐安會議」限定在文化與教育合作，歐洲文化部長會議（EUROCULT, 1972.6.19-28, Helsinki）是首次積極嘗試準備「歐安會議」之正式會議。西方國家對「華約」談判意圖仍有不確定感，故安全政策在「歐安組織」初始階段所占的分量較少。「歐安會議」所完成的「赫爾辛基最後議定書」（1975）是東西方集團為穩定國際體系所推動「緩和政策」的結果，「歐安會議」亦是歐洲自「維也納會議」（1814-1815）以來，第一個範圍涵蓋整個歐洲，制定東西歐國家均可接受的行為規範，以維護歐洲和平的會議。[89]

　　在「歐安會議」之後的「維也納後續會議」（1986初），其議題仍限制在軍事安全方面之互信及安全措施，且政治意義大於軍事意義。直至斯德哥爾摩舉行之後續會議（1986）中，通過了互賴及安全措施，才加入實質軍事部分。維也納後續會議（1986.11.4-1989.1.19）在談判管制傳統軍力、互信及安全措施等歐洲安全方面的重要決議，使得東西歐體系中之政治、軍事、經濟、生態、科學技術及人權等因素均被納入議題，而「歐安會議」亦朝向盧梭（Jean-Jacques Roussequ）及狄聖皮耶（Abbe de St. Pierre）所主張，設立維護歐洲和平秩序之永久機構的方向發展。[90]

---

[88] Mark Webber, Stuart Croft, Jolyon Howorth, Terry Terriff, and Elke Krahmann (2004), "The governance of European Security," *Review of Inernational Studies*, 30, p. 10; Ellen Hallams (2009), "NATO at 60 Going global?," *International Journal*, pp. 443-446.

[89] 王群洋（1997），〈歐洲安全與合作組織之演進〉，頁240-241。

[90] 同前註，頁241。

　　對於東歐國家而言，「歐安組織」雖然約束力有限，僅是共同討論及共同決議的協商性質，但所有東歐國家的外交宣言均支持「歐安組織」來規範歐洲安全事宜，使得西歐國家同意在「歐安組織」內推動東西歐整合。對於歐洲體系而言，會員國在合作過程中有助於歐洲情勢的穩定，而促成追求和平秩序的國際組織中，僅有「歐安組織」之會員國遍布全歐洲。[91]

　　「歐安組織」的功能在於不以軍事手段介入衝突及解決衝突，故在解決武裝衝突時，要界定違反秩序的攻擊者，但其規範權力卻是有限的。爲確實有效解決後冷戰時期歐洲安全問題，赫爾辛基高峰會（1992）決議將資源、經驗及專業知識提供給「歐體」、「北約」及「西歐聯盟」（West European Union），並與「聯合國」簽訂一系列條約（1993），成爲「聯合國」中具有觀察員地位（status）之國際組織，以促使維護和平之行動得以貫徹。該組織的影響力在於會員國眾多，在多元安全觀念基礎之上，以維護安全、穩定、人權及自由爲目標，支持國際間所採取維護和平之措施並協助執行。[92]

　　「北約」在1999年第一次擴大時曾與俄羅斯取得共識，修改「歐洲傳統武器協定」，在這之前，雙方已在1997年簽訂之「北約—俄羅斯基本協議」中同意，不再增加部署戰鬥部隊。「歐安組織」在1999年舉行之伊斯坦堡高峰會通過「歐洲傳統武器協定」之「過渡協議」（The Agreement on adaptation of the Treaty on Conventional Armed Forces in Europe, 1999.11.19）、「歐洲傳統武器協定最後議定書」（Final Act of Treaty on Conventional Armed Forces in Europe, 1999.11.19），以及「歐安組織」之「歐安憲章」，以建構沒有分裂線、沒有地緣政治零和競賽之泛歐洲安全空間，且沒有一個國家將其安全建立在別國的不安全之上。「過渡協議」促使每個簽約國均安於國家領土現狀，以取代兩極的集團間之平衡，以阻止造成不穩定的軍事集結。在協議內之應用領域對所有會員國均開放，以期建構沒有區分的泛歐洲軍備管制體制。「北約」在2003年東擴至波羅的海時，爲緩解俄羅斯之質疑，而與其成立「俄羅斯與北約之理事會」，此理事會可使俄羅斯在軍備管制與飛彈防禦內經由對話，表達其安全利益。[93]

　　「歐安組織」維護歐洲安全的各項功能，在前南斯拉夫的戰事與烏克蘭事件

[91] 同前註，頁240。
[92] 同前註，頁247-248。
[93] Wolfgang Richter (2014), "Die Ukraine-Krise Die Dimension der paneuropäischen Sicherheitskooperation," pp. 2-3.

中所發揮之影響力雖然有限，但因該組織在不限制各會員國國家主權的前提下，依權力平衡之策略，推動現階段之「消極和平」，以期邁向歐洲「積極和平」，故仍是受到全部歐洲國家承認負責維持歐洲安全與穩定發展之國際組織。此外，「北約」亦在「里斯本戰略」（2010）指引對抗威脅，具備新能力以及結交夥伴。「北約」會員國共同對抗攻擊，此攻擊包括對百姓安危之新威脅。此戰略主張要求「北約」與國際夥伴，特別是「聯合國」與「歐盟」，以更密切合作來預防危機、處理衝突以及穩定衝突後情勢。[94] 在巴爾幹衝突後之重建工作上，「北約」不僅和「歐盟」、「歐安組織」及「聯合國」合作外，也和能提供專業之非政府組織（例如紅十字會）與個人的合作。[95]

「北約」2010年之戰略主張「合作安全」是核心任務之一，其可以經由與全球的國家與組織之夥伴關係網路來達成。為此「北約」在2011年4月提出新夥伴政策（new partnership policy），以建構更有效與彈性的夥伴關係。「911」事件使得「北約」當時之秘書長羅伯森（Lord Robertson of Port Ellen）主張「北約」為能因應新型挑戰，夥伴關係的建構應從注重地緣轉向注重功能。[96]「北約」的東擴是其建構「夥伴關係」以處理來自歐洲以外之威脅的一部分，[97] 而中東歐國家傳統的矛盾則是搖擺在東方或西方。「東方」代表著俄羅斯帝國及國家間漸增的泛斯拉夫傾向，即後來的蘇維埃勢力、極權專政以及軍事占領；「西方」則代表民主與市場經濟的歐洲理念，以及延伸至跨大西洋兩岸之地緣政治與文化空間，對於「北約」之中東歐新會員國而言，並非是二選一。對於中東歐國家之百姓來說，「重返歐洲」之意涵有跨大西洋兩岸之合作，以及成為「北約」會員國，「西方」意味著富裕與繁榮，加入「北約」被視為可以互相加持。[98]

「北約」未來強化夥伴關係的三大領域：（一）盟國及夥伴間更密切的政治諮商；（二）強化對話，並在相關領域具體合作，例如和「北約」快速反應部隊在「聯合軍力倡議」（Contested Forces Initiative）進行更好的軍事教育訓練與演習；

[94] NATO (2010), "Lisbon Strategic Concept 'Active Engagement Modern Defence'."

[95] Mark Webber, Stuart Croft, Jolyon Howorth, Terry Terriff, and Elke Krahmann (2004), "The governance of European Security," p. 11.

[96] Rebeca R. Moore (2012), "Lisbon and the Evolution of NATO's New Partnership Policy," *PERCEPTIONS*, Vol. 17, Nr. 1, pp. 55-58.

[97] Ellen Hallams (2009), "NATO at 60 Going global?," p. 441.

[98] Ol'ga Gy'arfášova (2009), "Die Zukunft der NATO in Mittelosteuropa," *Aus Politik und Zeitgeschichte*, B. 15-16, pp. 28-31.

（三）「北約」協助他國強化其國防能力以確保區域內之穩定，「北約」的夥伴關係並非要擴大成員，而是以不製造新的分裂線爲戰略目標，且「北約」的夥伴關係亦非是零和的競爭。[99]

第三節　歐洲新安全機制之推動

一、歐美安全利益之分歧

　　歐洲與美國雖然在「北約」中共同治理歐洲區域安全，但雙方對於安全威脅之認知、能源經濟之利益以及維護安全所需要之經費等有不同之看法。季辛吉認爲分裂的大西洋將把歐洲變成歐亞大陸的附屬物，美國將成爲一個地緣政治孤島。[100]如前文所言，「北約」的價值在於經由嚇阻及防禦因應來自莫斯科的威脅，但在90年代此等威脅明顯減弱，而「北約」的協助義務使得會員國喪失部分國家主權。故該組織中多數歐洲國家（特別是法、德）有意將歐洲防衛機制組織化，促進歐洲整合，擴展歐洲影響力，以平衡美國在「北約」之影響力，並在必要時獨立貫徹歐洲的利益。[101]

　　就安全威脅認知差異而言，冷戰結束與「北約」東擴，美國認爲恐怖主義與失敗國家是其威脅的來源。法國與南歐國家認爲威脅來自西北非洲國家（Maghreb）的動盪與中東移民；東歐國家則認爲威脅來自東邊的俄羅斯；對於其他歐洲國家，似乎沒有威脅存在。[102]「歐盟」之擴大又使得威脅之認知不同，敵友關係之轉變，使得歐洲與美國間對於價值與利益之看法有所不同。[103]「北約」認定俄羅斯有機會就會擴大其影響區；對於東歐會員國而言，主張增加軍費、軍力與軍備，以

[99] Alexander Vershbow (2014), "NATOs partnership policy in a changing security environment."

[100] 基辛格（2018），〈世界處於非常嚴峻時期　大西洋分裂後患無窮（2）〉，《參考消息網》，http://column.cankaoxiaoxi.com/2018/0725/2298593_2.shtml（檢視日期：2018年7月27日）。

[101] 王群洋（1997），〈歐洲安全與合作組織之演進〉，頁239-240。

[102] Heather Conley (2014), "Is it fair to say there is no Euro-Atlantic security approach?," *Europe's World*, http://europesworld.org/2014/05/16/is-it-fair-to-say-there-is-no-euro-atlantic (accessed on 23 May, 2014).

[103] Henning Hoff and Sylke Tempel (2017), "Interview mit Bruno Tertrais: 'Wann, wenn nicht jetzt?' Die Trump-Regierung eröffnet die Chance, dass sich Europa new aufstellt," *Internationale Politik*, pp. 23-29.

及重返嚇阻與防禦；其他國家如德國與法國則認為不宜激怒俄羅斯，且不願增加軍費與部署在東歐之士兵及物資。德國主張以外交來解決衝突，認為在面對新的危機情況時，歐洲國家應整合力量在軍事、軍備至投入等分工，並思考成立由歐洲國家主導之歐洲軍隊。[104]

美國要求「北約」轉型與其加速現代化的進程的嘗試有關，但美國提出之轉型主張對於很多歐洲國家來說是更大的花費與冒險。因美國同時投入伊拉克與阿富汗戰爭，故需要「北約」的支持，但「北約」會員國均認為1999年的戰略在現今世界已無法因應。時任德國國防部長Franz Josef Jung認為「北約」之核心任務仍是「華盛頓條約」第5條所言是集體防禦，以及在危機處理與穩定轉型之間取得平衡。[105]「北約」面臨之問題有始自2008年之全球經濟危機、北極地資源以及俄羅斯的崛起，故需要調整其角色的戰略需求。[106]

集體安全是分擔維持和平與國際秩序的責任，例如，2009年協助「非洲之角」追擊海盜，協助阿富汗重建國家，「北約」成為會員國處理國際危機的軍事工具。西方國家承認科索沃（2018年12月成立正式軍隊）及「北約」同意納入烏克蘭與喬治亞為會員，造成2008年俄羅斯出兵喬治亞，2003年「北約」會員國對於處理伊拉克危機立場分歧，使得「北約」的信用與會員國間之互信與互賴受損。美國當時國防部長Donald Rumsfeld甚至提出新舊歐洲之概念。[107]

美國在2017年底決定對烏克蘭提供致命性武器的軍事援助，此援助分裂美國與歐洲國家，因為許多歐洲國家反對進一步與俄羅斯對抗，尤其是在烏克蘭問題上的對抗。歐洲國家之觀點是，在全球局勢處於高度不確定的時刻，克里米亞問題不是對俄羅斯政策的全部。有鑑於俄羅斯已經擁有大量新型武器，而美國戰略防禦能力依然有限，是否需要對戰略防禦技術制定新的規範，實行新的有效監督，才是問題的重點。[108]

歐美國家關係根本性之改變始自歐巴馬（Barack Obama）政府之「重返亞洲」

[104] Carsten Luther (2014), "Die Osteuropäer haben recht behalten," *Die Zeit*, http://www.zeit.de/politik/ausland/2014-06/nato-verteidigung-russland-europa/ (accessed on 14 June, 2014).

[105] 王群洋（2011），〈北大西洋公約組織衝突解決之研究〉，翁明賢主編，《辯論與融合——解析國關理論與戰略研究》，新北市：淡大戰略所，頁163。

[106] Valentina Pop (2009), "European NATO members at odds over strategic priorities," *EUobserver*, http://euobserver.com/9/27860?print=1 (accessed on 30 March, 2009).

[107] Roger E. Kanet and Maxime Henri André LARIVÉ (2012), "NATO and Russia A Perpetual New Beginning," *PERCEPTIONS*, Vol. 17, Nr. 1, p. 78.

[108] 馮紹雷（2018），〈俄歐關係的兩重性及其當代路徑〉。

（pivot-to-Asia）策略，美國將重心放在亞洲，川普加速此發展趨勢。[109]川普放棄美國第二次世界大戰以來之自由貿易與政治透明對所有參與者都有利之政策觀點，也不要求別國以美國為典範。川普在政治上與意識型態上放棄促成西方國家經濟成長以及促成世界和平之價值。歐洲國家自認為是美國防衛自由世界秩序之盟友，法國、德國與英國要繼續維護自由世界的領導地位，試著與美國協調跨大西洋之合作，另外一些歐洲政治人物則歡迎川普執政，而普丁也無須擔心美國反對，利用歐洲人之不滿來分化「歐盟」。[110]

川普政府的歐洲政策除繼續聯盟政策，信守對歐洲盟友與夥伴的承諾和遵守「北約」第5條的規定，並主張強化美國與歐洲盟友和夥伴在政治、經濟及軍事安全領域的合作等之外，川普政府以威脅手段強硬要求歐洲盟友分擔更多防務責任；無限期擱置「跨大西洋貿易與投資夥伴協定」的談判；在是否支援歐洲整合進程問題上採取模糊立場，將美國的歐洲政策目標確定為「保衛西方」，視歐洲為重大戰略競爭區域。[111]川普認為「北約」是「過時的」產物，並期待更多國家從「歐盟」退出，考慮撤銷對俄羅斯的制裁。[112]川普並不認為「北約」必須依照「華盛頓條約」第5條之規定，給予面對俄羅斯威脅之東歐與波羅的海國家軍事協助。[113]

「北約」秘書長斯托爾滕貝格（Jens Stoltenberg）認為預防衝突之關鍵是跨大西洋夥伴關係、「歐盟」致力於發展國防與因應核武之挑戰。蘇伊士運河危機、伊拉克戰爭、美國轉向亞洲、減少對「北約」之「華盛頓條約」第5條集體防衛的支持，以及不公平經費負擔等，均使得跨大西洋夥伴關係受到「北約」會員國質疑。「歐盟」沒有能力保護歐洲，「北約」中非「歐盟」會員國在保衛歐洲安全中扮演根本角色，英國「脫歐」後「北約」80%國防支出來自非「歐盟」的盟國。歐洲安全之關鍵在於地緣安全，若無挪威在北方，南方若無土耳其，以及沒有美國、加拿

[109] Ludwig Greven (2017), "Verhältnis zu den USA: Merkels bittere amerikanische Lektion," *Die Zeit*, https://www.zeit.de/politik/deutschland/2017-05/verhaeltnis-zu-usa-angela-merkel-donald-trump-analyse (accessed on 31 May, 2017).
[110] Robin Niblett (2018), "Gefährliche neue Welt," *Internationale Politik*, pp. 23-26.
[111] 劉得手（2018），〈特朗普政府對歐政策生變 消極影響不容低估〉，《海外網－中國論壇網》，http://theory.haiwainet.cn/n/2018/0808/c3542937-31370600.html（檢視日期：2018年8月10）。
[112] Andrew Rettman and Eric Maurice (2017), "Trump's anti-NATO views 'astonish' Europe," *EUobserver*, http://euobserver.com/foreign/136550 (accessed on 8 September, 2017).
[113] Ludwig Greven (2017), "Verhältnis zu den USA: Merkels bittere amerikanische Lektion," *Die Zeit*, https://www.zeit.de/politik/deutschland/2017-05/verhaeltnis-zu-usa-angela-merkel-donald-trump-analyse (accessed on 31 May, 2017).

大與英國在西方的防禦，歐洲安全是無法確保。美國認定俄羅斯違反「中程導彈飛彈條約」（Intermediate-Range Nuclear Forces Treaty, INF treaty），在發展與測試新型中程陸基巡弋飛彈（new intermediate-range round-launched cruise missile）。歐洲支持「中程導彈飛彈條約」，但更關切俄羅斯更新其核武能力、發展新的核武體系以及核武在軍事戰略的分量，畢竟「北約」自冷戰最緊張時刻起，至今在歐洲已減少90%的核武。[114]

「開放天空條約」（Open Sky Treaty）在1992年簽署，並在2002年生效，現有34個締約國，包括俄羅斯和大部分「北約」會員國，是歐美在冷戰後加強互信的措施之一。該條約規定簽署國之間可以在對方領土進行非武裝方式的空中偵察，以檢查其執行國際武器控制條約的情況，增強軍事透明度，避免由於猜忌而造成的緊張。[115]川普政府在2020年5月21日以俄羅斯沒有信守承諾為由，表示將退出「開放天空條約」。德國希望美國重新考慮退出「開放天空條約」的決定，德國、法國、波蘭和英國認為，俄羅斯因素不應該是退出該條約的正當理由。德國認為，該條約有助於維護北半球幾乎所有地區的安全與和平，美國的退出將削弱該條約，德國本身將繼續履行與維護該條約。俄羅斯認為美國退出「開放天空條約」將影響「北約」所有會員國的利益，而俄羅斯並沒有違反該條約，亦沒有阻止繼續談判相關技術問題。[116]美國在2020年11月22日正式退出。法國認為，美國與歐洲雖然結盟，但美國文明與歐洲文明存在著明顯差距，川普只是激化此等差異。[117]

就能源經濟利益分歧而言，「歐盟」與俄羅斯之間的關係是互利的。其原因在於烏克蘭危機以後，儘管歐洲大力推行綠色能源，但對俄羅斯的傳統能源依然有巨大需求。此外，「北溪-1」（Nord Stream 1）天然氣管道建立以來運行順利，為「北溪-2」（Nord Stream 2）的推動打下基礎。俄羅斯提供的天然氣與美國的頁岩氣相比，價格較為便宜，而運輸也相對便利，同時，俄也承諾繼續在烏克蘭等國提供過境能源，以確保平衡。有鑑於此，梅克爾不顧美國阻攔，大力推進「北溪-2」

---

[114] Jens Stoltenberg (2018), "remarks at the opening session of the Munich Security Conference," https://www.nato.int/cps/en/natohq/opinions_152209.htm (accessed on 23 February, 2018).

[115] 央視新聞（2020），〈俄羅斯外交部：俄方未違反《開放天空條約》〉，《環球網》，https://3w.huanqiu.com/a/24d596/3yLBOJSFaBC?agt=20&tt_group_id=6829566286284980744（檢閱日期：2020年5月23日）。

[116] 參考消息（2020），〈美國宣布將退出《開放天空條約》　德國、俄羅斯齊發聲〉，《光明網》，https://m.gmw.cn/toutiao/2020-05/22/content_1301238170.htm?tt_group_id=6829562589714842125（檢視日期：2020年5月23日）。

[117] Emmanuel Macron (2019), Speech at Ambassadors' Conference.

的相關事宜。[118]

　　根據歐洲統計局資料，德國進口天然氣中的50%至75%來自俄羅斯。由於「北溪-2」經波羅的海直接連通俄國與德國，建成運作後，德國除將滿足自身對天然氣需要，且將成為俄羅斯天然氣輸往其他歐洲國家的重要樞紐。「北溪-2」與「北溪-1」天然氣管道可充分供應「歐盟」國家約四分之一的天然氣需求。「北溪-1」於2011年建成，已處於超負荷運轉狀態。「北溪-2」遭到烏克蘭、波蘭以及「歐盟」反對之因，在於烏克蘭與波蘭兩國擔心，俄羅斯將減少或停止經過兩國向歐洲輸送天然氣，給兩國帶來經濟和地緣政治方面的損失；「歐盟」則認為該計畫會影響歐洲實現能源進口多元化戰略。出於維護與美國關係的戰略需要，部分歐洲國家如波蘭、立陶宛等中東歐國家，願付出較高價格，進口美國液化天然氣。美國液化天然氣對於歐洲來說，價格高於俄羅斯天然氣且運輸不易。俄羅斯出口至歐洲天然氣市場的量最大，「北溪-2」更將增加俄羅斯對歐洲天然氣出口。[119]

　　川普當政後，質疑跨大西洋兩岸之合作關係，抨擊德國在能源上成為俄羅斯的俘虜，反對兩國建設「北溪-2」，美俄要在對歐洲提供天然氣展開競爭。[120]川普在能源方面亦主張「美國優先」，大力開發本國頁岩氣，以出口歐洲作為優先目標，並將經濟議題同防務、安全等議題結合，極度施壓歐洲與俄羅斯的能源合作，為美國液化天然氣出口鋪路。此外，美國擔憂「北溪-2」建設會進一步削弱歐洲國家在天然氣市場的影響力，並引發歐洲內部分歧。美國把天然氣當作地緣戰略武器，以遏制俄羅斯在歐洲的影響力。川普2017年8月簽署新的對俄制裁法案，涉及俄羅斯能源工業的公司和相關計畫。歐洲擔憂制裁將傷及參與「北溪-2」建設的「荷蘭皇家殼牌」（Royal Dutch Shell Plc）等多家歐洲能源公司，甚至可能威脅到歐洲國家的能源安全。俄羅斯是「歐盟」最大天然氣供應國，且近年來對「歐盟」總出口量持續增加。俄羅斯通過多條管道向歐洲提供天然氣，其中以經烏克蘭過境的管道最為重要。由於與烏克蘭之間的爭端，俄羅斯策略是降低對轉運國的依賴，改善和發展同歐洲國家的關係及戰略合作。「北溪-2」對俄羅斯具有重要的戰略意義，但俄羅斯對歐洲能源戰略能否貫徹，還受到下列因素影響：（一）俄羅斯無意完全避開

---

[118] 馮紹雷（2018），〈俄歐關係的兩重性及其當代路徑〉。
[119] 柳絲、張偉（2018），〈德國「北溪-2」天然氣管道項目背後的美俄歐「天然氣之爭」〉，《彭湃新聞》，https://www.thepaper.cn/newsDetail_forward_2278182（檢視日期：2018年7月27日）。
[120] 馮紹雷（2018），〈俄歐關係的兩重性及其當代路徑〉。

烏克蘭對歐洲國家輸氣；（二）「歐盟」和一些歐洲國家均反對俄羅斯利用能源來分化和控制歐洲，俄羅斯與烏克蘭爭端帶來的不確定性也使歐洲國家轉而尋求更多能源來源；（三）美國對俄羅斯與歐洲國家能源合作的阻撓和施壓將長期化。[121]

就維護安全所需要之經費而言，「北約」沒有能力回應共同安全威脅之原因在於其能力，而能力之培養需要經費。在美國承擔大約「北約」73%花費的情況下，歐洲會員國要提高其軍費嗎？在烏克蘭危機前，「北約」之歐洲會員國與美國之軍事預算的編列，已從域外的軍事行動（out-of-area operations）回到區域內之集體防禦，「北約」規定會員國之軍費支出是其國內生產總值的2%。「北約」認為俄羅斯經由在烏克蘭製造動盪，其中包括併吞克里米亞島來挑戰以規則為基礎之歐洲和平秩序。「北約」南部邊緣地區（中東與北非）恐怖分子持續威脅盟國並造成不穩定的秩序，而此不穩定的秩序又造成常態之移民。[122]

「北約」存在之目的是「壓制德國、引入美國、把蘇聯趕走」（German down, America in, Russia out），冷戰時期美國認為要確保歐洲及其自身之安全，不計較費用之分擔，但在缺乏具體威脅下，擴大後的「北約」情況則不同。[123]冷戰結束蘇聯瓦解，「北約」持續納入新會員，但多數會員國之國防費用支出不足國內生產總值的2%，再加上「911」事件後，美國在阿富汗與中東地區之反恐戰爭持續的消耗，自歐巴馬時期開始即敦促「北約」增加軍費。德、法則主張達到大西洋兩岸的新平衡，美國與歐洲必須更公平地分享領導權與負擔。[124]

美國的國防預算仍占全球之軍事預算的40%，其軍隊規模、技術優勢、行動經驗、全球的海軍基地要塞的掌控、巨大規模的軍事設施，故使得軍事的權力平衡移轉較經濟的權力平衡之移轉慢，使得美國之軍事優勢尚無敵手。經濟意涵之多極世界來得卻是比軍事的多極世界要快，伊拉克與阿富汗的戰爭顯示出美國之硬實力下降，特別在面對不對稱的威脅。[125]烏克蘭危機並未改變軍費支出的情況，美國當

---

[121] 柳絲、張偉（2018），〈德國「北溪-2」天然氣管道項目背後的美俄歐「天然氣之爭」〉。

[122] NATO (2018), "Brussels Declaration on Transatlantic Security and Solidarity," NATO Press Release (2018) 094, https://www.nato.int/cps/en/natohq/official_texts_156620.htm (accessed on 30 July, 2018).

[123] Kenneth N. Waltz (2000), "NATO expansion: A realist's view," p. 33.

[124] Jaap de Hoop Scheffer (2009), Speech at the 45th Munich Security Conference, http://www.securityconference.de/konferenzen/rede.php?menu_2009=&menu_konfere... (accessed on 18 February, 2009).

[125] Charles A Kupchan (2014), "Reordering Order: Global Change and the Need for a New Normative Consensus," p. 6.

時之軍費多是從減少在歐洲的駐軍或從阿富汗撤軍節省而來。故當時的美國國防部助理部長Derek Chollet表示未預見美國國防支出會出現巨大的改變，以支持其歐洲之軍事行動。[126]

「北約」有可信度的能力是建立在經費支出，然而在俄羅斯的軍事支出持續增長的同時，部分「北約」的歐洲會員國之國防支出減少20%至40%，且多集中在中歐或東歐國家。[127]「北約」前秘書長Anders Fogh Rasmussen認爲若「北約」的歐洲會員國持續降低國防支出，就會降低歐洲國家與美國合作之能力，以及美國對於歐洲盟國的政治支持。依據「北約」的報告，2012年美國承擔「北約」72%的軍事支出，2007年是占68%。此種情況不利於「北約」的團結，以及在沒有美國參加軍事任務的情況下歐洲國家的行動能力。「北約」之軍事支出在2011年占全世界的69%，2013年降到60%，2014年更降到56%。有鑑於此下降趨勢，緊鄰俄羅斯的波蘭認爲「歐盟」需要一支軍隊。[128]

「歐盟」前執委會主席容克認爲，歐洲國家每年之國防支出約250億至1,000億歐元不等，但因爲過多之重複與協作之不足，使得效率不如美國。長期而言，沒有一個「歐盟」會員國可以防衛自己或整個歐洲。[129]「北約」2014年承諾在2024年增加國防支出至國內生產總值的2%，「北約」繼續強化建構在核武防禦能力、傳統防禦能力與飛彈防禦能力上之嚇阻與集體防禦。爲強化歐洲與大西洋兩岸的軍隊能力，將調整、強化「北約」指揮結構與「北約」及會員國之網路防禦能力，「北約」之戰略視角將是全球性的。「北約」與「歐盟」的戰略夥伴關係包含軍事動員，其是會員國與大西洋兩岸安全與繁榮之基礎，「北約」會繼續採取門戶開放政策。[130]

「北約」的軍事支出必須以設備、戰技及訓練爲主，以促成部隊能更具彈性，

[126] Heather Conley (2014), "Is it fair to say there is no Euro-Atlantic security approach?."

[127] Anders Fogh Rasmussen (2014), "Standing up for Freedom and Security."

[128] Andrea Retman (2013), "NATO chief: EU must spend more on military," *EUobserver*, http://euobserver.com/defence/118914 (accessed on 2 February, 2013).

[129] Laurent Marchand interview with European Commission President Jean-Claude Juncker (2016), "Juncker: 'Europe must take care of its own defence'," *EurActiv*, https://www.euractiv.com/section/globaleurope/interview/juncker-europe-must-take-care-of-its-own-defence/ (accessed on 15 December, 2016).

[130] NATO (2018), "Brussels Declaration on Transatlantic Security and Solidarity," NATO Press Release (2018) 094, https://www.nato.int/cps/en/natohq/official_texts_156620.htm (accessed on 30 July, 2018).

具部署能力及備戰能力。「北約」必須處理會員國軍力的差異，故必須進一步投入多國的「靈巧防禦」計畫，以及進一步的區域合作。[131]川普在擔任美國總統期間，要求「北約」會員國履行國防開支占國內生產總值2%的義務，而歐洲國家在國防經費上不願意增加至2%之因，在於美國的要求不符合歐洲之利益。川普在第一次出席「北約」高峰會時不提堅守「北約」憲章第5條集體防禦的承諾，卻向歐洲盟友索要軍費欠款。川普認為美國保護其盟友的條件是盟友必須付費，使得梅克爾主張歐洲之安全要靠自己防衛。[132]

　　川普認為美國有義務保護德國，但德國不願意為此付費，且美國在軍事和貿易上，已被德國利用多年，所以美國透過減少軍力作為回應，故計畫將從德國撤離12,000名部署在德國的美軍，將部分美軍改調派至其他歐洲國家，如波蘭與義大利，並將剩下的士兵調回美國，美國也將把歐洲司令部從德國遷離至比利時。[133]2020年8月15日，美國與軍事開支占比較高的波蘭簽訂新防衛協定，要將部分德國駐軍派駐到波蘭，重新調整歐洲軍力部署。在該協定下，美國駐波蘭的軍隊總數將達到5,500人。若面對外來威脅，美軍最多能增援到2萬人，美國陸軍第五軍總部也將從德國搬遷至波蘭。此外，美國與其他數個「北約」盟國如比利時、匈牙利與羅馬尼亞亦簽有類似協定。[134]

---

[131] 在加強能力方面，「北約」在2012年之芝加哥高峰會通過2020年北約軍力發展目標，其目標是成為現代且緊密連結之軍隊，在設施、訓練、演習與指揮方面均能共同行動，且與夥伴們能在任何環境下對抗任何威脅。為達此目標，「北約」採納以多國合作為核心之「靈巧防禦」與「聯合部隊倡議」（The Connected Forces Initiatives）。「靈巧防禦」是以能力之開發為核心，「聯合部隊」則是在會員國間以及與夥伴國家間所進行之多國訓練與演習。自阿富汗與利比亞之維持和平經驗，可以研判多國合作可降低經費支出及增加實力，若經由「靈巧防禦」、「北約」結合情報、監聽及偵查成為新聯盟中樞，以提供政治與軍事決策者最新與更精確之資訊。Anders Fogh Rasmussen (2013), "NATO after ISAF-staying successful together"; Anders Fogh Rasmussen (2014), "Standing up for Freedom and Security."

[132] Stephan-Andreas Casdorff, Ingrid Müller, and Wolfgang Ischinger im interview (2017), "Donald Trump macht mir Angst," *DER TAGESSPIEGEL*, https://www.tagesspiegel.de/politik/wolfgang-ischinger-im-interview-donald-trump-macht-mir-angst/19378882.html (accessed on 21 February, 2017)；武劍（2018），〈智庫觀察：烏克蘭成北約申請國或醞新衝突〉，《中國網》，http://hk.crntt.com/crn-webapp/touch/detail.jsp?coluid=7&kindid=0&docid=105011579（檢視日期：2018年12月28日）；Joyce P. Kaufman (2017), "The US perspective on NATO under Trump: lessons of the past and prospects for the future," *International Affairs*, Vol. 93, No. 2, p. 263.

[133] Ryan Browne and Zachary Cohen (2020), "US to withdraw nearly 12,000 troops from Germany in move that will cost billions and take years," *CNN*, https://edition.cnn.com/2020/07/29/politics/us-withdraw-troops-germany/index.html (accessed on 15 September, 2020).

[134] Zosia Wanat (2020), "U.S., Poland sign defense cooperation deal," *Politico*, https://www.politico.com/news/2020/08/15/pompeo-inks-deal-for-us-troop-move-from-germany-to-poland-395738 (accessed on 15 September, 2020).

　　「北約」會員國對於威脅認知、組織的性質、能源經濟利益、國防支出與發展方向等層面之爭議，隨著新冠肺炎疫情的擴散日益凸顯。美國政府起初並不認為疫情防控是「北約」的職責，但此次疫情將對「北約」的歐洲會員國經濟產生較大衝擊，相關國家未來很可能減少國防預算投入，很難達到川普要求的國防預算占國內生產總值2%的標準。疫情之擴散使得「北約」需要加強通聯與指揮控制系統的能力。此外，在疫情對「北約」常規戰力產生較大影響，導致常規威懾能力受損的情況下，核武作戰指揮控制能力建設的重要性進一步增加。疫情對全球生產鏈產生一定衝擊，導致「北約」諸多會員國的大型作戰平臺、軍火彈藥生產受影響，部分重要零件的獲取有相當的困難度。[135]

　　「北約」之「歐洲─大西洋災難應對協調中心」（The Euro-Atlantic Disaster Response Coordination Centre）在處理疫情時，未能發揮組織領導與統籌協調作用，各會員國在疫情防控方面依據本國之設施因應，例如挪威提前結束「北約」之「寒冷反應」（Cold Response 2020）軍事演習。[136]「北約」因會員國升級防疫防護措施，作為「北約」冷戰後最大規模演習之一的「捍衛者-2020」（Defender Europe 2020）原訂於2020年3月至5月在德國、波蘭與波羅的海周邊國家舉行，主旨在於透過威嚇敵人、推動和平與演練反擊假想軍事攻擊，並使歐洲人相信，「北約」保護歐洲對抗所有威脅，並對俄羅斯展示軍事實力，卻也因疫情嚴重而延至6月，美軍參與之人數也減少。[137]2020年6月4日至14日例行舉行之「波羅的海行動2020」（Exercise Baltic Operations, Baltops 2020），在人數與項目方面亦因疫情而減少。[138]此次聯合應對疫情不力，使得「北約」各會員國要求軍事轉型的呼聲增加。[139]

---

[135] 中國網（2020），〈疫情擴散暴露北約成員國矛盾〉，《今日頭條》，https://www.toutiao.com/a6816806517434483208/（檢視日期：2020年4月18日）。

[136] Reuter (2020), "Norway's NRK: NATO to Break off Arctic Drill as Coronavirus Spreads," *VOA*, https://www.voanews.com/europe/norways-nrk-nato-break-arctic-drill-coronavirus-spreads (accessed on 15 September, 2020).

[137] SHAPE Public Affairs Office (2020), "DEFENDER-EUROPE 20 - HEALTH AND WELFARE ARE PRIORITY," *NATO*, https://shape.nato.int/defender-europe/defender/newsroom/defendereurope-20-health-and-welfare-are-priority (accessed on 15 September, 2020).

[138] Sebastian Sprenger (2020), "Transatlantic Partnerships Warships mass in the Baltic Sea for a coronavirus-conscious battle drill," *Defense New*, https://www.defensenews.com/... (accessed on 18 September, 2020).

[139] 中國網（2020），〈疫情擴散暴露北約成員國矛盾〉。

二、歐洲安全之新機制

　　就實力而言，美國有實力保存「北約」，歐洲會員國則缺乏實力挑戰「北約」。Kenneth Waltz與John Mearsheimer認為短期而言，「北約」的存在符合美國的利益。長期而言，美國會減低對「北約」的承諾，John Mearsheimer認為美國會採取「離岸平衡」戰略（strategy of "off-shore" balancing），即（一）減少在歐洲之存在；（二）歐洲將成為更危險的地區，因為歐洲大國將採取多極的賽局以平衡德國。多極會在歐洲內部產生以德國為核心之平衡，以防止德國獨強。Mearsheimer認為針對歐洲事務，美國與其強調以情報、外交、與軍事行動來解決，不如依靠區域內的權力平衡。Kenneth Waltz認為「北約」在冷戰結束後依然存在之因，是美國想要掌握其歐洲盟國之外交與安全政策。歐洲國家之權力平衡，使得擴張與互不信任得以減少，Barry Posen認為歐洲國家因為沒有選擇只好「扈從」（bandwagon）美國。Mearsheimer認為歐洲之多極發展是要圍堵德國，Waltz與Posen認為歐洲國家具有能力合作，且長期而言可以挑戰美國。Mearsheimer認為歐洲只有處理區域內部問題之能力，對於美國處理全球秩序之能力，不具太大之影響力。美國之所以與歐洲國家合作塑造全球秩序，是因為彼此享有共同之自由價值。歐美對於國際事務之看法不全然相同，歐洲國家較關注區域事務，美國則較關注世界事務。歐洲國家塑造其共同外交政策是依據「歐盟」之協調與對話的歷史，美國則是以軍事手段來確保其利益。歐洲國家重視內部之社會與政治之凝聚，美國則是主張掌握機會快速改變。Michael Cox認為歐洲不接受「新保守主義」之因，是不願再接受美國之指揮。David Calleo認為歐洲不做「美國之保護國」（American protectorate），可由泛歐洲架構取代，此架構有三大支柱：美國、「歐盟」及俄羅斯。布里辛斯基認為在解決中東衝突方面，歐洲是美國真正的夥伴。「北約」內政治的領導所面臨之挑戰在於西方國家的本質與方向。[140]

　　「歐盟」形塑共同安全與防禦政策之理念，始自1948年英國、法國、荷蘭、比利時與盧森堡所簽訂之「布魯塞爾條約」，經歷了「西歐聯盟」（Western European Union, 1948）、聖彼得堡任務（The Petersberg Tasks, 1992）、阿姆斯特丹條約（The Amsterdam Treaty, 1999）、科隆之「歐盟」高峰會（The Cologne European Council, 1999）、「柏林附加協定」（The Berlin Plus Agreement, 2003）、「歐

---

[140] Sten Rynning (2005), "NATO's enduring challenge: Matching American Primacy and European Ambitions," *UNISCI Discussion Papers*, Nr. 9, pp. 7-14.

洲安全戰略」（European Security Strategy, 2003）、「里斯本條約」（The Lisbon Treaty, 2009）、平民指導目標（Civilian Headline Goals, 2002）、軍事指導目標（Military headline Goals, 2002）以及「歐盟外交與安全政策之全球戰略」（The Global Strategy for European Union's Foreign and Security Policy, 2016）。[141]

　　自越戰爆發以來，美國將重心轉向亞洲，歐洲國家擔心可能影響美國對於歐洲的承諾，以及美國在盟國的領導地位。「北約」在1967年12月提出的「哈莫爾報告」有兩個重點：（一）保持適當的軍事強度以及政治團結以嚇阻攻擊，任何形式的壓力以及在遭遇攻擊時，防禦會員國領土；（二）促進更穩定的關係以解決政治問題。歐巴馬政府推出之「亞太再平衡」，美國政府轉向亞洲，使得歐洲國家擔心美國會以減少對歐洲國家之承諾為代價。歐洲國家重新思考其對於亞洲之戰略與政策，其中包括貿易關係，將「歐盟」視為整體，有可能改變「歐盟」的亞洲政策，而各個歐洲國家亦可能只顧自己之利益而各別的改變政策。[142]

　　冷戰結束後，歐洲區域安全最重要特徵即是摒棄了冷戰期間的機制──「排他性」，而朝向「包容性」發展，擴大了區域的地理範圍。由於美國期待歐洲分擔歐洲防衛重任，因此美歐進行不同面向的分工，一是在「北約」內部設立專屬歐洲的支柱，稱為「歐洲安全與防衛認同」（European Security and Defense Identity, ESDI），另一是建立「北約」與「歐盟」的連結，稱為「柏林附加協定」，其目的都為因應冷戰結束後的新秩序，強化歐洲在安全政策的角色。「歐盟」於1992年之後創立了「共同外交與安全政策」（Common Foreign and Security Policy, CFSP），執行了人道救援與危機處理的境外軍事行動；成立「歐洲防衛局」（European Defence Agency, EDA）專門負責會員國間軍事科技與軍備的合作；另外，為了凸顯「歐盟」全球角色的特殊性，並且展現在國際社會的政治企圖心，「歐盟」於2003年通過了第一份「歐洲安全戰略」。[143]

---

[141] 「歐盟」依照「柏林附加協定」採取的軍事行動是，2003年在前南斯拉夫馬其頓（Macedonia）的Concordia行動、2004年在波士尼亞（Bosnia）以及赫塞哥維納（Herzegovina）的軍事行動。EUFOR Althea。European Union External Action Service (2016), "Shaping of a Common Security and Defence Policy," *European Union*, https://eeas.europa.eu/topics/common-security-and-defence-policy-csdp/5388/shaping-of-a-common-security-and-defence-policy-_en (accessed on 8 June, 2018).

[142] Joyce P. Kaufman (2017), "The US perspective on NATO under Trump: lessons of the past and prospects for the future," pp. 253-254, 262.

[143] 甘逸驊（2016），〈「歐洲安全」研究的理論基礎：區域安全、國際關係、全球體系〉，《問題與研究》，第55卷第3期，頁86、91。

　　「歐盟」與「北約」間在視對方為戰略夥伴的同時，又抱怨彼此在會員國間平等互助之合作潛力沒有發揮。自2001年雙方關係開始制度化，至2002年「歐盟」與「北約」發表有關共同外交與安全政策宣言，此時「歐盟」才可為了自己之軍事行動使用「北約」之參謀機制（Planungskapazitäten）。[144]「北約」將與「歐盟」扮演互補角色以促進國際和平與安全，在互相開放、透明、互補性的精神下以及尊重對方自主與制度完整性的情況下，「北約」與「歐盟」加強戰略夥伴關係。雙方在能力發展上合作，以減少重複與增加支出的有效性。[145]

　　「北約」與「歐盟」之戰略夥伴關係自2002年用於危機處理與衝突預防，「歐盟」可以使用「北約」之戰備軍力，來進行自己之軍事行動。[146]依照「北約」與「歐盟」之合作架構，雙方合作重點在共同利益、危機處理、能力發展、網路防禦、政治協商、反擊混合威脅（hybrid threats）與海上安全；根據2003年「柏林附加協定」之安排，「歐盟」所領導之軍事行動可以使用「北約」之指揮體系以及行動計畫之援助。「歐盟」與「北約」之密切合作是其發展國際綜合途徑之危機處理，以及必須結合軍事與非軍事方式行動之重要因素，[147]故在此種行動中有正式之「北約」－「歐盟」會議（NATO-EU meetings）。[148]

　　「歐盟」與「北約」第一次合作是在2003年「歐盟」領導之Concordia行動中開始，「北約」為馬其頓執行「聯盟和諧」（Allied Harmony）行動。2004年在波士尼亞與赫塞哥維納的行動中亦有類似之軍事行動權的轉移。此外，在阿富汗行動中「歐盟」警察（EUPOL）協助阿富汗警察的在職教育，在「非洲之角」共同對抗海盜。[149]「里斯本戰略」提供全球「歐盟」的夥伴與「北約」進行更多的政策交流，以及提供參與「北約」領導之行動的夥伴對於形塑該等行動可扮演實質的角

[144] Markus Kaim (2016), "Die Neuordnung der Nato-Partnerschaftsbeziehungen," *SWP-Studie*, pp. 12, 22.

[145] NATO (2010), "Lisbon Strategic Concept 'Active EngagementModern Defence'."

[146] NATO (2002), "EU-NATO Declaration on ESDP," NATO Press Release (2002) 142 142, *NATO*, https://www.nato.int/cps/en/natolive/official_texts_19544.htm (accessed on 3 August, 2018).

[147] NATO (2016), "NATO – EU Relations: Framework for cooperation," *NATO*, https://www.nato.int/nato_static_fl2014/assetspdf/pdf_2016_07/20160630_1607-factsheet-nato-eu-en.pdf (accessed on 3 August, 2018).

[148] Anders Fogh Rasmussen (2014), "A Strong Transatlantic Bond for an Unpredictable World," *NATO*, http://www.nato.int/cps/en/natolive/opinions_111614.htm?selectedLocale-en (accessed on 23 July, 2014).

[149] Markus Kaim (2016), "Die Neuordnung der Nato-Partnerschaftsbeziehungen."

色。[150]

　　安全聯盟與國防聯盟的理念，在2002年由德國的外長費雪以及法國外長費立平（Dominique de Villepin）宣布，要將歐洲安全與防衛政策落實為具體的組織，「歐盟」執行委員會前主席容克在2016年9月之演講指出安全的歐洲必須建立在安全聯盟、國防聯盟以及「北約」與「歐盟」密切合作之上。德國與法國自2016年夏季同意「不同速度的歐洲」，將注意力集中在彈性的統合程序，例如強化合作、常設的結構合作與建設性棄權（constructive abstentions）的議事規則。安全聯盟是源自「自由、安全與正義區域」（"Area of freedom, security and justice"），規範在「里斯本條約」第3條第2款。2016年11月底「歐盟執行委員會」發表「歐洲防衛行動計畫」（European Defence Action Plan），依照2003年3月所簽訂之「柏林附加協定」，「歐盟」可以使用「北約」之資源與設備在軍事行動上。「歐盟」與「北約」在2016年7月與12月之共同聲明，反映全球戰略指導原則之觀念，認為「歐盟」之領土只有在雙方合作的情況下才得以防衛。[151]回應俄羅斯兼併克里米亞，歐洲國家之國防政策均無法防衛歐洲，防禦歐洲仍靠「北約」。故「北約」在經歷了十三年的區域外危機處理要轉型至無法預估且立即需求之集體防禦角色，如在2014年結束阿富汗任務，立即要回應俄羅斯軍隊部署在其與烏克蘭邊境約超過4萬人的軍隊及其對東部與南部烏克蘭之可能的掌控。[152]

　　在歐債危機（2010）、英國「脫歐」公投（2016）以及右派民粹分子勢力大增的情況下，多數歐洲百姓不希望繼續增加，而是減少「歐盟」層面之政策整合，希望更多國家層面之政策自決與掌控，但外交與安全政策例外。自2009年「里斯本條約」提供「歐盟」繼續貫徹與發展共同歐洲外交政策的基礎，在2013年12月「歐盟」元首會議決議出現「國防事務」的字眼，但未有具體決議。英國反對有「歐盟」國防政策；法國對於以減弱「北約」為代價，來強化安全「歐盟」國防，有所猶豫；德國持中間立場，未有戰略倡議。[153]

[150] NATO (2011), "Lisbon Strategic Concept 'Active Engagement' Modern Defence."

[151] Annegret Bendiek (2017), "The New 'Europe of Security'," *SWP Comments*, 20, pp. 1-4.

[152] Heather Conley (2014), "Is it fair to say there is no Euro-Atlantic security approach?," *Europe's World*, http://europesworld.org/2014/05/16/is-it-fair-to-say-there-is-no-euro-atlantic (accessed on May, 2014).

[153] Wolfgang Ischinger (2018), "Mehr Eigenverantwortung in und für Europa," *Deutschlands Neue Verantwortung*, Vortrag auf der internationalen Sicherheitskonferenz in München, http://www.deutschlands-verantwortung.de/beitraege/mehr-eigenverantwortung-in-und-für-europa (accessed on 6 March, 2018).

　　「歐盟執行委員會」前主席容克多次呼籲歐洲停止外包防衛事務，並建立歐洲整合軍事體系。容克2017年6月在捷克首都布拉格舉行的歐洲安全和防衛會議上指出，美國早已從根本上改變其外交政策，歐洲必須制定共同的防衛計畫。容克主張歐洲在防務方面要實行更加有效的防衛政策，因爲歐洲國家只有不到3%的部隊做好作戰準備並適合部署到戰區，故即使是歐洲擁有最強大軍事力量的國家，也無法獨自應對所有挑戰和威脅。「歐盟」架構下設有歐洲軍團、「歐盟」軍事參謀部等多個軍事機構，「歐盟」軍事參謀部隸屬於「歐盟」外交事務和安全政策高級代表辦公室，其主要職能是提供軍事預警和評估，並監察海外軍事部署情況。法德兩國領導人倡議歐洲軍團在1992年成立，司令部設在斯特拉斯堡，是一支在法德混合旅基礎上擴建起來的歐洲多國部隊。[154]

　　「歐盟」在處理阿爾巴尼亞、波士尼亞、塞爾維亞、蒙特內哥羅、馬其頓和科索沃等六國加入問題上，遭逢兩難困境。「歐盟」提供足夠的誘因，例如在2018年5月18日承諾會員國資格的可能性，防止其倒向俄羅斯，但堅持改革是加入「歐盟」的前提。馬克宏主張進行眞正的改革前不擴大規模，「歐洲理事會」前主席圖斯克表示，「歐盟」將投資連接巴爾幹國家的基礎建設，促進發展，提升到符合「歐盟」的標準。[155] 川普當選美國總統，主張「美國優先」，促成「歐盟」增加發展共同外交與安全政策之意圖，並從機構、外交與危機預防機制開始著手。[156]

　　「歐盟執行委員會」前主席容克在2018年9月發表「歐盟」諮文中指出形塑「歐洲主權」，其核心理念是歐洲掌握自己的命運，成爲國際社會主權的行爲體，擁有塑造全球事務的能力；「歐洲主權」源自於會員國，但不會取代會員國主權，必要時分享主權會使會員國更強大，歐洲應解決分歧。在對外關係上，「歐洲主權」不意味著孤立於世界之外，而是也必須繼續引領多邊主義。[157] 英國「脫歐」、川普的「美國優先」理念下，在國際政治採單邊主義，在國際貿易則採保護

---

[154] 中評社（2017），〈歐盟委員會主席：別指望美國！歐洲應自強〉，《中國評論新聞網》，http://hk.crntt.com/doc/1047/8/6/7/104786790.html?coluid=7&kindid=0&docid=104786790（檢視日期：2017年9月11日）。

[155] 法新社（2018），〈籠絡巴爾幹半島國家　歐盟面臨兩難〉，《雅虎》，https://tw.news.yahoo.com/籠絡巴爾幹半島國家-歐盟面臨兩難-230504965.html（檢視日期：2018年5月18日）。

[156] Wolfgang Ischinger (2018), "Mehr Eigenverantwortung in und für Europa."

[157] Jean-Claude Junker (2018), "State of the Union 2018: The Hour of European Sovereignty," https://ec.europa.eu/commission/news/state-union-2018-hour-european-sovereignty-2018-sep-12_en (accessed on 24 September, 2020).

主義，對歐洲發動貿易戰，衝擊歐洲的內部秩序。如前文的分析「歐盟」處理債務危機讓「歐盟」經濟競爭力和經濟治理模式飽受質疑；恐怖攻擊和難民危機讓歐洲人深刻感受到「歐盟」保護能力嚴重不足；英國「脫歐」惡化「歐盟」的信譽危機。多重危機使得「歐盟」不再是世界繁榮和區域合作的榜樣。馬克宏認為歐洲內部由個人自由、民主制度、中產階層和市場經濟構成的平衡系統已被打破，「歐盟」急需重建平衡的秩序。[158]

川普就任美國總統前，對歐洲國家而言，「北約」的威脅是莫斯科，川普上任美國總統後，「北約」的威脅在於華盛頓。因為川普結合貿易和安全威脅會員國，以此獲得削減貿易逆差，並持續解構第二次世界大戰後所建構之國際體系，甚至威脅美國會在防務問題上單獨行動，如果「北約」各會員國不在2019年1月前增加國防開支。（表7-1）川普要求「北約」會員國應該把國防開支占國內生產總值的比例從2%再提升到4%，[159]為達此目的，川普把歐洲斥為美國的經濟敵人，反倒讚揚作為競爭對手的俄羅斯總統普丁。[160]

表7-1　「北約」會員國軍事支出占國內生產總值之預估百分比例（2019年）

「北約」會員國	國民生產總值之比例
美國	3.42
希臘	2.28
英國	2.14
愛沙尼亞	2.14
波蘭	2.00
羅馬尼亞	2.04
法國	1.84
拉脫維亞	2.03

---

[158] Emmanuel Macron (2019), Speech at Ambassadors' Conference.

[159] 基辛格（2018），〈世界處於非常嚴峻時期　大西洋分裂後患無窮（4）〉，《參考消息網》，http://column.cankaoxiaoxi.com/2018/0725/2298593_4.shtml（檢視日期：2018年7月27日）。

[160] 基辛格（2018），〈世界處於非常嚴峻時期　大西洋分裂後患無窮（5）〉，《參考消息網》，http://column.cankaoxiaoxi.com/2018/0725/2298593_5.shtml（檢視日期：2018年7月27日）。

表7-1　「北約」會員國軍事支出占國內生產總值之預估百分比例（2019年）
（續）

「北約」會員國	國民生產總值之比例
立陶宛	2.01
挪威	1.80
蒙地內哥羅	1.66
保加利亞	3.25
土耳其	1.89
葡萄牙	1.52
加拿大	1.31
克羅埃西亞	1.68
德國	1.38
斯洛伐克	1.74
丹麥	1.32
荷蘭	1.36
義大利	1.22
阿爾巴尼亞	1.26
匈牙利	1.21
捷克	1.19
斯洛維尼亞	1.04
西班牙	0.92
比利時	0.93
盧森堡	0.56

資料來源：NATO (2019), "Defence Expenditure of NATO Countries (2013-2019)," Press Releases, COMMUNIQUE PR/CP (2019) 123, *NATO*, p. 3, https://www.nato.int/nato_static_fl2014/assets/pdf/pdf_2019_11/20191129_pr-2019-123-en.pdf (accessed on 15 October, 2020).

　　馬克宏質疑美國要讓俄羅斯與歐洲對立，但歐洲需要嗎？馬克宏認為，歐洲長時間地跟隨美國，將俄羅斯從歐洲大陸驅逐出去，是歐洲21世紀最大的地緣政治

錯誤。因爲驅逐俄羅斯的結果，就是普丁倒向中國，形成更大的威脅。歐洲的問題在於軍隊，而「北約」的存在，使得歐洲若想要再組建一支「歐洲軍」，會變得非常困難，只要「歐洲軍」不存在，歐洲就要受到美國的政治指令操控。目前的歐洲沒有能力去組建一支「歐洲軍」，亦沒有投資此重要的戰略性政策，但「歐洲軍」是制衡美國的關鍵。歐洲沒有「歐洲軍」，就沒有眞正的獨立性可言。對於歐洲而言，美國既是盟友，亦是綁架者。如果無法將俄羅斯納入歐洲，法國就不願再參與孤立俄羅斯的政策。法國提倡要優先建立「歐洲主權」，國防是「歐洲主權」的一部分。關於歐洲防務問題，自1950年代以來就沒有任何進展，它甚至是被禁止討論的。目前是時候建立一個擁有更多國防主權，並依靠歐洲基金和歐洲軍隊的倡議。[161]

「歐盟」在2016年夏天發表之全球戰略（EU-Global Strategy）開始歐洲安全與國防政策新階段，重點是戰略自主、長期之合作架構與共同之軍備部門。有鑑於安全環境的改變，如從俄羅斯、伊斯蘭國、「北約」未來角色之不確定性、英國「脫歐」與美國政府行事之不確定性，「歐盟」會員國認爲確保歐洲之安全必須以「歐盟」爲中心，而德國與法國在國防領域合作約可以占「歐盟」防禦與軍備實力的40%。[162]

在川普擔任美國總統後，「歐盟」之發展有相當大的一部分要靠德國與法國在安全與國防政策之合作。德國前國防部長馮德萊恩指出歐美關係之性質是——我們仍希望是跨大西洋夥伴，同時亦是「歐洲夥伴」（Wir wollen transatlantisch bleiben – und zugleich europäischer werden），此涉及整個歐洲在軍事方面之能力與責任，以及在「北約」內之分量。針對建構歐洲軍隊，德國和法國之行動計畫是——「和平路線圖」（"Feuille de Route"）以及「歐洲國防基金」。[163]

德國提出在安全與國防政策方面之常設「歐盟永久結構合作計畫」（Permanent Structured Cooperation），「歐盟」23個會員國依照「歐盟條約」第42條、第46條與第10條附加議定書規定，在2017年11月13日簽署旨在更密切合作，以保護歐洲公民的「歐盟永久結構合作計畫」協定，（表7-2）「歐盟」20%的國防支出用

[161] Emmanuel Macron (2019), Speech at Ambassadors' Conference.
[162] Christian Mölling (2017), "Europa-wo sind deine Legionen? Gut gemeinte Rhetorik reicht in der Sicherhiets-und Verteidigungspolitik nicht aus," *DGAPstandpunkt,* Nr. 4, pp. 1-2.
[163] Ursula von der Leyen (2018), Speech at 54th Munich Security Conference on Europäischer werden, transatlantisch bleiben, https://www.bmvg.de/de/aktuelles/europaeischer-werden--transatlantisch-bleiben-22174 (accessed on 23 February, 2018).

於軍備採購，2%的國防支出用於防務研發，2020年後防務研發投資增至5億歐元以上，加強軍事行動及防務開支的協調，使「歐盟」能以共同立場面對國際危機。此外，歐洲需要共同之戰略文化，以建構對歐洲利益、目標以及對外行動工具之共識。德國主張安全與發展並重，而德國之國防與對外援助經費比例將是1：1。[164]

表7-2　「歐盟」永久結構計畫（2018年）

計畫名稱	參與國家	生效時間
歐洲聯盟培訓任務能力中心（EU TMCC）	德國、比利時、捷克、愛爾蘭、西班牙、法國、義大利、盧森堡、荷蘭、葡萄牙、奧地利、羅馬尼亞、瑞典	2018/03/06
歐洲軍隊的培訓認證中心	義大利、希臘	2018/03/06
高溫、高海拔的直升機訓練（H3 Training）	希臘、義大利、羅馬尼亞	2018/11/19
歐洲聯合智力學校	希臘、賽普勒斯	2018/11/19
歐洲測試和評估中心	法國、瑞典、西班牙、斯洛伐克	2018/11/19
可部署的軍事救災能力組合	義大利、希臘、西班牙、克羅埃西亞、奧地利	2018/11/19
裝甲步兵戰車／兩棲突擊車／輕型裝甲車	義大利、希臘、斯洛伐克	2018/03/06
間接火力支援（歐洲砲兵）	斯洛伐克、義大利	2018/03/06
歐洲部隊的危機應對行動中心	德國、西班牙、法國、義大利、賽普勒斯	2018/03/06
整合的無人地面系統（UGS）	愛沙尼亞、比利時、捷克、西班牙、法國、拉脫維亞、荷蘭、波蘭、芬蘭	2018/11/19
歐洲超視距（BLOS）陸戰場導彈系統	法國、比利時、賽普勒斯	2018/11/19
礦井對抗設施的海上（半）自主系統（MAS MCM）	比利時、希臘、拉脫維亞、荷蘭、波蘭、葡萄牙、羅馬尼亞	2018/03/06
港口及海域監控和保護	義大利、希臘、波蘭、葡萄牙	2018/03/06
海域監控升級	希臘、保加利亞、愛爾蘭、西班牙、克羅埃西亞、義大利、賽普勒斯	2018/03/06

---

[164] *Ibid.*

表7-2　「歐盟」永久結構計畫（2018年）（續）

計畫名稱	參與國家	生效時間
可部署的模塊化水下干預能力組合（DIVEPACK）	保加利亞、希臘、法國	2018/11/19
歐洲中等高度遠程耐力駕駛飛機系統	德國、捷克、西班牙、法國、義大利	2018/11/19
歐洲攻擊直升機TIGER Mark III	法國、德國、西班牙	2018/11/19
反擊無人機系統（C-UAS）	義大利、捷克	2018/11/19
歐洲安全軟體無線電（ESSOR）	法國、比利時、德國、西班牙、義大利、荷蘭、波蘭、葡萄牙、芬蘭	2018/03/06
網路威脅和事件應變信息共享平臺	希臘、西班牙、義大利、賽普勒斯、匈牙利、奧地利、葡萄牙	2018/03/06
網路快速反應小組和網路安全互助	立陶宛、愛沙尼亞、西班牙、法國、克羅埃西亞、荷蘭、波蘭、羅馬尼亞、芬蘭	2018/03/06
CSDP任務和行動的戰略指揮和控制（C2）系統	西班牙、法國、德國、義大利、葡萄牙	2018/03/06
歐洲高氣壓飛艇平臺（EHAAP）－持續性情報、監視和偵察（ISR）能力	義大利、法國	2018/11/19
可部署的特種作戰部隊（SOF）用於小型聯合作戰的戰術指揮和控制指揮所	希臘、賽普勒斯	2018/11/19
未來聯合情報、監視和偵察（JISR）合作的電子戰能力和互操作性計畫	捷克、德國	2018/11/19
歐洲醫療司令部	德國、捷克、西班牙、法國、義大利、荷蘭、羅馬尼亞、斯洛伐克、瑞典	2018/03/06
歐洲物流樞紐網路和對運營的援助	德國、比利時、保加利亞、希臘、法國、克羅埃西亞、義大利、賽普勒斯、匈牙利、荷蘭、波蘭、斯洛維尼亞、斯洛伐克	2018/03/06

表7-2　「歐盟」永久結構計畫（2018年）（續）

計畫名稱	參與國家	生效時間
軍事流動性	荷蘭、比利時、保加利亞、捷克、德國、愛沙尼亞、希臘、西班牙、法國、克羅埃西亞、義大利、賽普勒斯、拉脫維亞、立陶宛、盧森堡、匈牙利、奧地利、波蘭、葡萄牙、羅馬尼亞、斯洛維尼亞、斯洛伐克、芬蘭、瑞典	2018/03/06
能源運作機能（FOF）	法國、比利時、西班牙、義大利	2018/03/06
化學、生物、放射性和核能（CBRN）的監測服務項目	奧地利、法國、克羅埃西亞、匈牙利、斯洛維尼亞	2018/11/19
共同的根基	法國、比利時、捷克、德國、西班牙、荷蘭	2018/11/19
維護地球氣象及海洋的協調要素（GMSCE）	德國、希臘、法國、羅馬尼亞	2018/11/19
歐盟無線電航海解決機制（EURAS）	法國、比利時、德國、西班牙、義大利	2018/11/19
歐盟軍事空間的監測察覺網路	義大利、法國	2018/11/19

資料來源：Council of the EU (2018), "Permanent Structured Cooperation (PESCO) updated list of PESCO projects," http://www.consilium.europa.eu/media/37028/table-pesco-projets.pdf (accessed on 22 November, 2018).

　　「歐盟」國防部長會議在2017年9月召開期間，立陶宛、比利時、荷蘭、盧森堡等國就提議在「永久結構性合作」聯合防務機制架構下建立「軍事申根區」，以便在發生恐怖攻擊等突發事件時，快速順暢地調動軍隊。「歐盟執行委員會」在2018年公布「軍事申根區」的行動計畫，旨在提高「歐盟」軍事機動性，以便及時應對可能出現的緊張局勢。該計畫主要包括三項具體行動：（一）整合「歐盟」及其會員國在軍事方面的需求；（二）對泛歐洲的交通運輸網路完成評估，確定適合軍事運輸的基礎設施，制定新建或升級改造軍民兩用基建項目的規劃；（三）對會員間簡化軍事行動海關手續的選項進行專門研究，以加強會員國間在跨境軍事行動中的協調。[165]

[165] 中評社（2018），〈歐盟離自主防務還有多遠？〉，《中國評論新聞網》，http://hk.crntt.com/doc/1050/3/2/9/10503293.html?coluid=0&kindid=0&docid=105032931（檢視日期：2018年5月5日）。

　　法國提出可以讓非「歐盟」會員國參加之「歐洲干預倡議」（Europäische In-
tervention Initiative），德國主張在「聯合國」安全理事會設立「歐盟」席位。此
外，依照「愛麗森條約」（Élysée Treaty, 1988）附件所設立之「德法委員會」，必
須每年至少兩次會議，由德法政府最高領導人、外交和國防部長與軍隊最高代表參
與，工作重點是以準備共同安全與國防政策理念，決議德法共同軍事單位，發展與
深化軍備合作爲主，該委員會還要逐步增加決議所有歐洲安全相關問題。在當今地
緣政治改變之際，德國與法國之戰略文化亦必須整合。[166]

　　在英國「脫歐」以及整個歐洲民族主義情緒高漲之際，梅克爾和馬克宏在
2019年1月22日德國西部邊境城市亞琛，簽署「亞琛條約」（The Franco-German
treaty of Aachen, 2019），該條約被視爲新版「愛麗森條約」，該條約之目的在強
化兩國在「歐盟」的「軸心」合作關係及法德作爲歐洲整合火車頭地位。梅克爾強
調該項新條約旨在建立法德「共同軍事文化」，朝創立「歐洲軍」踏出一步。梅克
爾和馬克宏均認爲多邊主義的全球關係正面臨美國奉行單邊主義的衝擊；極端思想
和民族主義在歐洲抬頭；貿易爭端不斷，歐洲內部衝突不斷，更需要一個穩定有力
的歐洲。「亞琛條約」寫明，法國和德國承諾在涉及「歐盟」的重大議題上保持一
致立場，發表共同聲明。此外，雙方還計畫在「聯合國」以共同體方式出現。根據
該條約，兩國在外交政策、國內外安全事務和其他諸多領域都協調一致。巴黎和柏
林承諾設立法德經濟區，以深化兩國經濟合作；提升歐洲軍事實力，以達到強化
「歐盟」和「北約」的目的；成立法德防務與安全理事會，同時各自在國內軍營裡
倡導和培育「共同文化」，聯合部署與調遣。雙方還承諾加強青年文化交流，各自
在國內倡導學習對方的語言，最終目標是創辦一所法德聯合大學。另外，還將促進
法德邊境地區的雙邊交流。[167]

　　德國與法國之極右派認爲「亞琛條約」會弱化國家主權，德國極右的「另類
選擇黨」共同主席Alexander Gauland 認爲，德法是想要在「歐盟」內建立「超級
歐盟」（super EU）。類似的軸心機制，「歐盟」內部已有「義大利與波蘭軸心」
（Warsaw-Rome axis），奧地利總理在2018年提及之奧地利、德國及義大利之「反

[166] Ronja Kempin and Barbar Kurz (2018), "Deutschland und Frankreich: Der fremde Nachbar,"
Zeitonline, https://www.zeit.de/politik/ausland/2018-06/deutschland-frankreich-angela-merkel-
emmanuel-macron-dfvsr (accessed on 1 July, 2018).

[167] Presse- und Informationsamt der Bundesregierung (2019), "Treaty of Aachen," https://www.
bundesregierung.de/resource/blo/975244/1570126/c720a7f2e1a0128050baaa6a16b760f7/2019-
01-19-vertrag-von-aachen-data.pdf?download=1 (accessed on 27 January, 2019).

非法移民之意願軸心」（axis of the willing against illegal migration）。捷克、斯洛伐克、匈牙利與波蘭組成之「維謝格拉德集團」，主張「歐盟」要長期提供基金以協助處理其內部之移民。2018年丹麥、愛沙尼亞、芬蘭、愛爾蘭、拉脫維亞、荷蘭、瑞典與立陶宛組成之「新漢薩同盟」，主張改革「歐盟」之「貨幣聯盟」。故「歐盟理事會」前主席圖斯克主張德法合作簽屬「亞琛條約」之目的，應該是加強「歐盟」整合而非取代「歐盟」整合。[168]

有鑑於川普曾當面向馬克宏提議要求法國退出「歐盟」，以便建立法美特殊關係。美國破壞「歐盟」整合，使「歐盟」危機感大增，梅克爾多次要求「歐盟」自己掌握命運。容克認為「歐洲主權」受到威脅，呼籲會員國建設歐洲防務，提升行動能力，也不能再陷入各國外交相互競爭。[169]法國國防部長帕利（Florence Parly）認為川普並未明確支持自「北約」成立以來就存在的原則，即當會員國之一遭受攻擊時，視同攻擊所有會員國，會員國亦共同反擊，且川普堅持美國負擔太多「北約」經費，歐洲會員國須增加國防支出，故歐洲有必要建立共同的防務。[170]「歐盟執行委員會」在2017年6月設立總額達55億歐元的「歐洲防務基金」，用於協調、補充和擴大會員國防務研發投資以及國防設備與技術採購，幫助會員國減少防務領域的重複投入，提高經濟效益。[171]馬克宏於2017年9月呼籲，應在2020年之前建立「軍事干預部隊」以及共同的軍事預算，該軍隊將具有共同的軍事行動準則，故應盡快建立「歐洲防禦基金」，並組建隨時能夠投放的防禦部隊。[172]「歐盟」2021年至2027年的預算計畫亦將防務基金增加至130億歐元。[173]

馬克宏在2019年該國駐外使節會議講話中，也強調歐洲不能再依靠美國，必須建立主權完整和團結的「歐盟」。[174]梅克爾支持馬克宏所提設立快速且有計畫出任務的「歐洲干預部隊」（Europäische Interventionsarmee），而英國「脫歐」後

[168] Eszter Zalan (2019), "France and Germany hope to revive EU with Aachen treaty," *EUobserver*, https://euobserver.com/political/143979 (accessed on 27 January, 2019).
[169] 孫海潮（2018），〈民粹主義膨脹演變為歐盟面臨的最大危機〉，《上觀新聞》，https://www.jfdaily.com/news/detail?id=107990（檢視日期：2019年2月25日）。
[170] 蔡佳伶譯（2018），〈川普對北約承諾不明　法：歐洲須加強防務整合〉，《中央通訊社》，http://www.cna.com.tw/news/aopl/201806210376-1.aspx（檢視日期：2018年7月1日）。
[171] 中評社（2017），〈歐盟委員會主席：別指望美國！歐洲應自強〉。
[172] 曾心怡（2018），〈默克爾隔空回應馬克龍：這是我心中的歐盟改革方案〉。
[173] 張健（2019），〈英國脫歐之戰略影響〉。
[174] Emmanuel Macron (2019), Speech at Ambassadors' Conference.

亦可以參加。[175]梅克爾支持馬克宏建立歐洲共同防務的觀點，認為更深層次的軍事合作有助於降低複雜性，並希望設立一個擁有輪換席位的歐洲安全理事會。[176]馬克宏認為就算美國換成可能對歐洲友好的拜登（Joe Biden）政府，歐洲也需要獨立自主的防衛戰略，並在戰略上將自己視為地緣政治的大國。[177]

　　法國要重返「北約」軍事指揮部門，作為核武國家，在軍事支出較其他歐洲國家多：致力推動安全共同體的法國提出歐元區的軍事合作（militärische Euro－Zone）作為在安全政策上，以人員及技術方面優先的核心歐洲。[178]馬克宏主張面對美國川普總統「攻擊性」的孤立政策（"aggressive" Isolationskurs），歐洲之安全必須靠自己；國防合作必須納入歐洲所有國家，包含俄羅斯，而合作目標是必須和俄羅斯與土耳其建構戰略夥伴關係，但前提則是解決烏克蘭危機有外交上的進展。[179]此外，馬克宏認為要完全掌握地中海之地緣政治問題，以處理地中海地區海域糾紛、沿岸國家衝突、利比亞的動盪、移民、海運與資源開發，故歐洲亦需要共同的地中海政策。[180]

　　德國外交部長馬斯（Heiko Maas）認為在川普上臺以前，歐洲與美國間對於價值與利益之看法已有所不同。歐洲必須學習軍事上自立，歐美關係應該調整為平衡的夥伴關係，即不放棄美國但減少對美國之依賴，建立多邊主義聯盟以平衡美國，在美國跨越紅線時形成制衡的力量。為加強歐洲的自主，要提高國防預算，歐洲必須成立獨立於美國之外的「歐洲貨幣基金」、歐洲版的「全球銀行金融通訊協會支付系統」（Swift-System）。歐洲國家必須團結以加強「北約」的歐洲支柱，因為美國不再可靠，但歐洲國家卻也擔心當歐洲國家承擔更多任務時，歐美未來還是會分道揚鑣。「歐盟」提高國防支出的目的與意義是，逐步建構歐洲安全與國防聯盟，以作為北大西洋兩岸安全秩序之一部分與歐洲自己之未來安全計畫。[181]

---

[175] Sören Götz (2018), "Reformen für die EU: Das wird Macron nicht alles gefallen."

[176] 曾心怡（2018），〈默克爾隔空回應馬克龍：這是我心中的歐盟改革方案〉。

[177] 郭涵（2020），〈馬克龍：不同意歐洲防務依附美國，要實現獨立自主〉，《觀察者網》，https://www.guancha.cn/internation/2020_11_16_571615.shtml（檢視日期：2020年11月17日）。

[178] 王群洋（2011），〈北大西洋公約組織衝突解決之研究〉，頁151。

[179] Die Zeit (2018), "Europäische Union: Emmanuel Macron will Europa militärisch unabhängiger machen," *Zeitonline*, https://www.zeit.de/politik/ausland/2018-08/europaeische-union-emmanuel-macron-eu-verteidigungspolitik (accessed on 27 August, 2018).

[180] 馬克龍（2020），〈地中海局勢要由歐洲掌控〉，《參考消息網》，http://www.cankaoxiaoxi.com/world/20200715/2415681.shtml（檢視日期：2020年7月15日）。

[181] Heiko Maas (2018), "Wir lassen nicht zu, dass die USA über unsere Köpfe hinweg handeln,"

　　英國「脫歐」給布魯塞爾留下750億歐元的財政預算空缺，「歐洲理事會」主席米歇爾（Charles Michel）在2020年2月20日提出方案，希望富裕會員國的出資額能從原來的國內生產總值的1%增加至1.074%，但遭到德國、丹麥與瑞典等富裕國家的反對。部分東歐及南歐較為貧窮的國家和「歐盟議會」則要求增加預算，最多可達各國國內生產總值的1.3%。馬克宏希望防務專案能得到更多的資金支持，以增加「歐盟」未來防務的獨立性，而非全部依賴美國領導的「北約」。對此，有意借助美國軍事力量來對抗俄羅斯的東歐國家則是堅決反對。米歇爾希望減少幫助東歐以及南歐較貧困國家實現發展的凝聚方案，遭到東歐和南歐國家的反對。[182]

　　除了前述歐洲推動之安全倡議與建制外，尚有歐洲國家所組建之次級小規模軍團，較「北約」具有之優勢是其為常備軍，因為會員國較少且訓練和裝備相似。此外，小規模之軍事組織進行的常規演習有助於歐洲各國軍隊的融合。目前在運作之軍團有（一）英國在2012年12月提出及領導的「聯合遠征軍」（Joint Expeditionary Force, JEF），瑞典和芬蘭長期奉行中立政策的國家亦在2017年6月30日加入，該軍團的成員還包括丹麥、愛沙尼亞、拉脫維亞、立陶宛、荷蘭與挪威。英國「聯合遠征軍」是一個高度備戰的軍事組織，其使命是對世界各地的緊急情況迅速做出反應。依照計畫，該組織在2018年完全具備作戰能力，能向軍事或人道主義危機地區部署1萬兵力；（二）英國與法國組成的「聯合遠征軍」，向危機地區部署兵力；（三）德國與法國組成了「德法混合旅」；（四）「歐盟」會員國共同組成「歐洲軍團」；（五）波蘭、烏克蘭和立陶宛組成「聯合旅」。此外，德國準備將荷蘭、羅馬尼亞和捷克的部分軍事力量納入「聯邦國防軍」，以提升歐洲的軍事合作。[183]

Handelsblatt, https://www.handelsblatt.com/meinung/gastbeitraege/gastkommentar-wir-lassen-nicht-zu-dass-die-usa-ueber-unsere-koepfe-hinweg-handeln/22933006.html (accessed on 30 August, 2018).

[182] 青木（2020），〈歐盟特別峰會通宵為錢吵架：籌資及資金分配等方面分歧嚴重〉，《環球網》，https://3w.huanqiu.com/a/de583b/3x852A4IDJx?agt=20&tt_group_id=6795983017903915527（檢視日期：2020年2月23日）。

[183] 董磊（2017），〈歐盟組建多個「迷你」戰鬥群：加強歐洲軍隊融合〉，《參考消息》，http://www.cankaoxiaoxi.com/mil/20170726/212367.shtml（檢視日期：2018年3月13日）。

第一節　何處是「歐洲家庭」？

　　俄羅斯是歐洲國家嗎？長期以來西歐國家不認為俄羅斯是歐洲國家，直到17世紀後期，彼得大帝（Peter the Great）使俄羅斯崛起為歐洲五強之一，才正式加入歐洲歷史中。歐洲邊界向東擴張的趨勢，出現在15世紀西歐人製作的地圖上，17世紀的地圖則明確包括了俄國版圖。[1] 當時俄羅斯是君主擁有絕對權力，信仰東正教，奉行向外擴張領土的政策。[2] 俄羅斯的鄰國如波羅的海三國、白俄羅斯、烏克蘭和摩爾多瓦（Moldova）等，長期以來是俄羅斯抵禦來自歐洲以及土耳其侵略的天然屏障，而歐洲國家把這些周邊國家當作攻擊俄羅斯的前沿。中世紀之後，東正教受西方國家歧視，俄羅斯也始終拒絕加入旨在把東西基督教聯合起來的「教會聯盟」（Kirchenunion），並固守基輔大公弗拉季米爾（Fürsten Wladimir）的兩個傳統領地：白俄羅斯和烏克蘭。[3]

　　國家形成與民族問題造成第一次世界大戰爆發，在戰後爭端不僅未徹底解決，反而在90年代的歐洲更形嚴重，特別是莫斯科之移出、移入及境內遷移的移民政策，造成難以預估的衝突。此外，1993年12月的選舉結果就顯示相當多的俄羅斯人對於民主改革的熱情減少，並轉向支持提倡民族主義或帝國主義的政黨或政治團體，民族利益及地緣政治受到廣泛的討論。俄羅斯西邊鄰國出現新「反俄聯盟」之言論，使多數俄羅斯人認定其領土陷於潛在敵人的包圍中，對外政策的出發點因此轉為「非敵即友」的概念。古老「俄羅斯理念」的帝國主義或新帝國主義的再度覺醒及擴散令西方國家擔憂，俄羅斯民族主義訴求的目標並非「民族國家」，而是重返1914年以前的大俄羅斯帝國，32%的俄羅斯人甚至希望與美國就阿拉斯加的所有

---

[1] 莊翰華（2008），〈歐洲整合的「空間」概念之演變〉，頁85-104。
[2] 和訊名家（2018），〈基辛格：對世界秩序問題的思考〉。
[3] 揚之（2018），〈俄羅斯與西方的關係往何處去？〉，《觀察者網》，http://www.guancha.cn/yangzhi/2018_03_20_450748_s.shtml（檢視日期：2018年3月22日）。

權進行談判。[4]

　　俄羅斯自False Dmitry開始西方化，彼得大帝繼續此路線，俄羅斯的領導菁英偏好西方的理念，但這些理念卻也帶來內部的劇變與動亂，進而使得俄羅斯在冷戰結束後放棄四個多世紀以來融入西方文明的探索。[5]戈巴契夫擔任俄共總書記後，對內進行改革的同時，亦對外開放，提出「歐洲家庭」作為俄羅斯歐洲政策之基石。戈巴契夫認為俄羅斯要在歐洲建構新的國際秩序，應以利益平衡取代傳統的軍力平衡。「歐洲家庭」的基礎是安全，故需要歐洲全面性合作。冷戰結束後，國際關係與歐洲的情勢是，密集的雙邊與多邊國家間的對話，所簽訂之條約與協定所組成的網路範圍有擴展之可能性。共同的「歐洲家庭」之經濟合作範圍是從大西洋至烏拉山的經濟區以結合東西歐，故蘇聯必須轉型為開放的經濟體，此亦可增加東西歐間的互賴。[6]

　　蘇聯在解體後的外交政策大致分為兩個階段：第一階段是葉爾欽（Boris Yeltsin）全面倒向西方的時期；第二階段是普丁首次當選總統任期（2000-2004）。普丁積極與西方國家合作，例如2001年協助美國的阿富汗戰爭，支持美軍在烏茲別克、塔吉克和吉爾吉斯建立基地等。此外，俄羅斯還為美軍提供情報，並關閉自己在古巴的一個情報中心和在越南的海軍基地等，以換取平等的大國地位，但美國不顧俄羅斯的反對，仍武力干涉伊拉克，與喬治亞和烏克蘭革命後上臺的政府建立密切關係，在中亞建立長期的根據地，幫助蘇聯前加盟共和國開採能源，阻礙俄羅斯在該地區發揮影響力。[7]

　　西方文明處於總體衰落，但並非終結的歷史階段，對民族國家和後民族國家的不同認同，地緣政治因素再度受重視，此為影響現階段俄歐關係的重要背景因素。在21世紀初，普丁希望重返「歐洲家庭」，加入「歐盟」及「北約」，但被拒絕。俄羅斯與歐洲間問題的根源在於雙方的政治認知差異巨大，對俄羅斯而言，蘇聯解體之後的當務之急，乃是加強建構包括主權與領土等在內的民族國家，以及引導俄羅斯民族國家的復興。對絕大多數歐洲國家來說，超越民族國家藩籬，建構超國家

---

[4] 王群洋（1997），〈歐洲安全與合作組織之演進〉，頁237-238。

[5] Vladislav Surkov (2018), "The Loneliness of the Half-Breed," *Russia in Global Affair*, https://eng.globalaffairs.ru/book/The-Loneliness-of-the-Half-Breed-19575 (accessed on 1 July, 2018).

[6] Mikhail Gorbachev (2000), "The Common European Home," Speech to Assembly of the council of Europe. July 6, 1989, in Dick Leonard and Mark Leonard eds., *The Pro- European Reader* (New York: Palgrave), pp. 101-102.

[7] 揚之（2018），〈俄羅斯與西方的關係往何處去？〉。

的區域組織，乃是冷戰終結之後的歐洲的核心戰略。[8]

　　普丁認為歐洲大陸是可以增加俄羅斯影響力的地方，有意經由對鄰國的影響力恢復俄羅斯的大國地位，「北約」主要會員國則認為歐洲大陸要建構完整、穩定與西方化的歐洲，但不包括俄羅斯。「北約」與俄羅斯均採取積極主導的外交（pro-active foreign policies），「北約」的方式是增加會員國，領導若干軍事行動以及擴大行動。俄羅斯則採獨斷的外交政策，以分化西方，以及強化俄羅斯的實力及區域影響力。「北約」前秘書長Andres Fogh Rasmussen認為「北約」與俄羅斯之關係會影響歐洲與全球安全、自我認同以及歐洲未來的安全，使得「北約」與俄羅斯在90年代之正面關係結束，普丁與梅德耶夫（Dmitry Medvedev）要重建大國地位，使得俄羅斯與「北約」的分歧加深。俄羅斯反對「北約」東擴、飛彈防禦網之發展、「北約」之全球布局。[9]

　　在2008年國際金融危機爆發的情況下，「歐盟」仍然堅持推出「東部夥伴計畫」（Eastern Partnership Project），將前蘇聯加盟共和國烏克蘭、喬治亞、摩爾多瓦等，逐步納入「歐盟」東擴的架構之中。2013年秋冬之際，「歐盟」不顧俄羅斯的強烈反對，執意按此計畫納入烏克蘭。俄羅斯作為橫跨歐亞的大國，所採取之反制措施是經由「歐亞經濟聯盟」等機制，維持對周邊地區的傳統影響。[10]

　　在2014年爆發之烏克蘭事件，俄羅斯遭受西方國家之制裁。俄羅斯認為該國因此面對一個地緣政治孤獨的新時代，但孤獨並不是完全孤立，故俄羅斯不可能如西方之要求而無限制地開放。[11]俄羅斯近年來增加軍事預算，推動軍隊現代化、新的軍事原則，普丁視西方為潛在之敵人，以及視蘇聯之瓦解是20世紀最大之災難，不滿波羅的海三國（愛沙尼亞、拉脫維亞、立陶宛）加入「北約」，以及「北約」針對波蘭部署核武所進行之演習。[12]

　　川普擔任美國總統之後，英美兩國率先聯手制裁俄羅斯，分化俄羅斯與歐洲大陸國家間的關係。歐洲政治菁英已經認知，川普政府之「美國優先」對跨大西洋關

8　馮紹雷（2018），〈俄歐關係的兩重性及其當代路徑〉。

9　Roger E. Kanet and Maxime Henri André LARIVÉ (2012), "NATO and Russia A Perpetual New Beginning," *PERCEPTIONS*, Vol. 17, Nr. 1, p. 75.

10　馮紹雷（2018），〈俄歐關係的兩重性及其當代路徑〉。

11　Vladislav Surkov (2018), "The Loneliness of the Half-Breed."

12　波羅的海三國僅有經由蘇瓦烏基走廊（Suwalki Gap）與「北約」會員國連結，該走廊一端是俄羅斯基地，另一端是白俄羅斯。Hans-Peter Bartels (2014), "Umgang mit Putin: Bitter, aber vernünftig," *Die Zeit*, http://www.zeit.de/politik/ausland/2014-05/russland-nato-urkrain/komplet-tansicht (accessed on 14 June, 2014).

係的衝擊，因此在加強自身凝聚力和尋求合理發展目標的前提下，必須重新檢視與俄羅斯關係；同時，亦有相當數量的歐洲政治菁英認為，俄羅斯的強大之因是歐洲的軟弱，故穩固歐洲合作，強化美國與歐洲國家同盟關係，遏制俄羅斯的擴張，才能走出困境。[13]

第二節　烏克蘭對俄羅斯國家地位之影響

一、俄羅斯觀點

烏克蘭在俄羅斯的占領、文化同化（assimilation），以及史達林的強迫移民下，已生存超過三百年。烏克蘭對於俄羅斯有重要的經濟價值；俄羅斯對於烏克蘭而言，是重要的市場及能源的來源。烏克蘭的獨立給俄羅斯造成了地緣戰略上的重大損失，使其最具歐洲特性的西部邊界減少上千公里，並且喪失部分黑海的戰略通道。烏克蘭逐漸成為「北約」與俄羅斯爭奪的最後戰略緩衝地帶，此外，烏克蘭的獨立也意謂著俄羅斯失去工農業均在水準之上、同種族同宗教、擁有5,000萬人口、面積歐洲第二大的重要鄰國。烏克蘭的獨立還讓俄羅斯喪失——與烏克蘭共同的國家起源之基輔羅斯（Kievan Rus, 882-1240）。美國地緣政治學者布里辛斯基曾表示，失去烏克蘭的俄羅斯無法成為大國。[14]「烏俄友好條約」是烏克蘭與俄羅斯兩國於1997年簽訂，並於1999年生效的。條約規定兩國關係建立在互相尊重主權和領土完整基礎之上，承認蘇聯時期就已劃定的兩國邊界，一致同意通過和平方式解決一切爭端，明確兩國關係具有戰略性。[15]

普丁認為俄羅斯有權保護血統上是俄羅斯人及說俄羅斯語的人分布地區（the right to protect ethnic Russians and Russian-Speakers everywhere），顯現俄羅斯現在有意在歐亞大陸（Eurasia）建立影響區之意圖，並否定他國之自由選擇權。[16]俄羅斯於1917年至1920年對獨立的烏克蘭發動戰爭，普丁所領導之俄羅斯在2014年仍

---

[13] 馮紹雷（2018），〈俄歐關係的兩重性及其當代路徑〉。

[14] 武劍（2018），〈智庫觀察：烏克蘭成北約申請國或醞新衝突〉。

[15] 新華社（2018），〈烏克蘭總統：將在本月底告知俄方不延長友好條約的決定〉，《新華網》，http://www.xinhuanet.com/world/2018-09/04/c_1123379493.htm（檢視日期：2018年9月21日）。

[16] Alexander Vershbow (2014), "NATO's partnership policy in a changing security environment."

用相同的戰術，即否定基輔中央政府之合法性，軍事入侵以支持邊陲的地方政府，在東烏克蘭成立親俄政府，挑起內戰以掩護俄羅斯的介入。普丁有意使烏克蘭再度蘇維埃化，以致烏克蘭現有「俄羅斯（Russia）＋法西斯（Fascism）＝俄羅斯主義（Ruscism）」的術語，以描述俄羅斯國家優越論者之菁英，從未有烏克蘭可以有自己發展途徑的觀點。普丁在2007年「慕尼黑安全會議」表示要恢復俄羅斯的世界強國的地位。在2008年「北約」布加勒斯特（Bucharest）高峰會，普丁就表示讓烏克蘭獨立是一個歷史錯誤。西方當時屈服於普丁的威脅而拒絕讓烏克蘭與喬治亞參與「北約」的「會員行動計畫」，烏克蘭現在甚至有推特（Twitter）#Putler.（Putin+Hitler）的帳號將普丁描述成希特勒。[17]

烏克蘭加入「北約」，可使「北約」軍隊將直接面對俄羅斯南部工業發達地帶之南烏拉爾，該地區也是俄軍之戰略導彈部署地帶，故俄羅斯不惜使用所有力量來阻撓烏克蘭加入「北約」。[18]俄羅斯軍事介入克里米亞，是直接回應「北約」、「歐盟」以及歐美的軍事及政治經濟利益擴展至俄羅斯西部邊界的鄰國（near abroad）。有鑑於此，俄羅斯積極反制建構新的歐亞地緣戰略與政治經濟結盟，例如「集體安全條約組織」（Collective Security Treaty Organization, CSTO）、「歐亞關稅聯盟」（Eurasian Customs Union）與「上海合作組織」。[19]

普丁明確表示「北約」東擴至其邊界是牴觸莫斯科的紅線，普丁合理化其兼併克里米亞之因是，「北約」的戰艦有可能接收俄羅斯在塞瓦斯托波爾港（Sevastopol）的「黑海艦隊」基地。「北約」的「開門政策」繼續推動，採取避免激怒俄羅斯的方式來進行，但位在「北約」與俄羅斯間的國家仍是不穩定之緩衝區。[20]普丁在2014年3月18日簽署兼併克里米亞地區的條約，並以1954年蘇聯之用語「黑海半島」（Black Sea Peninsula）來形容烏克蘭之文化和歷史背景與俄羅斯相同，基輔是「俄羅斯城市之母」（mother of the Russian cities），而烏克蘭卻是由新納粹、反閃族及仇俄勢力來治理，並譴責西方想經由此危機來破壞俄羅斯想要組成之「歐

---

[17] Roman Sohn (2014), "'Ruscism' is threat to European stability," *EUobserver*, http://euobserver.com/opinion/124118 (accessed on 14 May, 2014).

[18] 趙媽（2018），〈烏克蘭衝突為何久拖不決〉，《新華網》，http://www.xinhuanet.com/2018-02/12/c_1122409154.htm（檢視日期：2018年3月13日）。

[19] Hall Gardner (2014), "NATO, the EU, Ukraine, Russia and Crimea: The 'Reset' that was Never 'Reset'," *NATO WATCH Briefing Paper*, No. 49, p. 2.

[20] Reuter (2014), "Ukraine Crisis sends NATO 'Back to Basics'," *The Moscow Times*, http://www.themoscowtimes.com/news/article/ukraine-crisis-sends-nato-back-to-basics/505125.html (accessed on 18 August, 2014).

亞聯盟」（Eurasian Union）。烏克蘭前總理Viktor Yushchenko認為普丁有意重建
「蘇維埃聯盟」（Soviet Union），[21] 俄羅斯則認為此是防禦西方危及其安全利益之
前進策略。此外，俄羅斯雖認為西方國家在國際政治以及歐洲地緣政治中擠壓俄國
之角色，[22] 但仍與歐美在其他國際事務中合作，例如阿富汗、北韓核武等。[23]

　　愛沙尼亞外交部長Sven Mikser認為俄羅斯視「北約」東擴至其邊界是一種威
脅，俄羅斯視其鄰國為符合其特殊利益的影響區。普丁要再造帝國，而普丁定義的
偉大是指軍事力量與莫斯科可以掌控之領土面積的大小，視烏克蘭為不可丟失給西
方的領土。故對於俄羅斯之制裁必須繼續，因為其以武力改變歐洲疆界、兼併克里
米亞、在東烏克蘭進行鬥爭。[24]

　　俄羅斯兼併克里米亞之後，與西方國家之關係是建構在涉及戰略競爭的新常
態，現階段俄羅斯與西方國家間之互動是務實的選擇性合作，以防止戰略競爭成
為直接對立。[25] 克里米亞對於俄羅斯來說可能是「贏了戰役輸了戰爭」（A Won
Battle and Lost War），因為俄羅斯每年至少要花30億美金支持克里米亞之發展。[26]

二、烏克蘭之立場

　　在全球化時代對於東歐國家與烏克蘭，有宗教信仰之民族與單一種族模式仍
是建國之目標。就烏克蘭而言，對抗俄羅斯與消除所有涉及俄羅斯文化與宗教之影
響，是其民族運動的主要目標，亦是集體之理想。長期以來，在政治與文化層面上
烏克蘭之地理位置，使其成為夾在拜占庭－韃坦－莫斯科與羅馬－歐洲兩大勢力
間競爭之場域。[27] 現今梵蒂岡為擴展天主教在東歐之勢力範圍，積極支持克羅埃西

---

[21] Andrew Rettman (2014), "Putin redraws map of Europe," *EUobserver*, http://euobserver.com/foreign/123519 (accessed on 20 March, 2014).

[22] Wolfgang Richter (2014), "Die Ukraine-Krise Die Dimension der paneuropäischen Sicherheitskooperation," p. 2.

[23] Hall Gardner (2014), "NATO, the EU, Ukraine, Russia and Crimea: The 'Reset' that was Never 'Reset'," p. 15.

[24] Alice Gota (2017), Interview mit Sven Mikser, Estland: "Ich werde nicht dafür bezahlt, Angst zu haben," *Die Zeit*, https://www.zeit.de/politik/ausland/2017-03/estland-sven-mikser-aussenminister-russland-nato-truppen (accessed on 12 August, 2018).

[25] Nora Müller (2016), "Russland und der West Politisches Powerplay," *Neue Zürcher Zeitung*, https://www.nzz.ch/meinung/kommentare/die-neue-normalitaet-zwischen-russland-und-dem-westen-politisches-powerplay-ld.16428 (accessed on 3 July, 2017).

[26] Hubertus Hoffmann (2014), "Russia, NATO and the EU: A Plea for a True Partnership."

[27] Giovanni Savino (2018), "Europeanism or Nationalism? On Nation-Building in Europe and Ukraine," *Russia in Global Affairs*, Vol. 16, No. 2, pp. 97-100.

亞、斯洛維尼亞、捷克、與斯洛伐克形成一個反東正教聯盟。[28]

　　烏克蘭議會在2014年12月修法，放棄國家不結盟地位。新的軍事學說規定恢復加入「北約」的方針：烏克蘭應於2020年保障其武裝力量與「北約」會員國部隊完全相容。烏克蘭總統波羅申科（Petro Poroshenko）2015年12月中旬訪問布魯塞爾期間，簽署了烏克蘭和「北約」之「國防與技術合作路線圖」。波羅申科有意針對烏克蘭是否加入「北約」進行公投。[29]

　　針對烏克蘭危機之解決，烏、俄、法與德四國領導人在2015年2月11日到12日，在白俄羅斯首都明斯克就危機達成共識，促成三方聯絡小組（烏克蘭、「歐安組織」、俄羅斯）與烏克蘭東部民間武裝力量簽署了「新明斯克協定」，然而該協定難以執行之主因在於各方利益難以協調。烏克蘭政府主張兩階段方案，即先恢復對烏克蘭東部與俄羅斯接壤地區的控制權，再進行地方選舉，繼而進行憲法改革等。烏克蘭政府認爲東部民間武裝力量不執行停火，導致「新明斯克協定」難以繼續執行。俄羅斯對此堅決反對，並主張應當按照「新明斯克協定」的規定，首先應著眼於烏克蘭東部之地方選舉，並通過大赦法案，中央政府應與烏克蘭東部地方政府實現直接對話，協商解決問題。法德兩國及「歐安組織」則主張，衝突雙方應徹底停火，開啓政治對話，認爲俄羅斯未能促成烏克蘭東部地區武裝力量執行協定。「歐盟」也因此多次延期對俄羅斯經濟制裁，但俄羅斯認爲其不負責執行協定。俄羅斯希望維持現狀，把烏克蘭東部地區當成「緩衝區」，以延緩乃至阻止烏克蘭加入西方陣營；烏克蘭政府希望借烏克蘭東部問題，爭取國內外支持，強化倒向西方的戰略選擇。烏克蘭最高議會在2018年初，通過法案，宣布頓涅茨克盆地（Донецький басейн，簡稱頓巴斯地區）爲「臨時被占領地」，將俄羅斯稱爲侵略者，並賦予烏克蘭總統在臨時被占領地動用武裝力量對抗侵略者的權力。[30]

　　烏克蘭在2016年6月確定加入「北約」的對外政策目標，提出應在2020年前完成武裝力量與「北約」銜接。烏克蘭在2018年3月10日成爲「北約」的「申請國」地位，波羅申科總統在2018年9月3日提出憲法修正案，確定烏克蘭加入「歐盟」和「北約」的方針。美國與歐洲國家主張，處於戰爭狀態和存在領土糾紛的國家無權

28 王義祥（2000），〈科索沃衝突與地緣政治〉，《今日東歐中亞》，第1期，頁49-51。
29 彭湃新聞網（2017），〈烏克蘭總統稱有意公投是否加入北約：居民支持率已升至54%〉，《鳳凰網》，http://news.ifeng.com/a/20170203/50645462_0.shtml（檢視日期：2017年2月6日）。
30 趙嫣（2018），〈烏克蘭衝突爲何久拖不決〉。

提出申請加入「北約」，但卻同意烏克蘭的申請。基輔方面希望儘早加入「北約」之「會員國行動計畫」，開啓實質性加入談判進程。對於有意加入「北約」的「新獨立國家國協」成員，俄羅斯的反制措施是以能源作爲要脅，增加軍事壓力，利用當地的俄羅斯族人反對該國之政府。克里米亞的被兼併和東部頓巴斯地區要求獨立，就是俄羅斯反制烏克蘭新政府倒向西方的結果。[31]

烏克蘭認爲，俄羅斯占領烏克蘭之領土，顯現其威權的民族主義進入帝國主權的階段。[32]烏克蘭與俄羅斯對立擴大後，烏克蘭積極推動「去俄羅斯化」和「導向歐洲」的道路，「歐盟」則對烏克蘭實施免簽制度，並使雙方自由貿易區協定生效。此外，「國際貨幣基金」組織、「世界銀行」、「歐盟」和美國協助對烏克蘭發展經濟。烏克蘭國內金融經濟形勢在2016年底穩定，國內生產總值增長2.2%，在2017年也維持增長。烏克蘭在2020年需歸還280億美元外債，仍需西方國家的協助。俄美雙方會晤已舉行四輪，重點討論在頓巴斯衝突地區部署「聯合國」維和部隊事宜。普丁在2017年9月提議，在烏克蘭政府軍與民間武裝控制區的分界線區域部署「聯合國」維和部隊，以保護「歐安組織」在當地的觀察團。烏克蘭政府強烈反對，認爲「聯合國」維和部隊應具有更高許可權，應該部署在整個衝突地區，包括俄羅斯與烏克蘭間之邊境，而且俄羅斯不可參與維和行動。[33]

烏克蘭政府從2018年開始在東部集結部隊，還借助爲軍隊配發的「北約」軍服和試射美國提供的標槍反坦克導彈對俄羅斯示威。此外，阻止俄羅斯公民在烏克蘭參加俄羅斯總統大選投票。針對「刻赤大橋」（亦稱「克里米亞大橋」，Crimean Bridge）公路正式通車，烏克蘭方面以對烏克蘭經濟造成直接損失爲由，要求每年1,900萬美元的賠償費，並以搜查俄羅斯媒體駐基輔辦公室及驅逐俄記者進行報復。[34]

針對「斯克里帕爾事件」和俄羅斯吞併克里米亞等事件，烏克蘭除驅逐外交官外，在2018年採取和美國協調一致的對俄羅斯制裁措施，主要針對參與入侵烏克蘭

---

[31] 畢洪業（2018），〈基輔誓與莫斯科「死扛到底」，烏克蘭成爲俄羅斯外交的「黑洞」〉，《文匯網》，https://wenhui.whb.cn/third/jinri/201809/22/214085.html（檢視日期：2018年9月23日）。

[32] Roman Sohn (2014), "'Ruscism' is threat to European stability."

[33] 趙嫣（2018），〈烏克蘭衝突爲何久拖不決〉，《新華網》，http://www.xinhuanet.com/2018-02/12/c_1122409154.htm（檢視日期：2018年3月13日）。

[34] 畢洪業（2018），〈基輔誓與莫斯科「死扛到底」，烏克蘭成爲俄羅斯外交的「黑洞」〉，《文匯網》，https://wenhui.whb.cn/third/jinri/201809/22/214085.html（檢視日期：2018年9月23日）。

網路資訊，非法拘留在俄羅斯之烏克蘭公民的實體資產和個人，以及俄羅斯議會議員：[35]「歐盟」在2018年6月29日因爲俄羅斯侵略烏克蘭以及多次違反停火協定而延長制裁半年。[36] 2018年9月17日烏克蘭總統波羅申科簽署終止烏克蘭與俄羅斯友好合作夥伴關係條約的命令。[37]

　　美國在2019年財政年度撥2.5億美元支持烏克蘭的安全和情報活動，其中包括價值5,000萬美元的致命性武器援助，美國軍隊還首次出現在烏克蘭領土上，「北約」軍事人員也進入烏克蘭東部衝突地區活動。故烏克蘭對俄羅斯的立場更加強硬，俄羅斯與美歐關係繼續惡化，而且莫斯科和基輔及美國在國際維和部隊部署範圍問題上仍爭論不休。[38]

　　美國國會在「烏克蘭安全援助倡議」（Ukraine Security Assistance Initiative）計畫下，在2020年6月11日同意提供烏克蘭的援助，總額爲2.5億美元。美國提供的資金將增強烏克蘭軍隊的戰鬥力，改革烏克蘭的安全和國防部門，使其更接近「北約」標準，此爲烏克蘭政府的優先事項之一，「北約」亦在2020年6月12日宣布烏克蘭成爲「北約」的「能力增強計畫」（Enhanced Opportunities Partner）新會員。[39]

　　普丁兼併克里米亞是基於歷史與戰略的考量，卻也使得歐洲在第二次世界大戰後所建構之秩序被改變。烏克蘭駐德國大使Andrij Melnyk指出在1954年3月19日蘇聯最高蘇維埃決定將克里米亞交付烏克蘭，是因爲克里米亞地區與烏克蘭共和國在經濟結構的共同性、地理的鄰近性與經濟與文化之連結。俄羅斯兼併克里米亞違反「聯合國」憲章所主張之國際法領土完整之原則與1975年之「赫爾辛基最後議定

---

[35] 「斯克里帕爾事件」是指前俄羅斯間諜案，斯克里帕爾父女2018年3月4日在英國遭神經毒劑攻擊，英國指控俄羅斯策劃此案，俄國政府則否認，後來演變成西方國家與俄羅斯互相驅逐外交官的外交戰。趙偉芳（2018），〈與美國保持步調一致　烏克蘭擬對俄羅斯實施新制裁〉，《環球網》，https://m.huanqiu.com/r/MV8wXzExOTY1NzI1XzEzOF8xNTI1MzMxNDYw?tt_group_id=6551249485551370760（檢視日期：2018年5月3日）。

[36] EUobserver (2018), "EU extends Russia sanctions - despite Italy," *EUobserver*, https://euobserver.com/tickers/142233 (accessed on 2 July, 2018).

[37] 參考消息（2018），〈烏方終止烏俄友好條約　俄方回應：現任烏領導人是歷史罪人〉，《參考消息網》，http://www.cankaoxiaoxi.com/world/20180919/2328279.shtml（檢視日期：2018年9月21日）。

[38] 畢洪業（2018），〈基輔誓與莫斯科「死扛到底」，烏克蘭成爲俄羅斯外交的「黑洞」〉。

[39] 楊軍（2020），〈烏克蘭獲北約能力增強夥伴國地位〉，《法制日報－法制網》，http://www.legaldaily.com.cn/international/content/2020-06/22/content_8226418.html（檢視日期：2020年10月23日）。

書」。「聯合國」大會在2014年3月27日之決議是，違反國際法規範之領土變更，「聯合國」會員國有義務不予承認。[40]

在文化宗教方面，與俄羅斯均屬東正教文化影響區之烏克蘭，境內有三個互不隸屬的東正教獨立教會，分別是1921年獨立，但不被承認的「烏克蘭自主正教會」；1991年蘇聯解體後，自行宣布獨立的「基輔牧首聖統」烏克蘭正教會；以及和莫斯科及全俄牧首區一脈相承的「莫斯科牧首聖統」烏克蘭正教會。烏克蘭宗教主流是莫斯科牧首派系，直到2014年烏克蘭內戰以來，俄羅斯介入以及吞併克里米亞半島事件，使得許多地方教會信徒轉投「基輔牧首聖統」烏克蘭正教會，烏克蘭宗教界開始主張獨立。東正教名義領袖君士坦丁普世牧首巴爾多祿茂一世（Patrik I. Bartolomeos）在2018年10月11日伊斯坦布爾市君士坦丁教區會議中宣布取消1686年命令（該命令規定基輔都主教區由莫斯科大牧首管轄），歷史上一直屬於莫斯科宗主教（牧首）區的烏克蘭教會，將從俄羅斯正教會獨立出來，取得自主教會（Autocephaly）地位，莫斯科及全俄大牧首基里爾將失去對烏克蘭教會管轄權。烏克蘭與俄羅斯在數百年中都同屬一國，絕大多數俄羅斯、白俄羅斯和烏克蘭的東正教信徒，都由莫斯科及全俄大牧首領導的俄羅斯東正教會管轄，俄羅斯正教會下轄白俄羅斯和烏克蘭等自治教會。雖然君士坦丁普世牧首和莫斯科大牧首級別相同，但根據教會法，普世牧首有權利將獨立國家的自治教會（Автономная церковь）提升為自主教會（Автокефалия），故烏克蘭將成為全球第十六個自主教會。[41] 俄羅斯自1686年以來管轄烏克蘭宗教事務至2019年才結束，烏克蘭東正教會獲得自主地位。[42]（表8-1）

---

[40] Andrij Melnyk (2016), "Frank-Walter Steinmeier: Russland darf damit nicht durchkommen," *Zeitonline,* https://www.zeit.de/politik/ausland/2016-06/frank-walter-steinmeier-russland-nato-manoever (accessed on 13 June, 2018).

[41] 據烏克蘭宗教資訊局統計，截至2017年，「莫斯科牧首聖統」烏克蘭正教會共有12,328個教區，208個修道院；「基輔牧首聖統」烏克蘭正教會共有5,114個教區，60個修道院；烏克蘭自主正教會共有1,195個教區，13個修道院。史雨軒（2018），〈君士坦丁牧首給予烏克蘭教會自主權 俄教會稱這是歷史性分裂〉，《觀察者網》，https://www.guancha.cn/international/2018_10_12_475203.shtml（檢視日期：2018年10月13日）。

[42] 東正教全球精神領袖君士坦丁堡普世牧首巴爾多祿茂一世是東正教名義上地位最高神職人員，在2019年1月5日簽頒教令，授予烏克蘭東正教會自立地位，終結受俄羅斯管轄。中央社（2019），〈東正教領袖頒令 烏克蘭擺脫俄羅斯宗教管轄〉，《聯合新聞網》，https://udn.com/news/story/6809/3576841?from=udn_ch2cate7225sub6809_（檢視日期：2019年1月6日）。

表8-1　東正教自主教會成立時間

成立時間	東正教自主教會
2019	烏克蘭正教會（莫斯科牧首拒絕承認）
1972	美國正教會（君士坦丁堡普世牧首拒絕承認）
1951	捷克和斯洛伐克正教會
1937	阿爾巴尼亞正教會
1925	羅馬尼亞正教會
1924	波蘭正教會
1850	希臘教會
1589	俄羅斯正教會
1219	塞爾維亞正教會
927	保加利亞正教會
466	喬治亞正教會
434	賽普勒斯教會
	耶路薩冷正教會
	安條克正教會
	亞力山大港正教會
	君士坦丁堡普世牧首區

資料來源：君士坦丁堡普世牧首區、亞力山大港正教會、安條克正教會、耶路薩冷正教
　　　　　會是四個最早之宗主教區。詳請參閱原泉（2018），專訪俄羅斯正教會對
　　　　　外聯絡部書記處亞洲事務書記德米特裡．彼得羅夫斯基：〈俄烏東正教會
　　　　　分裂，背後是美國〉，《觀察者網》，https://www.guancha.cn/DmitriPetrovs
　　　　　ky/02018_12_17_483490_s.shtml（檢視日期：2018年12月19日）；維基百科
　　　　　（2019），〈東正教自主教會〉，《維基百科網》，https://zh.wikipedia.org/wiki/東
　　　　　正教自主教會（檢視日期：2019年2月5日）。

三、美國觀點

在第二次世界大戰以前，美國與蘇聯均發展意識型態，而此意識型態又易於使
其以國際責任爲名，採取單邊行動，美國是以干預的自由主義（Interventionist Lib-
eralism）爲名，而俄羅斯則是以國際共產主義（International Communism）爲名。
Barry Blechman與Stephen Kaplan發現自1946年以來將近三十年的時間內美國以軍事

手段或其他手段干預他國之次數大約是蘇聯的兩倍。雷根（Roland Reagan）政府認為美國無權推翻民主政府，但有權反對非民主政府。美蘇均將其社會制度強加在其他國家，在冷戰時期則是盡可能採用和平方式。[43]

　　蘇聯在1991年瓦解，使得西方國家認為其不再會是影響國際政治之因素。德國前總理施洛德認為俄羅斯無意占領巴爾幹半島與波蘭。[44]歐巴馬在2014年西點軍校（US Military Academy West Point）畢業典禮演講表示，當美國之核心利益與美國人受到威脅以及盟國陷入危險，美國將依循比例、有效與正義之原則使用武力。全球關切之問題與危機，但未直接威脅美國，則使用武力之門檻必須提高，美國不會單獨行動，而是要動員盟國與夥伴集體行動。美國必須拓展政策工具，此包含外交經濟與發展援助，制裁與孤立，訴諸於國際法，或採取必要與有效之多邊軍事行動。俄羅斯對烏克蘭的行動，非新冷戰的開始，在美國的領導之下，「北約」強化對於東歐盟國之承諾。[45]

　　季辛吉認為烏克蘭應該是俄羅斯與歐洲國家的橋梁，西方國家必須理解烏克蘭對於俄羅斯而言，一直都是受歡迎的外國。俄羅斯的歷史與宗教是始於基輔，烏克蘭百年來都是俄羅斯的領土；此外，作為俄羅斯控制地中海工具之黑海艦隊部署在克里米亞島。烏克蘭本身是擁有複雜的歷史與多種語言的國家，其東部是1939年希特勒與史達林協議的結果整合到蘇聯內。擁有60%的俄羅斯人口，克里米亞半島是直到1954年烏克蘭出生的赫魯雪夫（Nikita Chruschtschow）將其納入烏克蘭。烏克蘭西部多信天主教，使用烏克蘭語，東部多信東正教，使用俄語。依該國之歷史發展經驗，任何一方要控制對方均可能造成內戰或分裂。烏克蘭自14世紀以來即遭受外來統治，直到近1991年才獨立。故決策者尚未學習妥協在國際政治中的功能，而烏克蘭內部的衝突本質即在於各大勢力間的權力分配未達成共識。[46]從地緣政治之

---

[43] Kenneth N. Waltz (1993), "The Emerging structure of International Politics," *International Security*, Vol. 18, No. 2, pp. 48-49.

[44] Theo Sommer (2017), "Deutsch-russische Beziehungen: Ein unbequemer Nachbar, aber kein Feind," *Die Zeit*, http://www.zeit.de/politik/2017-11/deutsch-russische-beziehungen-5vor8 (accessed on 23 February, 2018).

[45] The White House (2014), "Obamas remarks at the United States Military Academy Commencement Ceremony," *West Point*, New York, http://www.whitehouse.gov/the-press-office/2014/05/28/remarks-president-united-states-military-academy-commencement-ceremony (accessed on 20 July, 2014).

[46] Henry A. Kissinger (2014), "Eine Dämonisierung Putins ist keine Politik," *Internationale Politik und Gesellschaft,* http://www.ipg-journal.de/kommentar/artikel/henry-a-kissinger-eine-daemonisierung-putins-ist-keine-politik-298/ (accessed on 23 July, 2014).

視角論烏克蘭之戰略選擇，季辛吉主張烏克蘭保持中立。[47]

　　美國政府認爲俄羅斯兼併克里米亞違反的國際法有：1975年「赫爾辛基最後議定書」、1991年12月俄羅斯承認烏克蘭的「阿拉木圖宣言」（Alma-Ata Protocol/Almaty Declaration）、1994年12月簽署之「布達佩斯備忘錄」（Budapest Memoradum）（烏克蘭在該備忘錄內同意將部署其境內之核武運送至俄羅斯）、1997年「北約－俄羅斯之基本協議」、1997年俄羅斯與烏克蘭之友好條約（Treaty of Friendship between Russia and Ukraine）、1997年俄羅斯黑海艦隊法律架構（legal framework surrounding the Russian Black Sea Fleet）、2002年建立「北約－俄羅斯理事會」的「羅馬宣言」。另外，亦有違反「上海合作組織」之反分裂主義運動（secessionist movements），以及俄羅斯在2008年6月加入之「歐安條約」（European Security Treaty）。[48]

　　在俄羅斯兼併克里米亞後，歐巴馬出訪波蘭時表示，美國將以大約0.2%國防預算，補助強化美軍暫時性部署在「北約」之東歐會員國以及更多之共同軍事演習，但排除在東歐長期增兵，或在東歐建構新的軍事基地。此一表態並未改變美國明顯減少自過去二十年以來在歐洲之駐軍由12萬2,000減少至2014年之6萬7,000駐軍，且有繼續減少之趨勢。美國使用武力之核心標準是國家核心利益遭受威脅，歐巴馬在2014年5月底西點軍校演講指此威脅爲國際恐怖主義而非俄羅斯。[49]

　　歐巴馬拒絕軍事上單獨地介入烏克蘭，不會將美軍派至無意義的戰場。美國不再有意願與能力捲入戰爭，未來美軍將與外交官以及發展專家合作，但美國仍要當唯一的超強霸權。世界因新的強國出現而面臨權力重新分配，美國的角色不再是唯一的。當俄羅斯入侵烏克蘭時，歐巴馬表示中歐與東歐盟國的安全是美國安全的支柱，強化靠近俄羅斯邊境之部署。歐巴馬在外交政策上對於用軍事手段較保留，金融與經濟制裁俄羅斯就成爲較重要的政策手段。[50]

　　歐巴馬不同於小布希（George Walker Bush）政府對俄羅斯採取強硬政策，同

[47] Hall Gardner (2014), "NATO, the EU, Ukraine, Russia and Crimea: The 'Reset' that was Never 'Reset'," p. 14.
[48] *Ibid.*, pp. 12-14.
[49] Marco Overhaus (2014), "US-Verteidigungspolitik: Obama unterlässt Kurswechsel in Europa," *Die Zeit*, http://www.zeit.de/politik/ausland/2014-06/us-verteidigungspolitik-kein-kurswechsel-in-europa/komplettansicht (accessed on 20 July, 2014).
[50] Martin Klingst (2014), "Barack Obama: Beißt der? Nö," *Die Zeit*, http://www.zeit.de/2014/24/barack-obama-aussenpolitik-usa (accessed on 14 June, 2014).

意將波蘭納入飛彈防禦網，而是對俄羅斯採取「重啟政策」（Reset Policy），故未將波蘭納入飛彈防禦網。為因應烏克蘭危機，歐巴馬同意加強美國在東歐之軍事部署，並增加軍事支出以加強軍備，美國亦同意派更多之美國地面部隊至波蘭與其他東歐國家，有60%的波蘭人認為當波蘭遭遇攻擊時，「北約」會防衛波蘭。[51]歐巴馬有意放棄「北約」飛彈防禦第四階段的技術發展（European Phased Adaptive Approach），而部署自己國家在海上及阿拉斯加對抗北韓之戰略防禦能力，但「北約」在面對克里米亞爭議之際，要放棄第四階段技術發展（Phase IV）幾乎不可行。[52]

季辛吉認為，「北約」在2014年之前誤認為俄羅斯將採納西方以規則為基礎所建構的秩序，「北約」輕忽俄羅斯對於被尊重的渴望，認為歐亞大陸權力重組會出現新體系，但忽略此體系未必與西伐利亞體系相同。對俄羅斯而言，這是對其身分的挑戰。[53]史學者Christian Hacke認為歐巴馬將烏克蘭危機誇大之目的，是要將俄羅斯定位為區域性大國，而此正是普丁所反對的，Eric T. Hansen則認為俄羅斯之新帝國主義是西方國家之問題所在。[54]

季辛吉認為解決烏克蘭爭議的途徑有：（一）烏克蘭有權自由決定其經濟與政治的結盟國家；（二）烏克蘭不加入「北約」；（三）烏克蘭政府的組成必須符合烏克蘭人民明確的意願，而國際社會應可考慮烏克蘭模仿芬蘭的模式，即與西方國家積極合作，但避免參與對俄羅斯有敵意之機構；（四）俄羅斯兼併克里米亞不符合國際規範，故俄羅斯應承認烏克蘭主權，烏克蘭則給予克里米亞更大的自治權，甚至選舉可讓國際觀察員來參與。烏克蘭政府對於俄羅斯與黑海艦隊等在克里米亞的塞瓦斯托波爾港之相關協定不得反覆。[55]

歐巴馬拒絕軍事上美國單獨介入烏克蘭事件，但同意由德國主導制裁俄羅斯，顯現全球權力的移轉。[56]川普執政後認為俄羅斯在2014年兼併克里米亞，被趕出工

[51] Michał Kokot (2014), "Obama-Besuch: Polen, wieder verliebt," http://www.zeit.de/politik/aus-land/2014-06/obamas-polen-usa-besuch/komplettansicht (accessed on 20 July, 2014).

[52] Wolfgang Richter (2014), "Die Ukraine-Krise Die Dimension der paneuropäischen Sicherheits-kooperation," p. 6.

[53] 基辛格（2018），〈世界處於非常嚴峻時期　大西洋分裂後患無窮〉，《參考消息網》，http://column.cankaoxiaoxi.com/2018/0725/2298593.shtml（檢視日期：2018年7月27日）。

[54] Eric T. Hansen (2014), "Ukraine: Uns Amis ist die Ukraine egal," *Die Zeit*, http://www.zeit.de/poli-tik/2014-04/wir-amis-ukraine-usa-deutschland/komplettansicht (accessed on 20 July, 2014).

[55] Henry A. Kissinger (2014), "Eine Dämonisierung Putins ist keine Politik."

[56] Martin Klingst (2014), "Barack Obama: Beißt der? Nö."

業國家峰會（G8），並遭受貿易制裁，是歐巴馬政府政策失誤。[57] 美國在2017年12月18日發表之「國家安全戰略」（National Security Strategy）報告，將俄羅斯視爲長期戰略對手，而川普總統發表首次（2018）國情咨文，視俄羅斯爲挑戰美國利益、經濟和價值觀的對手。[58]

四、歐洲立場

歐美國家在冷戰結束後便一直致力於優先發展與俄羅斯的關係，例如1997年5月，也就是第一批中歐國家受邀進行加入「北約」談判之前，歐美國家就與莫斯科簽訂了「北約－俄羅斯基本協議」，2002年發表「羅馬宣言」（附錄四），還成立了「北約－俄羅斯理事會」。「北約」東擴是透明的，也不會在新會員國內駐紮盟軍戰鬥人員，亦不會部署核武器。「北約」吸收新會員純屬爲了建立一個整合的北大西洋安全區，並非爲了圍堵俄羅斯。時任俄羅斯外長的普里馬科夫（Yevgeny Maksimovich Primakov）指出，俄羅斯簽署「北約－俄羅斯基本協議」是爲了減少損失，但雙方合作是不對等的，因在雙方聯合機構，俄羅斯對最重要的問題無表決權。[59]

「北約」與烏克蘭在1997年簽訂之「特殊夥伴憲章」（Charter on a distinctive Partnership）是「北約－烏克蘭委員會」（NATO-Ukraine Commission）合作之政治基礎，雙方合作重點是烏克蘭參與「北約」之危機處理，例如科索沃與阿富汗，以及「北約」協助烏克蘭安全部門改革以銜接西方之標準。「北約」在2008年羅馬尼亞首都布加勒斯特高峰會議決議對烏克蘭採取開門政策，但在若干會員國，特別是德國與法國，因顧慮俄羅斯而施加壓力下沒有繼續推動。匈牙利外長曾表示暫不支持烏克蘭加入「歐盟」和「北約」，因爲烏克蘭的教育法存在歧視，烏克蘭只有在履行自己的國際義務，廢除損害國內少數民族權益的教育法後，才能獲得匈牙利

---

[57] John Judson, Greg Jaffe, Seung Min Kim, and Josh Dawsey (2018), "After forging new ties with North Korea, Trump administration turns to Russia," *The Washington Post*, https://www.washingtonpost.com/world/national-security/after-forging-new-ties-with-north-korea-trump-administration-turns-torussia/2018/06/15/8f559209-c51f-4821-987b76925472dec3_story.html?noredirect=on&utm_term=.49263c11fd18 (accessed on 21 August, 2018).

[58] The White House (2018), "Donald J. Trump's State of the Union Address," https://www.white-house.gov/briefings-statements/president-donald-j-trumps-state-union-address/ (accessed on 24 August, 2018).

[59] 揚之（2018），〈俄羅斯與西方的關係往何處去？〉。

的支持。[60]2010年上任之烏克蘭總統亞努科維奇（Віктор Федорович Янукович）正式放棄加入「北約」之計畫，雙方關係降至技術層面。[61]

「北約」在2014年4月10日外長會議，除了同意與烏克蘭在技術面之合作繼續外，亦同意協助烏克蘭加強能力，以維護自己的安全。「北約」在同年4月派專家委員會前往基輔協助解決「戰術的軍事擴建」以及「重要之基礎建設」，[62]並針對俄羅斯在烏克蘭內以及沿著雙方之邊境建構的軍事設施（military build-up）（軍隊、大砲、現代空中防禦體系）提出警告，要求俄羅斯從東烏克蘭撤軍。烏克蘭要求「北約」提供現代武器，但「北約」與「歐盟」均拒絕武裝烏克蘭，以避免與俄羅斯的軍事對立。「北約」僅提供烏克蘭新的後勤、指揮與管制能力，以及網路防禦能力。「北約」認為針對烏克蘭，俄羅斯可以納入和平決議的一部分，或是選擇孤立路線，「歐盟」專家則協助烏克蘭重建警力與憲兵隊（gendarmerie）。[63]

「歐盟」提供會員資格給烏克蘭被視為，與俄羅斯之「歐亞聯盟」以及擴大俄羅斯、哈薩克及白俄羅斯間「關稅聯盟」的競爭。對於烏克蘭而言，則是涉及倒向歐洲或俄羅斯。[64]俄羅斯合併（annexion）克里米亞在歐洲引發自1984年飛彈危機以來最嚴重的危機，並被視為是新蘇維埃修正主義（Neo-sowjetischen Revisionismus），俄羅斯則認為此是防禦西方危及其安全利益之前進策略，因為俄羅斯認為西方國家在國際政治以及歐洲地緣政治中擠壓俄國之角色。[65]

針對俄羅斯併吞克里米亞以及支持烏克蘭東部之動亂，「北約」在2014年增加其快速反應部隊（陸、海、空軍與特種部隊）之編制，其核心是高戰備協作部隊／快速部隊（Very High Readiness Joint Task Force, VJFT），有5,000部隊可在四十八小時內部署。此外，「北約」也在與俄羅斯為鄰的七個盟國有輪調軍隊（rotating force）。「北約」在東歐增設六個指揮中心，以便更佳地聯絡當地之軍

---

[60] 中新社（2018），〈烏克蘭獲北約「申請國」身分　邁出「重要一步」〉，《中國新聞網》，頁1-2，http://www.chinanews.com/gj/2018/03-11/8464824.shtml（檢視日期：2018年6月20日）。

[61] Markus Kaim (2014), "Partnerschaft Plus: Zur Zukunft der NATO-Ukraine-Beziehungen," *SWP-Aktuell*, No. 38, p. 1.

[62] *Ibid.*, p. 2.

[63] Andrew Rettman (2014), "NATO warns of Russian military build-up, amid EU peace talks," *EUobserver*, http://euobserver.com/foreign/126562 (accessed on 8 September, 2017).

[64] Wolfgang Richter (2014), "Die Ukraine-Krise Die Dimension der paneuropäischen Sicherheitskooperation," p. 7.

[65] *Ibid.*, pp. 1-2.

隊。[66]

　　蘇聯瓦解後，「北約」回應新安全挑戰之任務陸續擴展至集體安全，例如邊界衝突、恐怖主義與網路安全、人道救援等。烏克蘭事件使得「北約」重返集體防衛。俄羅斯與西方繼續合作之領域有伊朗之核武以及解除敘利亞之化武，使得「北約」必須同時處理危機與領土防禦。[67]「北約」支持國防部門的改革，但烏克蘭沒有能力參與外國的支援行動，其必須自己處理主權與領土完整。[68]

　　「北約」雖然在歐洲結束兩場戰爭（波士尼亞、科索沃）、解決德國問題、使得中歐脫離地緣政治的制約、至阿富汗及利比亞出任務，以及至地中海與波斯灣出任務，但烏克蘭並非「北約」會員國，「北約」不能依據「華盛頓條約」第5條規定出兵，故在波羅的海三國展示軍力，例如空中警戒（air policing）、航空監視（aerial surveillance），以及事先規劃之軍事及海事演習（military and naval exercise），「北約」的中歐會員國重視西歐會員國及美國之安全保證。[69]

　　「北約」表明不會使用武力支持非會員國之烏克蘭，北約前秘書長Anders Fogh Rasmussen表明不考慮軍事行動，國際社會對於俄羅斯之經濟制裁可以孤立俄羅斯。英國前首相卡麥隆主張新的演習、建構新的軍事架構、事前定位之設備與補給（pre-positioning equipment and supplies），以及強化「北約」快速反應部隊之人數至2萬5,000名。「北約」之東歐會員國能有地面部隊之前進部署，以嚇阻俄羅斯對於該區域之干擾。民調顯示四分之三的德國人反對「北約」在東歐會員國內建立常設基地，「北約」仍將位在波蘭Szcezcin由德國、波蘭與丹麥所負責之聯合總部升級（joint German-Polish-Danish headquarters）。[70]波蘭總統杜達（Andrzej Sebastian Duda）甚至在2019年表示波蘭願意每年花費20億美元邀請美國在波蘭駐軍，美國亦在2019年6月額外增加1,000名美軍調派至波蘭。[71]

[66] Kathryn Stoner and Michael McFaul (2015), "Who Lost Russia (This Time)? Vladimir Putin," *The Washington Quarterly*, Vol. 38, No. 2, p. 182.

[67] Reuter (2014), "Ukraine Crisis sends NATO 'Back to Basics'," *The Moscow Times*, http://www.themoscowtimes.com/news/article/ukraine-crisis-sends-nato-back-to-basics/505125.html (accessed on 18 August, 2014).

[68] Markus Kaim (2014), "Im Osten viel Neues," *Handelsblatt*, http://www.handelsblatt.com/meinung/gastbeitraege/kurz-gesagt-im-osten-viel-neues/10220660.html (accessed 20 June, 2014).

[69] Robert Hunter (2014), "Will Putin Save NATO?," *World Security Network*, http://www.lobelog.com/will-putin-save-nato (accessed on 23 July, 2014).

[70] Reuter (2014), "Ukraine Crisis sends NATO 'Back to Basics'."

[71] Andrew Feickert, Kathleen J. McInnis, and Derek E. Mix (2020), "US military Presence in Poland," *IN FOCUS*, https://fas.org/sgp/crs/natsec/IF11280.pdf (accessed on 24 September, 2020).

　　歐美國家針對烏克蘭與俄羅斯之安全政策的兩項基本假設：（一）自2010年以來烏克蘭之中立狀態以及1994年之「布達佩斯備忘錄」所保障之主權與領土完整；（二）「北約」不納入烏克蘭為會員，俄羅斯就會在國際安全政策方面合作，特別是歐洲與大西洋地區。[72] 克里米亞危機顯示「北約」、「歐盟」及俄羅斯在後冷戰時期之國防與安全合作不如預期；「北約」持續擴大的政策（open enlargement）誤導了基輔與莫斯科；歐美國家對於俄羅斯兼併克里米亞的反應，造成「北約」、俄羅斯與歐洲間持續緊張。克里米亞危機有兩大原因，一個原因在於「北約」回應黑海及高加索（Caucasus）的安全失敗，因其未顧及俄羅斯合理的安全關切，例如反對喬治亞及烏克蘭加入「北約」，以及「北約」在喬治亞及烏克蘭之任務，另一個原因是「歐盟」在簽署與烏克蘭的經濟合作協定時，並未同時與俄羅斯簽屬相關協定。[73]

　　「北約」在2008年承諾喬治亞與烏克蘭可以成為會員國，雖未有具體之行動，但造成俄羅斯出兵喬治亞。普丁明確表示「北約」東擴至其邊界是觸到莫斯科的紅線。[74]「北約」認為俄羅斯兼併克里米亞以及讓軍人與重裝武器進入烏克蘭是違反1975年「赫爾辛基最後議定書」及1994年「布達佩斯備忘錄」，烏克蘭在該備忘錄內同意將部署其境內之核武運送回俄羅斯。[75]「北約」與烏克蘭致力於達成遵守國際法與國際承認之烏克蘭邊界的政治與外交方案，「北約」全力支持烏克蘭之主權與領土完整，[76] 普丁則堅持如此做是為阻止「北約」之船隻與飛彈部署在塞瓦斯托波爾港。[77]

　　普丁策劃兼併克里米亞半島時，並未採取傳統軍事入侵，而是憑藉假新聞、特種部隊和代理戰鬥人員（小綠人）以及網路攻擊等方式。「北約」將此攻擊方式視為混合戰，並當作實際攻擊來回應。「北約」認為此類針對會員國的混合戰行為可能會涉及第5條款所規定之情況，即要求所有條約會員國向任何受到攻擊的會員國

[72] Markus Kaim (2014), "Partnerschaft Plus: Zur Zukunft der NATO-Ukraine-Beziehungen," p. 1.
[73] Hall Gardner (2014), "NATO, the EU, Ukraine, Russia and Crimea: The 'Reset' that was Never 'Reset'," p. 1.
[74] Reuter (2014), "Ukraine Crisis sends NATO 'Back to Basics'."
[75] Die Zeit (2014), "Ukraine-Konflikt: Nato bezichtig Putin der Lüge," http://www.zeit.de./politik/ausland/2014-07/ukraine-russland-mh17-nato-wladimir-putin/komplettansicht (accessed on 8 August, 2014).
[76] NATO-Ukraine Commission (2014), Statement of the NATO-Ukraine Commission, http://www.nato.int/cps/en/natolive/news_108499.htm?selectedLocale=en (accessed on 13 May, 2014).
[77] Die Zeit (2014), "Ukraine-Konflikt: Nato bezichtig Putin der Lüge."

提供援助，此後混合戰將與傳統攻擊受到同等對待。[78]

　　波羅的海是俄羅斯通向歐洲的主要出口，但在俄羅斯和西方國家關係持續低迷之際，狹窄的芬蘭灣無法幫助俄羅斯對抗「北約」東擴，反而成爲敏感的戰略要地。自2014年以來，「北約」不僅增加在東歐地區與波羅的海沿岸的軍事演習規模，還不斷沿俄羅斯邊界部署新的軍事基礎設施，持續向俄羅斯施壓。[79]「北約」華沙高峰會在2016年7月8日至9日舉行期間，討論「北約」在中東歐的軍力部署、與夥伴國的安全合作、與「歐盟」的合作等三大議題。「北約」會員國領導人決定增加在中東歐的軍事存在，將網路空間納入「北約」行動領域。此外，「北約」與「歐盟」決定加強兩大組織在資訊共用和戰略溝通，提升應對混合戰爭威脅能力，擴大在地中海等地區的海上安全行動合作以及網路安全和防禦等領域的合作。「北約」秘書長斯托爾滕貝格認爲俄羅斯已經不是戰略合作夥伴，雙方不存在戰略合作關係。從2017年開始，在波蘭和波羅的海三國共部署四個營的多國部隊，美國、德國、英國和加拿大將分別承擔在波蘭、立陶宛、愛沙尼亞和拉脫維亞駐軍的領導責任；決定在羅馬尼亞設置一個旅的多國部隊，而部署在西班牙、土耳其以及羅馬尼亞的重要導彈防禦設施和裝備，可以在「北約」共同指揮下協同運作。[80]

　　「北約」會員國並不希望與俄軍發生正面衝突，以免衝擊整個歐洲安全和穩定，「北約」主要目的是防止俄羅斯對波羅的海三國和東歐的突擊。俄羅斯認爲導致緊張局勢的責任在「北約」，俄羅斯只是維護自己的安全利益。此外，俄羅斯展示了俄軍高度的戰備程度，能夠對「北約」飛機的活動保持有效監控，並迅速對任何空中「挑釁」做出反應。[81]

　　歐洲國家視普丁所領導之俄羅斯爲威脅，主要來自以下兩個原因：第一，烏克蘭危機後，普丁對西方的態度由合作轉爲制衡，並用能源交易實施復興俄羅斯的計畫。第二，歐洲國家對始於16世紀開國沙皇伊凡四世並延續至史達林蘇聯的「恐俄

---

[78] 第5條只啓動過一次，是在美國2001年9月11日遭受攻擊之後。基辛格（2018），〈世界處於非常嚴峻時期　大西洋分裂後患無窮（3）〉，《參考消息網》，http://column.cankaoxiaoxi.com/2018/0725/2298593_3.shtml（檢視日期：2018年7月27日）。

[79] 中國評論通訊社（2017），〈俄與北約爲何加劇波羅的海上空「危險遊戲」〉，《中國評論新聞網》，http://hk.crntt.com/doc/1047/2/7/6/104727679.html?coluid=5&kindid=24&docid=104727679&mdate=0629122335（檢視日期：2017年6月30日）。

[80] 中國評論通訊社（2016），〈北約宣布不再與俄羅斯戰略合作〉，《中國評論新聞網》，http://hk.crntt.com/crn-webapp/doc/docDetailCNML.jsp?coluid=4&kindid=16&docid=104303655（檢視日期：2016年7月12日）。

[81] 中國評論通訊社（2017），〈俄與北約爲何加劇波羅的海上空「危險遊戲」〉。

症」（Russophobie）。[82]對於歐洲國家而言，俄羅斯併吞克里米亞是改變歐洲之疆界現狀及破壞平衡。[83]「北約」前秘書長Anders Fogh Rasmussen就烏克蘭危機表明俄羅斯威脅歐洲與大西洋地區之穩定與安全，「北約」必須快適應，快速與彈性反應，東歐會員如波蘭與波羅的海三國主張額外加派軍艦以防俄羅斯在兼併克里米亞後，再入侵東烏克蘭。美國之看法在於短期加強其駐東歐之軍隊，加強與非會員國如烏克蘭、喬治亞與摩爾多瓦等的合作。德國、波蘭與丹麥必須固守在波蘭Stettin之東北多國部隊（Multinationalen Korps Nordost）總部，強化波羅的海三國的空中監控以及更多的演習，「北約」認定俄羅斯有機會就會擴大其影響區。對於東歐會員國而言，與「北約」秘書長與美國的觀點一致即增加軍費，重返嚇阻與防禦，更多的軍力與軍備，其他國家如德國與法國則認為不宜因此而激怒俄羅斯，且不願增加軍費，也不願增加部署在東歐之士兵及物資。德國主張以外交來解決，在面對新的危機歐洲國家應整合力量在軍事（從軍備至投入）上分工，並思考成立歐洲軍隊（europäische Armee）。[84]

　　德國和法國在2014年共同推動解決烏克蘭衝突之政治決議架構的「明斯克協定」（Vereinbarung von Minsk），支持「歐安組織」的東烏克蘭特殊監督任務，以快速部隊與巴爾幹半島之空中監督來強化「北約」之東翼。[85]隨著「北約」與俄羅斯軍事對峙的加劇，「北約」增加對烏克蘭的援助，例如軍車、夜視儀、反砲兵雷達、大口徑狙擊步槍和標槍反坦克導彈。此外，「北約」還向烏克蘭派駐了大量軍事顧問，以「北約」標準訓練烏克蘭軍隊，提供戰略戰術和情報支援，土耳其提供烏克蘭價值數百萬歐元的裝備和人員培訓服務。[86]「北約」認為俄羅斯對烏克蘭東部局勢動盪負有責任，並呼籲各方全面落實「新明斯克協定」。此外，「北約」對烏克蘭提供之綜合援助方案，旨在幫助提升烏克蘭國防和安全機構的運作能力。[87]

　　俄羅斯兼併克里米亞及其對烏克蘭過渡政府之影響，不僅重新塑造歐洲國家與

---

[82] 揚之（2018），〈俄羅斯與西方的關係往何處去？〉。

[83] John Judson, Greg Jaffe, Seung Min Kim, and Josh Dawsey (2018), "After forging new ties with North Korea, Trump administration turns to Russia."

[84] Carsten Luther (2014), "Die Osteuropäer haben recht behalten."

[85] Ursula von der Leyen (2018), Speech at 54th Munich security conference on Europäischer werden, transatlantisch bleiben.

[86] 鷹眼防務觀察（2018），〈烏克蘭獲得申請國地位，一旦成為正式成員國，北約會跟俄軍開戰？〉，《今日頭條》，https://www.toutiao.com/a6531966813683581448/（檢視日期：2018年3月13日）。

[87] 中國評論通訊社（2016），〈北約宣布不再與俄羅斯戰略合作〉。

俄羅斯在東歐之地緣政治的平衡，甚且是製造體系的衝突。歐洲人必須付出代價，以協助烏克蘭轉型成功，否則不穩定的烏克蘭會使歐洲付出更高的代價。德國基於其在「歐盟」中之政治與經濟實力、地理位置以及其與俄羅斯之特殊聯繫，應要立即穩住烏克蘭之過渡時期；制裁俄羅斯，保護在其周邊及「歐盟」內較弱之國家，以免歐美國家與俄羅斯面臨爆發第二次冷戰。要因應此情勢，「歐盟」本身必須加強軟硬實力，以及積極推動東鄰政策，提供更多之民主轉型政經資源。[88]

學者Markus Kaim認為「北約」未來之烏克蘭政策應考慮下列四項重點：（一）自決優先；（二）「芬蘭模式」取代芬蘭化，即學習芬蘭不參與任何軍事結盟，但政治上不必中立，在安全政策可採親西方之政策與行動，例如其自1994年參與「北約」之「和平夥伴」，自1995年成為「歐盟」會員，並依據「歐盟」「里斯本條約」之「團結條款」（Solidaritätsklausel）參與「歐盟」之共同外交與安全政策，當其他會員國遭受恐怖攻擊時必須給予援助。故烏克蘭未來之安全政策可以此為鑑：1. 繼續自由結盟政策；2. 加強與「北約」會員國之合作；3. 政治上採親西方立場；（三）成為「北約」的完整會員國，如此才得維護「北約」2008年之承諾，且可表示不會屈服於俄羅斯之壓力；（四）輸出穩定。[89]

美國和「歐盟」在2014年因為克里米亞併入俄羅斯和烏克蘭東部衝突，對俄羅斯施加多次制裁，目前「歐盟」對俄羅斯經濟制裁主要針對金融、能源、防務和軍民兩用產品領域。2015年以來，「歐盟」以旨在和平化解烏克蘭危機的「明斯克協定」未能得到完全執行為由，數次延長對俄羅斯的經濟制裁，[90]但也有同情和理解俄羅斯之觀點，例如德國前總理施密特（Helmut Schmidt）和施洛德，還有德國國防軍前總監哈拉德‧庫亞特（Harald Kujat）將軍等認為，俄羅斯的反應和作為與西方國家不斷衝撞俄羅斯核心利益有關。施密特認為，一個沒有俄羅斯或是與俄羅斯對抗的歐洲整合會充滿挑戰。俄羅斯在失去了西北部的波羅的海出海口之後，黑海對俄羅斯之重要性增加；而烏克蘭和白俄羅斯，還有高加索地區，則是俄羅斯與西方國家之間僅剩的緩衝地帶，故俄羅斯之立場必然轉趨強硬。[91]

義大利作為「北約」與「歐盟」的會員國，是俄羅斯在歐洲的主要交流夥伴

---

[88] Daniela Schwarzer and Constanze Stelzenmüller (2014), "What is at Stake in Ukraine," *GMF-Europe Policy Paper*, No. 1, pp. 1-17.

[89] Markus Kaim (2014), "Partnerschaft Plus: Zur Zukunft der NATO-Ukraine-Beziehungen," pp. 1-4.

[90] 海洋（2018），〈特朗普：美國短期內不會取消對俄羅斯的制裁〉，《新華網》，http://www.xinhuanet.com/world/2018-08/01/c_129924008.htm（檢視日期：2018年8月1日）。

[91] 揚之（2018），〈俄羅斯與西方的關係往何處去？〉。

之一，由民粹主義政黨「五星運動」和極右翼黨派「聯盟黨」聯合組成的義大利政府，一直主張改善與俄羅斯關係，並取消對俄羅斯的制裁。[92] 斯洛伐克2016年6月30日成為「歐盟理事會」輪值主席前一天，該國外交部長Miroslav Lajcak主張「歐盟」要在現實的基礎上重新界定與俄羅斯之關係，並指出「歐盟」太意識型態，「歐盟」的西歐會員國偽善，「歐盟」的東歐會員國不務實。「歐盟」必須和俄羅斯建構新型的夥伴關係，必須面對俄羅斯是全球的行為者（global player）的事實，沒有俄羅斯，歐洲很多問題無法解決。經濟制裁雖傷害俄羅斯之經濟，但未改變其對烏克蘭之立場。在2016年初斯洛伐克總理羅伯特‧菲佐即主張越早撤銷制裁越好，義大利與匈牙利則要求針對俄羅斯之制裁與對俄羅斯關係進行辯論。[93] 馬克宏主張加強與俄羅斯的合作，化解歐洲國家與俄羅斯自烏克蘭危機以來之僵局。[94]

除了烏克蘭事件，干涉美國大選之指責以及英俄雙面間諜中毒案等，又進一步惡化俄羅斯與歐洲及美國之關係，川普政府亦持續對俄制裁。[95] 在美國企圖以單邊貿易保護主義向歐洲施壓，在政治安全問題上對俄羅斯進行極度施壓之制裁，但俄羅斯與歐洲在敘利亞、烏克蘭、伊朗核事件之危機處理過程中的交流與合作卻明顯改善。烏克蘭危機經由談判而非軍事施壓解決問題的立場，「明斯克進程」雖還前景不明，但這是俄羅斯與歐洲旨在排除美國的干擾，經由雙方合作來解決爭端的平臺。伊朗核問題的演進趨勢更加清晰地表明，包括英國在內的所有歐洲主要國家和俄羅斯持有接近的立場。[96]

第三節　俄羅斯的選擇：大歐亞夥伴關係

國際安全包括軍事與政治之穩定外，尚有全球經濟穩定、克服貧窮、經濟安全以及文明間的對話。冷戰留給普丁的是意識型態的刻板印象、雙重標準及其他冷戰集團思維。普丁認為單極世界就是單一權威中心、單一的力量中心、單一的決策中心、單一主導國家、單一主權，但最終在體系內的國家及其主權均將從內部自我瓦

---

[92] 海洋（2018），〈特朗普：美國短期內不會取消對俄羅斯的制裁〉。

[93] Eric Maurice (2016), "EU must change 'ideological' policy on Russia, says Slovak FM," *EUobserver*, https://euobserver.com/foreign/134133 (accessed on 2 August, 2018).

[94] 張健（2019），〈英國脫歐之戰略影響〉。

[95] 海洋（2018），〈特朗普：美國短期內不會取消對俄羅斯的制裁〉。

[96] 馮紹雷（2018），〈俄歐關係的兩重性及其當代路徑〉。

解。[97]

　　蘇聯解體是世界上最大的軍事力量的毀滅和眾多安全問題的出現，東歐的和平演變，俄羅斯與烏克蘭、白俄羅斯、哈薩克之間的武裝部隊分裂，使俄羅斯失去了44.6%的軍事能力，美國和俄羅斯對於烏克蘭、白俄羅斯和哈薩克領土上的核子武器均主張撤出。在地緣政治方面，俄羅斯喪失了23.8%的領土和48.5%的人口，以及喪失烏克蘭生產能力和人力資源，和波羅的海的戰略基地。俄羅斯與蘇聯相比，國內生產總值只有59%和60%的工業潛力。在新的現實中，尋求與歐美國家和解的俄羅斯無法建立一個平等的夥伴關係。冷戰結束後，俄羅斯人成為世界上最分裂的民族，因為數百萬同胞留在國外，其中許多人處於危險之中。許多國家，特別是波羅的海、高加索和中亞渴望文化分離。許多俄羅斯人失去了工作、住宅和在波羅的海的政治權利。這種分裂的結果至今仍未解決，普丁視蘇聯解體為本世紀最大的地緣政治災難。[98]

　　德國前總理柯爾主張以雙支柱策略（Zwei Pfeiler Strategie）來處理「北約」東擴。此策略是指納入中東歐前共黨國家的同時，和俄羅斯建構夥伴關係。「北約」接受此主張並在1997年簽署雙重協議，其中一協議是開始納入東歐國家；另一協議是與俄羅斯成立合作理事會。小布希在2002年上任為美國總統時，只推動第一支柱，即納入中歐與東歐國家。對於俄羅斯而言，中歐、東歐國家與「歐盟」結盟（Assoziierung）就是成為「歐盟」會員的第一步，進而直接進入「北約」。[99]

　　普丁在2000年當選總統，主張恢復大國地位，中東歐（2003-2005）的顏色革命，「北約」與高加索地區以及中亞，包括烏克蘭與喬治亞之談判加入「北約」，衝擊區域的權力平衡，造成俄羅斯強力反對。烏克蘭與喬治亞加入「北約」，特別不利俄羅斯成為區域霸權與恢復大國地位（great power status）。布里辛斯基指出沒有烏克蘭，俄羅斯是無法成為歐亞帝國。俄羅斯出兵喬治亞並以能源為武器，以反制「北約」的東擴企圖。普丁在2007年德國慕尼黑安全會議中表明，要積極重返

---

[97] Wladimir W. Putin (2007), Speech at the 43rd Munich Conference on Security Policy, http://www.securityconference.de/konferenzen/rede.php?.sprache=en&id=179& (accessed on 25 May, 2007).

[98] 科羅廖夫（2019），〈西方的勝利：蘇聯解體的損失有多大？普京：世界最大地緣政治災難〉，《今天頭條》，https://twgreatdaily.com/GeCqAWwBmyVoG_1Zzk5T.html（檢視日期：2020年11月9日）。

[99] Wolfgang Ischinger (2014), "Baumängel am 'gemeinsamen Haus' Warum die Anbindund Russlands an den Westen gescheitert ist," *Internationale Politik*, pp. 19-21, http://zeitschrift-ip.dgao.org/de/article/25350/print (accessed on 5 July, 2014).

國際政治及將國家利益極大化。俄羅斯藉由出兵喬治亞來表達前蘇聯地區仍是其影響區，俄羅斯前總統梅德耶夫在喬治亞戰爭後，表示俄羅斯對於該區有「特權的利益」（privilege interests）。[100]

俄羅斯認為，「北約」的擴大與西方支持烏克蘭民主化運動是打擊俄羅斯的影響區，建立「北約」之緩衝區（buffer zone），以孤立俄羅斯，普丁甚至認為美國想掌控世界及推動太空軍事化（militarization of space）。歐巴馬政府在2009年提出「重啓政策」，以改善美國、「北約」與俄羅斯之關係。2010年里斯本高峰會中討論「北約」與俄羅斯合作發展飛彈防禦網（defence shield），「北約」之中東歐會員仍視其為防禦俄羅斯之集體防禦機制。[101]「北約」在減少核武方面致力於俄羅斯核武之透明度，以及將其部署在「北約」會員國領土之武器移走，並將在全球與任何國家發展政治對話與實際的合作。[102]

新的地緣戰略衝突使得雙方信任感降低及回到舊的威脅認知，俄國、白俄羅斯、哈薩克以及烏克蘭雖然在2004年簽署「歐洲傳統武力條約」之「過渡協議」。美國、英國及東歐盟國以對「伊斯坦堡義務」之定義有爭議為由拒絕簽約，並有意利用俄羅斯偏好之傳統武器管制為籌碼，將其影響力趕出喬治亞與摩爾多瓦，「舊歐洲」國家亦接受此立場。「北約」東擴後，會員國對於俄羅斯之看法不一。對德國而言在「合作安全」途徑下，區域穩定最重要，中歐與東歐國家則主張「北約」是防禦俄羅斯之安全保障。小布希政府基於地緣政治考量，2007年美國在羅馬尼亞與保加利亞部署空軍與陸軍戰鬥部隊，部分戰略飛彈部隊部署在波蘭與捷克。俄國堅決反對在其西部邊境部署戰略飛彈且要求「過渡協議」生效，並要將波羅的海三國納入，以及要求定義「實質的戰鬥部隊」（substantial combat forces）。美國拒絕此要求，並認為俄羅斯應先從喬治亞及摩爾多瓦之領土衝突區域撤出。[103]

對於由「聯合國」安理會同意之俄羅斯和平部隊（應部署在Abchasien）是否要駐紮在古達塔（Gudauta），「北約」內部有不同看法。此分歧的結果是，「歐洲傳統武力條約」之「過渡協議」未生效，以及波羅的海三國加入「北約」。俄羅斯在2007年之回應是，中斷1990年簽署之「歐洲傳統武力條約」。「反彈道飛彈條

[100] Roger E. Kanet and Maxime Henri André LARIVÉ (2012), "NATO and Russia A Perpetual New Beginning," pp. 79-80.
[101] Ibid., pp. 83-86.
[102] NATO (2010), "Lisbon Strategic Concept 'Active Engagement Modern Defence'."
[103] Wolfgang Richter (2014), "Die Ukraine-Krise Die Dimension der paneuropäischenSicherheitskooperation," pp. 2-3.

約」（Anti-Ballistic Missile Treaty）與「美蘇限制戰略核武條約」（Strategic Arms Limitation Treaty）是戰略穩定的支柱，然而美國在2001年底退出「反彈道飛彈條約」。俄羅斯認為美國在其西疆邊界部署反彈道飛彈是削弱其第二擊的能力，回應前述美國之部署，俄羅斯在加里寧格勒（Kaliningrad）部署短程飛彈，以確保俄羅斯之第二擊能力，「北約」則視此為威脅。俄羅斯認為在美國領導下，歐美國家之軍事入侵塞爾維亞（1999）、伊拉克（2003）及利比亞（2011）等是違反國際法，弱化「聯合國」安理會且是反俄羅斯之政策，特別是承認科索沃之獨立（2008）。此外，俄羅斯認為西方國家自行認定國際法之例外條款。「歐安組織」主張沒有任何一國之安全是建立在他國之不安全之上，故俄羅斯在2008年主張將該組織法條化為「歐安區域組織」在戰略問題上互相諮商。美國強烈反對，以防被排除在外，故在維也納之常設委員會不斷指責俄羅斯違反人權，及其領土爭議。法國支持「歐安區域組織」之主張，但「北約」之東歐會員國反對。俄羅斯認為美國支持烏克蘭及喬治亞加入「北約」，拒絕批准「歐洲傳統武力過渡協議」，飛彈防禦計畫將「歐安組織」及「北約－俄羅斯理事會」邊緣化等，是整套的反俄羅斯的地緣戰略。[104]

　　普丁認為「北約」東擴與其現代化及確保歐洲安全無關，其只會降低雙方的互信。經濟安全需要遵守一致的原則，「歐安組織」負責處理的安全包括軍事、政治、經濟、人道以及這些領域間的關係。有些國家破壞此等功能，而有意將其轉換成貫徹自己國家利益的外交工具，故俄羅斯要貫徹自主的外交。[105] 俄羅斯之自我認同以及歐洲未來的安全，使得「北約」與俄羅斯在90年代之積極互動關係結束，普丁與梅德耶夫有意經由對鄰國的影響力恢復俄羅斯的大國地位，故反對「北約」東擴、飛彈防禦網之發展以及「北約」之全球布局（the globalization of NATO's involvement）。「北約」前秘書長Andres Fogh Rasmussen認為「北約」與俄羅斯之關係會影響歐洲與全球安全，「北約」會員國認為歐洲大陸要建構完整、穩定與西方化的歐洲，但俄羅斯不在其中；俄羅斯則認為歐洲大陸是可以增加俄羅斯影響力的地方。「北約」與俄羅斯均採取「積極主導外交」，「北約」的方式是增加會員國，領導若干軍事行動以及擴大行動之性質，俄羅斯則採獨斷的外交政策，以分化

[104] *Ibid.,* pp. 3-4.
[105] Wladimir W. Putin (2007), Speech at the 43rd Munich Conference on Security Policy.

西方，以及強化俄羅斯的實力及區域影響力。[106]

　　普丁2016年在索契（Sochi）的法爾達論壇（Valdai Discussion Club）表示美國可能是當今唯一的超強，但他支持多極（multipolar）世界。歐洲在19世紀初期拿破崙戰爭後，所建立之維也納體系（Vienna System）的多極國際關係確保歐洲長期之和平。[107] 普丁認爲必須在國際對話中找到各國利益的平衡點，在全球經濟成長的新經濟中心，可以轉換爲政治影響力，並強化多極世界，多邊外交的意義亦必須增加。政治所需要遵守之原則如開放、透明及政策的可預估性，而使用武力（use of force）必須是例外情況，僅有「聯合國憲章」可以授權使用軍事武力，「北約」和「歐盟」不能取代「聯合國」。[108]

　　普丁尋求建構國際秩序之戰略，是加強與各方勢力聯繫，並以俄羅斯的自身利益爲本。「北約」東擴、科索沃危機以及車臣戰爭說明俄羅斯改變對歐美所持的溫和態度。俄羅斯只能靠核武器來保護本國重大安全利益，莫斯科不願爲加入西方國家俱樂部而接受美國的領導。[109] 俄羅斯在2013年促成敘利亞處理化學武器方面的妥協，加入「禁止化學武器組織」（Organization for the Prohibition of Chemical Weapons），使其再度成爲全球而非僅是區域的行爲者。[110]

　　俄羅斯記取1990年現代化政策失敗的教訓，在2012年提出俄羅斯的選擇，即帝國的愛國主義、權力至上與跨歐亞的俄羅斯，以保守價值爲基礎之文明的復興。歐洲拒絕與俄羅斯和平共存，使得俄羅斯理念轉爲強化民族與愛國。俄羅斯認爲其安全政策是與價值體系結合，是在歐洲與全世界中確保眞正的基督保守價值，兼併克里米亞是對抗日漸腐敗的西方文明。普丁認爲其要將世界從腐敗的自由主義與西方價值中解放出來。[111] 俄羅斯的後克里米亞共識是俄羅斯保守主義在當代的延續和

---

[106] Roger E. Kanet and Maxime Henri André LARIVÉ (2012), "NATO and Russia A Perpetual New Beginning," p. 75.

[107] Andrey Kortunov (2018), "Why the World is Not Becoming Multipolar," *Russia in Global Affairs*, https://eng.globalaffairs.ru/book/Why-the-World-is-Not-Becoming-Multipolar-19642 (accessed on 23 July, 2018).

[108] Wladimir W. Putin (2007), Speech at the 43rd Munich Conference on Security Policy.

[109] 德米特裡‧特列寧（2017），〈俄媒文章：俄羅斯正醞釀新國際戰略〉，《參考消息網》，http://column.cankaoxiaoxi.com/2017/1101/2241422.shtml（檢視日期：2017年11月2日）。

[110] Wolfgang Richter (2014), "Die Ukraine-Krise Die Dimension der paneuropäischen Sicherheits-kooperation," pp. 1-8.

[111] Aschot L. Manutscharjan (2017), "Russlands Weg in die 'Postwestliche Welt'," *Aus Politik und Zeitgeschicht*e, Jg. 67, Nr. 21-22, pp. 13-14.

發展，反西方的特質是其最明顯的特徵。同時，不允許通過革命方式實現國內政權的更替，也符合俄保守主義反對一切激進革命的核心觀念。[112]

　　俄羅斯目前之政策是結合沙皇、布爾什維克與歐亞並存的傳統路線，對於一些中東歐國家以及「北約」內保守的軍方而言，俄羅斯目前之政策是繼續沙皇與蘇維埃帝國的帝國主義；另一派則認爲是西方的擴張主義，例如「北約」東擴、科索沃戰爭、伊拉克戰爭、干預利比亞、歐美的敘利亞政策等，促使俄羅斯在軍事與經濟之發展轉向東方。[113] 莫斯科民調中心Lewada-Zentrum主任Lew Gudkow認爲當不再有任何事讓俄羅斯人感到驕傲時，他們就會創造敵人。[114]

　　俄羅斯外交部長拉夫羅夫（Sergej Lawrow）在2017年2月慕尼黑安全會議提出「後西方」時代的概念，在2017年3月9日進一步指出西方自由主義的時代已失敗，「後西方」的世界秩序是以民族爲主流。俄羅斯之外交政策是以新保守主義爲原則，該主義奠基於2010年俄羅斯電影協會主席米謝爾科夫（Nikita Michalkow）發表之「啓蒙的保守主義宣言」（Manifest des aufgeklärten Konservativismus），指出未來大俄羅斯要經由統治者強大的權力來保障，由信仰、自由、祖國與傳統之家庭價值來支撐。拉夫羅夫在2017年11月7日表示歐洲與美國對輸出民主體制與價值執迷不誤，輸出之「後基督」（postchristlich）價值與俄羅斯之傳統價值是對立的。[115]

　　普丁的政府概念與開放社會不同，在其影響下，「歐盟」的發展受到衝擊。普丁不是最新發展趨勢的消極受益者；普丁全力推動著趨勢的發展，認知俄羅斯之侷限，即可以開採自然資源，但無法形成經濟增長，以及受到克羅埃西亞、烏克蘭和其他國家的「顏色革命」威脅。[116]

　　普丁與歐美之競爭有助於其在國內之執政，以及重返蘇維埃（USSR）之意圖。普丁與歐美之競爭得以立於不敗之地，其原因如前文分析，歐洲國家內百姓對

[112] 崔錚（2017），〈普京鬧中東的眞實意圖〉，《新華網》，http://www.xinhuanet.com/globe/2017-10/27/c_136710185.htm（檢視日期：2019年2月5日）。
[113] Andreas Heinemann-Grüder (2017), "Kalter Krieg oder neue Ostpolitik？Ansätze der deutscher Russlandpolitik," *Aus Politik und Zeitgeschichte*, Jg. 67, Nr. 21-22, pp. 4-10.
[114] Flix Riefer (2017), "Die Erzählung vom Ende der Sowjetunion als aussenpolitischer Referenzpunkt," *Aus Politik und Zeitgeschichte*, Jg. 67, Nr. 21-22, pp. 22-26.
[115] Aschot L. Manutscharjan (2017), "Russlands Weg in die 'Postwestliche Welt'," p. 14.
[116] 索羅斯（2016），〈特朗普內閣充斥極端分子和退休將軍〉，《中國評論新聞網》，http://hk.crntt.com/crn-webapp/doc/docDetailCNML.jsp?coluid=7&kindid=0&docid=104524297（檢視日期：2016年12月29日）。

於民主體制的失望，對於自由的文明價值體系的懷疑，甚至爲了對抗恐怖攻擊願意犧牲自由之觀點。西方國家之恐懼，有利於普丁主張以警察國家之極權方式對付恐怖攻擊。英國「脫歐」，歐洲右派民粹政黨攻擊民主價值，川普當選造成西方國家利益與價值之分歧等，有利於普丁推動俄羅斯的歐洲政策。[117]

俄羅斯至2050年人口銳減，並有可能成爲回教人口爲主流的國家（Muslim majority），[118]但在摩爾多瓦有10%俄羅斯裔的少數民族，在立陶宛有27%俄羅斯裔的少數民族，在愛沙尼亞（Estland）有25%俄羅斯裔的少數民族。[119]普丁認爲，俄羅斯有權保護血統上是俄羅斯人及說俄羅斯語人的分布地區。此被視爲俄羅斯有意在歐亞大陸建立影響區，破壞國際法及否定他國之自由選擇權。[120]

俄羅斯以保護其鄰國內俄裔人士爲由，以武力恐嚇與入侵鄰國，造成歐洲大陸的不穩定。「北約」的回應是依照「華盛頓條約」第5條集體防禦條款，在波羅的海地區加強空軍警戒任務以及海軍的巡弋，在波蘭與羅馬尼亞部署預警監視飛機（AWACS surveillance planes），且視俄羅斯之行爲是「北約－俄羅斯基本協議」內所定義的威脅。[121]俄羅斯與「北約」會員國決裂是後冷戰時期歐洲未解決之領土衝突的延續，例如烏克蘭、摩爾多瓦以及南高加索國家。[122]「北約」認爲俄羅斯想要建立新的影響區，故「北約」2014年9月在威爾斯舉行的峰會要強化集體防禦。[123]

普丁在2014年5月聖彼得堡國際經濟論壇表示俄羅斯無意重建蘇聯，也不會推動新冷戰。[124]莫斯科認爲「北約」對俄羅斯的「嚇阻與對話」是一攻擊性計畫，

---

[117] Michail Schischkin (2017), "Zukunft Russlands: Putins Pyrrhussiege," *Neue Zürcher Zeitung*, https://www.nzz.ch/meinung/kommentare/russand-putins-pyrrhussiege-ld.1303722 (accessed on 3 July, 2017).

[118] Hubertus Hoffmann (2014), "Russia, NATO and the EU: A Plea for a True Partnership."

[119] Eric T. Hansen (2014), "Ukraine: Uns Amis ist die Ukraine egal."

[120] Alexander Vershbow (2014), "NATOs partnership policy in a changing security environment."

[121] Anders Fogh Rasmussen (2014), "Defending Allies, Sharing responsibility, Upholding values," http://www.nato.int/cps/en/natolive/opinions_109757.htm?selectedLocale=en (accessed on 12 May, 2014).

[122] Sergei Karaganov (2014), "Time to End the Cold War in Europe," *Russia in Global Affairs*, http://eng.globalaffairs.ru/pubcol/Time-to-End-the-Cold-War-in-Europe-16599, (accessed on 5 June, 2014).

[123] Anders Fogh Rasmussen (2014), "Standing up for Freedom and Security."

[124] Frankfurter Allgemeine Zeitung (2014), "Ukraine-Krise: Putin: Isolierung Russlands 'unmöglich'," Frankfurter Allgemeine Zeitung Net, http://www.faz.net/aktuell/politik/ausland/ukraine-krise-putin-isolierung-russlands-unmoeglich-12956586.html (accessed on 25 May, 2014).

「北約」要妖魔化俄羅斯，並將俄羅斯視為美國霸權的對手。依照俄羅斯國際法學者Sergej Zypljaevej的觀點，俄羅斯自我孤立，與西方對抗以及投資軍火工業會拖垮經濟。俄羅斯在2015年公布之安全戰略中指出，「北約」提升戰力以及在全球出任務，違反國際法與威脅俄羅斯國家利益。「北約」必須從後蘇聯地區事務中退出，例如烏克蘭不參加「歐亞聯盟」，且「北約」不得東擴。「北約」在東歐部署飛彈防禦體系等均不利於俄羅斯安全，而川普擴大軍備與「美國優先」的政策，使得美俄關係很難改善。[125]

　　就俄羅斯之觀點而言，兼併克里米亞是改變「北約」自蘇聯瓦解以來加諸在其身上之各項規範，且不再想成為西方世界之成員。因為西方在蘇聯瓦解後，在事實上與法律上均不願意結束冷戰，且持續經由「歐盟」與「北約」的東擴來增加影響區，俄羅斯之利益與目標完全被忽視，而「北約」則實質上擴展「不存在」的影響區（"non-existent" sphere of influence）。俄羅斯曾建議經由俄羅斯加入歐洲的組織，使其成為泛歐組織成員，但都被拒絕。從葉爾欽至梅德耶夫，俄羅斯都建議簽署新歐洲安全條約或建構一個從溫哥華至海參威之共同人道、經濟及能源空間之「歐洲同盟」（Union of Europe）或「大歐洲」（Greater Europe），亦都遭拒絕。因此形成創造新的現狀（new status quo）及重劃影響區（redraw spheres of influence）之競爭。「北約」會員國不支持俄羅斯的「歐亞關稅聯盟」以及可能會發展成形的「歐亞經濟聯盟」（Eurasian Economic Union），以避免恢復蘇聯帝國，進而使俄羅斯在全球建構經濟影響區。「北約」反對的立場影響俄羅斯菁英與國民對於西方政策之制定與立場，俄羅斯警告「北約」，想經由「結盟條約」（Association Agreement）將烏克蘭納入其影響區以及加入「北約」，是要付出代價的。不論烏克蘭是否獨立，俄羅斯始終視為其歷史空間——俄羅斯國家與文化之起源；而烏克蘭自蘇聯瓦解後亦未形成穩定的菁英階層投入國家發展，僅搖擺在導向俄羅斯或歐洲（Pro-Russia or Pro-European）的爭辯中。「北約」會員國抵制索契奧林匹克運動會（Sochi Olympics），使得俄羅斯認為「北約」啟動新嚇阻與新冷戰。[126]

　　國際關係的不穩定與裁減軍備的停滯有關，俄羅斯與美國願意在2012年12月

---

[125] Aschot L. Manutscharjan (2017), "Russlands Weg in die 'Postwestliche Welt'," pp. 11-13.

[126] 俄羅斯想要加入的歐洲組織，葉爾欽主政期間指的是「北約」會員國資格，普丁主政期間指的是「歐盟」會員國資格。Sergei Karaganov (2014), "Time to End the Cold War in Europe," *Russia in Global Affairs*, http://eng.globalaffairs.ru/pubcol/Time-to-End-the-Cold-War-in-Europe-16599 (accessed on 5 June, 2014).

31日共同減少核子戰略飛彈的彈頭1,700個至2,000個，俄羅斯嚴格遵守「核不擴散條約」（Treaty on the Non-proliferation of Nuclear Weapons）以及對於飛彈技術的多邊監督機制（multilateral surveillance regime）。[127]美俄兩國近年來卻多次相互指責對方違反「美蘇銷毀兩國中程導彈和中短程導彈條約」（Treaty between the USSR and the USA on the Elimination of Their Intermediaterange and Shorter-range Missiles，以下簡稱「中導條約」），該條約在1987年12月8日由美國總統雷根和蘇聯領導人戈巴契夫在華盛頓簽署。根據條約，俄美兩國不得試驗、生產和擁有射程在500公里至1,000公里的短程導彈，以及射程在1,000公里至5,500公里的中程導彈，包括常規與核彈頭的導彈以及導彈的陸基發射器。[128]美國川普總統在2018年將多邊機制轉為雙邊機制，把軍備控制領域的雙邊機制轉為單邊機制，例如在2018年5月退出「伊朗核協議」（Iran Nuclear Deal, 2015），同年10月退出「中導條約」。「北約」秘書長斯托爾滕貝格表示，面對俄羅斯威脅，「北約」並沒有考慮在歐洲部署更多核導彈，也不想要新冷戰。德國前外長西格馬·加布里爾（Sigmar Gabriel）認為，川普計畫退出「中導條約」會引發新一輪的軍備競賽，德國地處東西交界，因此面臨核毀滅的威脅最大，而「中導條約」和限制戰略武器條約會增加世界安全，特別是歐洲地區。[129]普丁在2019年7月3日簽署了暫停履行「中導條約」義務法案，以回應美國退出該約。[130]

　　2019年，在美國單方面退出「中導條約」之後，普丁向「北約」國家領導人、「北約」秘書長、「歐盟」外交事務負責人和中國領導人建議，暫停在歐洲和世界其他地區部署中短程導彈，而莫斯科已做好準備接受相應核查。「北約」會員國中只有曾表示需要加強與俄羅斯合作的馬克宏表示願意考慮俄羅斯的提議，即便如此，莫斯科仍堅持單方面承諾，不首先在歐洲和其他「中導條約」覆蓋地區部署中程導彈。「北約」認為可以在歐洲部署中短程導彈，但不可攜帶核彈頭，對此，

---

[127] Wladimir W. Putin (2007), Speech at the 43rd Munich Conference on Security Policy.

[128] 中評社（2018），〈克宮：北約在掩蓋美國欲退出中導條約真實目的〉，《中國評論新聞網》，http://hk.crntt.com/doc/1052/7/3/8/105273851.html?coluid=169&kindid=12090&docid=105273851&mdate=1205190201（檢視日期：2018年12月6日）。

[129] BBC（2018），〈廢約後美俄放手發展中程核導 歐洲安全陰雲密布〉，《BBC中文網》，https://www.bbc.com/zhongwen/trad/world-45995560（檢視日期：2020年10月28日）。

[130] 蒙克（2019），〈美國退中導條約拉中國一起裁軍 華盛頓甩鍋？〉，《BBC中文網》，https://www.bbc.com/zhongwen/trad/chinese-news-49206490（檢視日期：2020年10月28日）。

俄羅斯持反對立場。[131]

　　普丁在2020年10月22日舉行的莫斯科瓦爾代國際俱樂部（Valdai Discussion Club）的視訊會議上表示，美國與俄羅斯決定世界上最重要議題的時代已經過去。美國、英國與法國在世界中的影響力正在式微，如果美國仍未準備好與俄羅斯討論重要世界議題的話，俄羅斯願與其他國家展開討論。美國不能再用美國例外主義來解決問題。2020年10月美國政府拒絕了俄羅斯對「新戰略武器裁減條約」（Strategic Arms Reduction Treaty, New START）延長一年的提議。[132]

　　俄羅斯認爲當代世界政治的主要發展趨勢是建構新的秩序，新冠肺炎疫情的爆發與各國的因應，使得俄羅斯對於國際情勢之認知是「單極」或者是「兩極」國際體系，以及西方近幾百年來在軍事、經濟、政治、意識型態和文化領域的主導地位均受到衝擊。新冠疫情和隨之而來的經濟危機，並未改變國際關係的基本格局，而是激化既有矛盾，加速國際社會中各國實力與地位的重新排列。俄羅斯外交政策的新核心內容：一、維護和平；二、支援各國自主選擇發展模式；三、共同保護自然環境，加強人文合作，處理包括流行病在內的新全球性挑戰。在全球對抗的背景下，中等國家和區域大國不想在華盛頓的脅迫下做出非此即彼的選擇，於是產生了「新不結盟」的客觀需求。「歐盟」必將進行大變革。新冠疫情再次強調國家（特別是大國）的主導作用，進一步衝擊了跨國機制。從地緣政治來看，俄羅斯仍將是一個獨立的中心，奉行獨立自主的內政、外交和國防政策；在經濟和技術方面，俄羅斯將會逐漸趨向東方，同時又保持政治和軍事的獨立性，俄羅斯並進一步提出了「大歐亞夥伴關係」之戰略。國際共產主義和極端民族主義（法西斯主義）退出歷史舞臺以及宗教弱化（特別是在西方世界）之後，全球自由民主又加速衰落，造成了思想上的眞空，因此產生了塡補眞空的競爭。部分眞空被左派與右派民族主義、社會不滿情緒和綠色激進主義塡補，俄羅斯嘗試用愛國主義和保守主義塡補眞空。由於奉行向東轉戰略，俄羅斯從根本上改變歐亞大陸的權力關係，使之對己有

---

[131] 郭小麗、王旭譯（譯），C.A. Караганов（2020），〈俄羅斯外交政策新思想〉。
[132] 美國與俄羅斯是在2010年簽署「新戰略武器裁減條約」，該條約將在2021年2月到期。這項條約限制俄羅斯與美國可部署的核彈頭數量，以及用來發射核彈頭的載具。楊威廉、張慈（2020），〈美俄主宰時代已過　普京：中德成新世界強權態〉，《德國之聲》，https://www.dw.com/zh/%E7%BE%8E%E4%BF%84%E4%B8%BB%E5%AE%B0%E6%97%B6%E4%BB%A3%E5%B7%B2%E8%BF%87-%E6%99%AE%E4%BA%AC%E4%B8%AD%E5%BE%B7%E6%88%90%E6%96%B0%E4%B8%96%E7%95%8C%E5%BC%BA%E6%9D%83/a-55366759（檢視日期：2020年10月24日）。

利。[133]

　　「大歐亞夥伴關係」是俄羅斯提出「歐洲家庭」，有意加入「歐盟」與「北約」失敗後，進行戰略轉向亞洲的東望政策，有意建立合作、經濟發展與安全體系。俄羅斯在政治和心理層面認為，同屬於西方和歐洲的認知亦結束，促使「歐盟」的菁英分子尋求恢復與俄羅斯的關係。對於俄羅斯而言，可能的解決之道是恢復「歐盟」與俄羅斯的夥伴關係，但不能是俄羅斯的「歐洲化」，而是需要基於睦鄰友好與平等合作的原則，共同制定規範。在原蘇聯地區，俄羅斯用支援和加強「歐亞經濟聯盟」與集體安全組織的方式，鞏固會員國的安全與主權，又不限制其自主選擇經濟發展模式和奉行多元外交政策的自由。[134]

　　自新冠肺炎疫情蔓延以來，俄羅斯認為是迎來冷戰結束以來對其最有利的戰略機遇。故加強「大歐亞夥伴關係」之進程，經由協調抗疫行動，將安全協作引入歐亞區域合作進程。[135] 此外，俄羅斯積極協調亞美尼亞和亞塞拜然之間的戰事，交戰雙方在2020年10月10日莫斯科調解下，達成暫時「人道」停火協議，[136] 並於同年11月10日簽署協議，結束軍事行動。此調解成果有利於俄羅斯「大歐亞夥伴關係」之推動，並成為歐亞大陸之權力制衡者，擺脫歐洲地緣政治孤兒的困境。

---

[133] 郭小麗、王旭譯（譯），С.А. Караганов（2020），〈俄羅斯外交政策新思想〉。

[134] 同前註。

[135] 馮玉軍（2020），〈後疫情時代的世界秩序與俄羅斯的戰略選擇〉，《中國社會科學網》，http://www.cssn.cn/gjgxx/gj_ttxw/202009/t20200918_5184240.shtml（檢視日期：2020年9月22日）。

[136] 亞美尼亞和亞塞拜然地處連接亞洲、歐洲與中東的咽喉交通之地，這塊歐洲東南部高加索山脈地區具有重要戰略意義。幾個世紀以來，該地區一直由包括基督教徒和伊斯蘭教徒在內的不同勢力主導。這兩國都曾經是前蘇聯的加盟共和國。亞美尼亞主要人口信仰基督教，而亞塞拜然主要人口則是穆斯林。兩國早在蘇聯時期就爭奪納戈爾諾─卡拉巴赫地區（Nagorno Karabakh，簡稱納卡），歐亞大陸心臟地帶的裏海地區密布著與歐洲和國際能源市場相連接的主要石油和天然氣管線，離納卡地區非常近。此外，這一地區的公路、鐵路、空中航線與地面交通光纜，都讓世界大國關注著這個地區的戰略格局。美軍和「北約」部隊在阿富汗戰爭期間，曾一度有三分之一的燃料和後勤都選擇走喬治亞和亞塞拜然的路線，避開對俄羅斯和巴基斯坦的依賴。BBC（2020），〈外高加索戰場停火脆弱 硝煙後面的大國博弈從未歇止〉，《BBC中文網》，https://www.bbc.com/zhongwen/trad/world-54392137（檢視日期：2020年10月28日）。

第 ⑨ 章 結論

　　長期以來形塑歐洲區域秩序的兩大權力機構是教會與民族國家，兩者間與兩者內部之關係長期以來是既合作又競爭。羅馬天主教、基督教、東正教與伊斯蘭教間長期以來都存在的權力競爭，對於歐洲之價值觀、規範、制度與體系也都產生影響。民族國家是自西伐利亞秩序建構以來，經由宗教、哲學理念、科學與技術等建構歐洲的價值觀、規範、制度與體系，例如威權體制與議會民主制、資本主義與計畫經濟、自由主義與保護主義、單極或多極體系等。歐洲自工業革命以來，在宗教、哲學理念、科學與技術所建構價值觀、規範、制度與體系等，一直都是區域外之國家與地區的模仿對象。總結前文之分析，可看出自冷戰結束至新冠肺炎疫情爆發以來，歐洲國家持續擔心著「西方的衰落」。此憂慮之關鍵在於引領歐洲價值觀、規範、制度與體系等成為全球典範之各哲學理念，目前僅剩下民族主義成為歐洲主流趨勢。

　　在此趨勢下，民族主義分子、民粹分子、宗教保守主義者與宗教極端分子結合，在「歐盟」內部經由公投機制，衝擊代議民主制度，使得威權體制受到關注，民粹主張成為政治正確，排斥長期以來有助於歐洲經濟發展之移民；影響公共政策之制定與資源之分配；稀釋歐洲區域認同，進而衝擊經由關稅同盟、單一市場、歐元、權力平衡、集體防禦與集體安全等規範與制度所維繫之和平秩序。

　　「歐盟」作為區域秩序的主導者，在回應民族主義分子、民粹分子、宗教保守主義者與宗教極端分子的壓力，對於會員國推動威權體制，首次啟動「歐盟條約」第7條展開反民主體制調查。對於在「歐盟」層次與會員國內部之分離主義，除採取「輔助原則」之間接介入外，亦自法治面著手，同意會員國有退出「歐盟」之權利。對於解決難民問題則是結合「都柏林協議」與「團結基金」為主要機制，針對移民從法規制度面進行管理，例如「自由、安全與司法領域」之規劃、「海牙計畫」、「歐洲外部邊境管理局」、「全球移民流通管理方法」、「地中海經濟發展援助計畫」、「管理經濟移民之歐盟途徑」綠皮書、新的「移民與移動之全球流通

方法」等。因新冠狀病毒蔓延全球，「歐盟」針對非「歐盟」公民頒布禁止入境的禁令。在經濟治理方面，為解決新自由主義所造成之侷限，推動歐元區預算與「銀行聯盟」，以加速「歐盟」之整合。

「北約」作為維護歐洲區域安全的主導力量，原本之威脅認知是蘇聯勢力之擴張，防範德國再起，故要引進美國之影響力。在全球化時代，提出「合作夥伴」以推動歐洲之「合作安全」，並提出「北約」與「歐盟」之戰略合作夥伴關係。因威脅認知、經濟利益與經費支出及新冠肺炎疫苗分配所出現之分歧，部分歐洲國家不再認為俄羅斯是威脅，並與之進行經貿交易，再加上川普政府之「美國優先」政策，使得「北約」內的歐洲會員國主張擁有更多國防主權，設立「歐洲防務基金」和成立「歐洲軍隊」的倡議。針對建構「歐洲軍隊」，德國和法國之行動計畫是「和平路線圖」、「歐洲國防基金」。此外，德國提出在安全與國防政策方面之常設「歐盟永久結構合作計畫」與「軍事申根區」等之實驗。

從前文各章節之分析可得知，歐洲國家為維護歐洲區域秩序，在「歐盟」、「北約」與「歐安組織」內實驗新機制，以期建構可長可久之規範，確保歐洲內部之富裕與和平，對外繼續發揮典範作用。歐債危機與新冠肺炎疫情本可使得「歐盟」進一步推動整合，但在現階段極右民族主義與民粹主義當道，民族國家主導區域秩序，推動前文所檢視之各項新實驗，尚難達到各國間之利益平衡，而民族國家與各宗教之教會，以及各教會間之權力競爭仍然存在。在此種區域秩序內，本文各章節所分析之問題將會持續，各種創新實驗亦不會停止，例如成立「歐洲移民與難民署」、設立有實權之「歐盟」邊境員警、建立可持續的人才登錄機制、「財政聯盟」、「歐元主權」、「數位貨幣主權」、歐洲版之「全球銀行金融通訊協會支付系統」、「歐洲投資基金」、歐元區財政部長、「歐洲干預部隊」、成立「歐洲貨幣基金」以提高歐洲國防軍費之來源等，以期歐洲區域整合能降低民族主義分子與民粹分子對繁榮與和平秩序的衝擊，對外在國際事務中能以主權歐洲發揮影響力。

有鑑於美國是「北約」的領導國，對於歐洲之地緣政治與經濟之影響力巨大。美國對歐洲之政策始終是「美國優先」，差別僅在於不同之政府，使用之政策工具不同。拜登政府亦在「美國優先」原則下，有意經由多邊機制改善與歐洲國家之關係，但在建構主權歐洲原則下，部分歐洲國家即便因為烏克蘭事件與人權議題譴責與制裁俄羅斯，但仍有意改善與俄羅斯之關係，以制衡美國在歐洲之影響力。

在地緣政治上影響歐洲區域秩序之俄羅斯的自我認知，從原先是「歐洲家庭」成員，在經歷「歐盟」之擴大與「北約」之東擴、烏克蘭事件、人權問題、歐美國

家之制裁以及川普政府退出國際多邊組織與機制，例如「伊朗核協議」、「開放天空條約」、「中導條約」等之衝擊，而調整爲建構大歐亞夥伴關係，經由「歐亞聯盟」與「上海合作組織」合作，發展與亞洲國家之關係以制衡歐洲與美國。

　　從地緣政治與地緣經濟之視角檢視歐洲區域秩序之運作，是由以德法爲首之「歐盟」，以美國爲首之「北約」與俄羅斯間敵對、競爭與合作等方式交互進行。美國從歐巴馬之對俄羅斯的「重啓政策」，歷經川普政府視俄羅斯爲戰略競爭對手，至拜登政府視俄羅斯爲敵國之關係，使得歐洲國家、美國與俄羅斯之關係在短期內無法眞正「重啓」。新冠疫情之爆發雖衝擊歐洲國家政經秩序，產業結構也被迫調整，但歐洲區域秩序之基本結構並未改變。有鑑於此，「歐盟」有意在原有之結構上，經由與中國完成「中－歐投資協定」之談判，加強與中國之經貿關係，以增加「歐盟」在維護歐洲區域秩序之影響力，制衡美國與俄羅斯，進而逐步確立歐洲主權。

參考文獻

一、中文部分

（一）專書

張亞中（1998），《歐洲統合：政府間主義與超國家主義的互動》，臺北：揚智文化事業股份有限公司。

（二）專書論文

王群洋（2011），〈北大西洋公約組織衝突解決之研究〉，翁明賢主編，《辯論與融合——解析國關理論與戰略研究》，新北市：淡大戰略所。頁143-165。

王群洋（2012），〈「歐洲化」對羅馬尼亞與保加利亞之影響〉，黃偉峰主編，《歐洲化之衝擊》，臺北：五南圖書出版公司。頁257-279。

黃偉峰（2012），〈「歐洲化」課題之各類研究方法及取向〉，黃偉峰主編，《歐洲化之衝擊》，臺北：五南圖書出版公司。頁17-48。

（三）期刊論文

1. 書面期刊論文

孔寒冰（2019），〈對當前中東歐研究的幾點學術辨析〉，《俄羅斯東歐中亞研究》，第1期，頁50-60。

王群洋（1991），〈德國統一與歐洲整合〉，《中山社會科學季刊》，第6卷第4期，頁96-106。

王群洋（1994），〈德意志民族觀之初探〉，《中山社會科學學報》，第8卷第2期，頁93-108。

王群洋（1997），〈歐洲安全與合作組織之演進〉，《中山大學社會科學季刊》，第1卷第1期，頁229-252。

王群洋（2004），〈北大西洋公約組織功能之演變〉，《兩岸與國際事務季刊》，第1卷第3期，頁1-36。

王群洋（2012），〈歐洲認同與歐盟東擴之互動發展〉，《全球政治評論》，第37期，頁31-60。

王群洋（2015），〈歐洲聯盟代議民主之困境〉，《全球政治評論》，第52期，頁85-116。

王義祥（2000），〈科索沃衝突與地緣政治〉，《今日東歐中亞》，第1期，頁49-51。

甘逸驊（2016），〈「歐洲安全」研究的理論基礎：區域安全、國際關係、全球體系〉，《問題與研究》，第55卷第3期，頁81-112。

李俊毅（2017），〈英國（還）可以影響歐盟嗎？淺談後脫歐時期的英－歐關係〉，《全球政治評論》，第58期，頁15-20。

沈玄池（2015），〈近期歐洲難民問題之根源與發展〉，《全球政治評論》，第52期，頁1-10。

卓忠宏（2016），〈移民與安全：歐盟移民政策分析〉，《全球政治評論》，第56期，頁47-73。

林泰和（2016），〈近期歐洲恐怖主義發展之研析〉，《問題與研究》，第55卷第4期，頁113-127。

林德山（2016），〈新自由主義的政治滲透與歐洲危機〉，《歐洲研究》，第6期，頁1-13。

金玲（2012），〈債務危機重塑歐盟內部力量關係〉，《國際問題研究》，第2期，頁110-121。

洪德欽（2017），〈英國脫歐對歐盟之影響〉，《問題與研究》，第56卷第2期，頁145-163。

張台麟（2017），〈英國啓動脫歐後對歐盟政經發展之影響〉，《全球政治評論》，第58期，頁1-5。

張福昌（2012），〈歐債危機對歐洲統合的影響〉，《全球政治評論》，第37期，頁13-18。

張曉通、賴揚敏（2018），〈歷史的邏輯與歐洲的未來〉，《歐洲研究》，第5期，頁1-24。

莊翰華（2008），〈歐洲整合的「空間」概念之演變〉，《地理研究》，第48期，頁85-104。

郭秋慶（2002），〈西班牙中央與邊陲之衝突──論加泰隆尼亞族群政治的建

構〉，《成大西洋史集刊》，第10期，頁139-159。

陳蔚芳（2017），〈移民問題與英國退歐的動因及其談判前景〉，《全球政治評論》，第58期，頁11-14。

楊三億（2015），〈近期難民潮對中東歐國家與歐盟整合之影響〉，《全球政治評論》，第52期，頁17-21。

羅至美、吳東野（2016），〈脫歐公投對英國的衝擊：政治與經濟的分析〉，《問題與研究》，第55卷第3期，頁145-159。

2. 網路期刊論文

孟宛音編譯，Carlos Spottorno（2019），〈另一個歐洲：南歐的失勢和頹敗〉，《文明》雜誌，https://www.toutiao.com/a6708982856577712654/。

金玲（2016），〈英國脫歐：原因、影響及走向〉，《國際問題研究》，第4期，http://www.ciis.org.cn/gyzz/2016-07/22/content_8913454.htm。

張健（2019），〈英國脫歐之戰略影響〉，《現代國際關係》，第11期，http://www.cicir.ac.cn/NEW/opinion.html?id=62128518-e092-4c1d-9d51-0cac10579808。

楊光斌（2019），〈自由化浪潮與世界政治變遷〉，《世界政治研究》，第1輯，http://chinaps.cass.cn/zxcg/201907/t20190710_4931901.shtml。

薑琍（2018），〈從議會大選和總統選舉看捷克內政外交走向〉，《當代世界》，第3期，http://chuansong.me/n/2238672852219。

（四）網路資料

BBC（2014），〈蘇格蘭獨立公投：來龍去脈和關注焦點〉，《BBC News中文網》，https://www.bbc.com/zhongwen/trad/uk/2014/08/140806_scotland_background。

BBC（2018），〈廢約後美俄放手發展中程核導　歐洲安全陰雲密布〉，《BBC中文網》，https://www.bbc.com/zhongwen/trad/world-45995560。

BBC（2020），〈英國和歐盟脫歐貿易協議談判進入「加時賽」〉，《BBC News中文網》，http://www.bbc.com/zhongwen/trad/world-55295401。

中央社（2019），〈東正教領袖頒令　烏克蘭擺脫俄羅斯宗教管轄〉，《聯合新聞網》，https://udn.com/news/story/6809/3576841?from=udn_ch2cate-7225sub6809_。

中國評論（2017），〈俄與北約爲何加劇波羅的海上空「危險遊戲」〉，《中國評論新聞網》，http://hk.crntt.com/doc/1047/2/7/6/104727679.html?coluid=5&kindid=24&docid=104727679&mdate=0629122335。

中國評論通訊社（2016），〈北約宣布不再與俄羅斯戰略合作〉，《中國評論新聞網》，http://hk.crntt.com/crn-webapp/doc/docDetailCNML.jsp?coluid=4&kindid=16&docid=104303655。

中國新聞網（2020），〈各說各話？歐盟四國拒德法經濟復蘇倡議另祭方案〉，《今日頭條》，https://www.toutiao.com/a6830211044003021319/。

中國網（2020），〈疫情擴散暴露北約成員國矛盾〉，《今日頭條》，https://www.toutiao.com/a6816806517434483208/。

中評社（2012），〈歐洲進入「緊縮困局」　左右爲難〉，《中國評論新聞》，http://www.chinareviewnews.com/。

中評社（2012），〈歐盟第7次峰會取得多項成果　歐元拯救戰繼續〉，《中國評論新聞網》，http://www.chinareviewnews.com/doc/1023/5/0/9/102350905_2.html?coluid=7&kindid=0&docid=102350905&mdate=1217201631。

中評社（2017），〈歐盟委員會主席：別指望美國！歐洲應自強〉，《中國評論新聞網》，http://hk.crntt.com/doc/1047/8/6/7/104786790.html?coluid=7&kindid=0&docid=104786790。

中評社（2018），〈克宮：北約在掩蓋美國欲退出中導條約眞實目的〉，《中國評論新聞網》，http://hk.crntt.com/doc/1052/7/3/8/105273851.html?coluid=169&kindid=12090&docid=105273851&mdate=1205190201。

中評社（2018），〈歐盟離自主防務還有多遠？〉，《中國評論新聞網》，http://hk.crntt.com/doc/1050/3/2/9/105032931.html?coluid=0&kindid=0&docid=105032931。

中評社（2019），〈馬克龍投書歐盟28國媒體倡歐洲復興〉，《中評網》，http://hk.crntt.com/crn-webapp/doc/docDetailCNML.jsp?coluid=7&kindid=0&docid=105354934。

中新社（2018），〈烏克蘭獲北約「申請國」身分　邁出「重要一步」〉，《中國新聞網》，http://www.chinanews.com/gj/2018/03-11/8464824.shtml。

丹尼爾‧羅傑斯（Daniel Rodgers）（2018），〈新自由主義的應用與濫用〉，《觀察者網》，https://www.guancha.cn/DanielRodgers/2018_04_29_455283_

s.shtml。

孔田平（2018），〈匈牙利再轉型之謎〉，《彭湃新聞》，https://www.thepaper.cn/newsDetail_forward_2189563。

王子琛（2018），〈歐盟的「特洛伊木馬」與威權主義危機〉，《歐羅萬象》，http://chuansong.me/n/2357781153424。

王亞宏（2019），〈20歲歐元面臨抉擇〉，《中証網》，http://www.cs.com.cn/hw/03/201903/t20190302_5927940.html。

王怡（2019），〈英國北愛爾蘭新芬黨：若「脫歐」談判最終無果　將舉行愛爾蘭統一公投〉，《環球網》，http://world.huanqiu.com/article/2019-02/14315217.html。

王金良、周佩欣（2019），〈新自由主義與當代資本主義危機〉，《中國社會科學網》，https://twgreatdaily.com/hmPOlWwBvvf6VcSZmRSv.html。

王愷雯（2019），〈卸任前最後一次蘇格蘭演講：特蕾莎梅痛切譴責分裂、呼籲國家團結〉，《觀察者網》，http://www.guancha.cn/internation/2019_07_10_508968.shtml?s=sywglbt。

王樂（2018），〈匈牙利回懟聯合國：移民不是基本人權〉，《觀察者網》，https://www.guancha.cn/internation/2018_09_20_472839.shtml。

史雨軒（2018），〈君士坦丁牧首給予烏克蘭教會自主權　俄教會稱這是歷史性分裂〉，《觀察者網》，https://www.guancha.cn/internation/2018_10_12_475203.shtml。

央視新聞（2020），〈俄羅斯外交部：俄方未違反《開放天空條約》〉，《環球網》，https://3w.huanqiu.com/a/24d596/3yLBOJSFaBC?agt=20&tt_group_id=6829566286284980744。

田孟心（2020），〈脫歐協議終於敲定！英國拿回與失去什麼？〉，《天下雜誌》，http://www.cw.com.tw/article/5104639。

朱宇方（2018），〈從馬克龍訪德看歐盟經濟治理改革中的德法之爭〉，《澎湃新聞》，https://www.thepaper.cn/newsDetail_forward_2103396。

朱東陽、劉晨（2018），〈美國正式申請成爲北約聯軍「大西洋指揮部」所在地〉，《新華網》，〈http://big5.xinhuanet.com/gate/big5/www.xinhuanet.com/world/2018-05/05/c_1122787730.htm〉。

朱夢穎（2019），〈義大利欲與波蘭建立「歐洲之春」　以抗衡「德法軸心」〉，

《環球網》，https://3w.huanqiu.com/a/c36dc8/7JlnpLaHcf6?agt=20&tt_group_id=6644666848648364552。

西班牙阿貝賽報（2019），〈民粹主義在歐洲「攻城掠地」〉，《參考消息網》，http://column.cankaoxiaoxi.com/2019/0508/2379474_2.shtml。

余鵬（2020），〈德國特種部隊8.5萬發子彈可能丟了，或與軍內極右勢力有關〉，《觀察者網》，https://www.guancha.cn/military-affairs/2020_07_05_556383.shtml。

吳東野（2016），〈歐洲恐怖主義趨向內地化〉，《上報》，http://www.upmedia.mg/news_info.php?SerialNo=481。

李東堯（2018），〈匈牙利通過「阻止索羅斯法案」，幫助非法移民可能坐牢1年〉，《觀察者網》，http://www.guancha.cn/internation/2018_06_21_460890_s.shtml。

李冠傑（2018），〈英國的「脫歐國家模式」會終結歐洲一體化嗎？〉，《澎湃新聞》，https://www.thepaper.cn/newsDetail_forward_2213776。

李隆生、張逸安（譯），約翰・裘蒂斯（John B. Judis）（2017），〈《民粹大爆炸》：1970年代歐洲民粹主義興起背景〉，《關鍵評論》，https://hk.thenewslens.com/article/84566。

李雅潔（2018），〈歐洲移民問題遠未結束〉，《中國評論新聞網》，http://hk.crntt.com/crn-webapp/doc/docDetailCNML.jsp?coluid=7&kindid=0&docid=104971717。

汪倫宇（2018），〈歐洲議會決定調查匈牙利，為史上首次針對歐盟成員國〉，《澎湃新聞》，https://www.thepaper.cn/newsDetail_forward_2434905。

周遠方（2018），〈索羅斯：歐盟面臨存亡危機〉，《觀察者網》，https://newrss.guancha.cn/toutiao/toutiaopost/global-news/2018_05_30_458404.shtml。

和訊名家（2018），〈基辛格：對世界秩序問題的思考〉，《和訊網》，http://news.hexun.com/2018-04-03/192767855.html。

於洋（2018），〈匈牙利大選折射歐洲「東西裂痕」〉，《人民網》，http://world.people.com.cn/n1/2018/0404/c1002-29906178.html。

武劍（2018），〈智庫觀察：烏克蘭成北約申請國或醞新衝突〉，《中國網》，http://hk.crntt.com/crn-webapp/touch/detail.jsp?coluid=7&kindid=0&docid=105011579。

法國世界報（2019），〈中歐自由化失敗　竟淪爲民粹主義經濟實驗室〉，《參考消息網》，http://column.cankaoxiaoxi.com/2019/0508/2379474_7.shtml。

法新社（2018），〈籠絡巴爾幹半島國家　歐盟面臨兩難〉，《雅虎》，https://tw.news.yahoo.com/籠絡巴爾幹半島國家-歐盟面臨兩難-230504965.html。

法新社（2020），〈巧合？COVID-19在德國極右派地盤肆虐〉，《中央廣播電臺》，https://www.rti.org.tw/news/view/id/2086519。

青木（2020），〈歐盟特別峰會通宵爲錢吵架：籌資及資金分配等方面分歧嚴重〉，《環球網》，https://3w.huanqiu.com/a/de583b/3x852A4IDJx?agt=20&tt_group_id=6795983017903915527。

柏迪遜（譯），Rafaela M. Dancygier（2018），〈穆斯林與歐洲左翼：融入與民粹主義（Muslim Voters and the European Left: When Inclusion Leads to Populism）〉，《歐羅萬象》，http://wemedia.ifeng.com/55002335/wemedia.shtml。

柳絲、張偉（2018），〈德國「北溪-2」天然氣管道項目背後的美俄歐「天然氣之爭」〉，《彭湃新聞》，https://www.thepaper.cn/newsDetail_forward_2278182。

科羅廖夫（2019），〈西方的勝利：蘇聯解體的損失有多大？普京：世界最大地緣政治災難〉，《今天頭條》，https://twgreatdaily.com/GeCqAWwBmyVoG_1Zzk5T.html。

原泉（2018），專訪俄羅斯正教會對外聯絡部書記處亞洲事務書記德米特裡‧彼得羅夫斯基：〈俄烏東正教會分裂，背後是美國〉，《觀察者網》，https://www.guancha.cn/DmitriPetrovsky/02018_12_17_483490_s.shtml。

孫奕、張曉茹、梁淋淋（2016），〈歐盟和土耳其達成解決難民危機「九點協定」〉，《新華網》，https://www.xinhuanet.com//world/2016-03/20/c_128814954.htm。

孫海潮（2018），〈民粹主義膨脹演變爲歐盟面臨的最大危機〉，《上觀新聞》，https://www.jfdaily.com/news/detail?id=107990。

徐乾昂（2019），〈歐盟裁定釋放「加獨人士」，西班牙第三政黨黨魁暗示「脫歐」〉，《觀察者網》，https://www.guancha.cn/internation/2019_12_27_529690.shtml?s=zwyxgtjbt。

格哈德‧施羅德（2017），〈美國在衰落，金磚在做強，歐洲還有戲嗎〉，《觀察者網》，http://www.guancha.cn/shiluode/2017_10_22_431800_s.shtml。

海洋（2018），〈特朗普：美國短期內不會取消對俄羅斯的制裁〉，《新華網》，http://www.xinhuanet.com/world/2018-08/01/c_129924008.htm。

祝潤霖（2020），〈KSK遭納粹滲透　德國解散菁英部隊〉，《聯合新聞網》，https://udn.com/news/story/6809/4671850。

索羅斯（2016），〈特朗普內閣充斥極端分子和退休將軍〉，《中國評論新聞網》，http://hk.crntt.com/crn-webapp/doc/docDetailCNML.jsp?coluid=7&kindid=0&docid=104524297。

馬力（譯），岡特・舒赫（Gunter Schöch）（2019），〈英國脫歐爲何是多數人的暴政、民主的失敗〉，《觀察者網》，https://www.guancha.cn/Gunter-Schoech/2019_02_22_491018_s.shtml。

馬克龍（2020），〈地中海局勢要由歐洲掌控〉，《參考消息網》，http://www.cankaoxiaoxi.com/world/20200715/2415681.shtml。

參考消息（2018），〈烏方終止烏俄友好條約　俄方回應：現任烏領導人是歷史罪人〉，《參考消息網》，http://www.cankaoxiaoxi.com/world/20180919/2328279.shtml。

參考消息（2019），〈法學者激辯是否應「終結自由主義」〉，《參考消息網》，http://column.cankaoxiaoxi.com/2019/0719/2385833.shtml。

參考消息（2020），〈美國宣布將退出《開放天空條約》　德國、俄羅斯齊發聲〉，《光明網》，https://m.gmw.cn/toutiao/2020-05/22/content_1301238170.htm?tt_group_id=6829562589714842125。

基辛格（2017），〈中國著眼大局發展，但美國不是〉，《觀察者網》，https://www.guancha.cn/JiXinGe/2017_11_09_434069.shtml。

基辛格（2018），〈世界處於非常嚴峻時期　大西洋分裂後患無窮（2）〉，《參考消息網》，http://column.cankaoxiaoxi.com/2018/0725/2298593_2.shtml。

基辛格（2018），〈世界處於非常嚴峻時期　大西洋分裂後患無窮（3）〉，《參考消息網》，http://column.cankaoxiaoxi.com/2018/0725/2298593_3.shtml。

基辛格（2018），〈世界處於非常嚴峻時期　大西洋分裂後患無窮（4）〉，《參考消息網》，http://column.cankaoxiaoxi.com/2018/0725/2298593_4.shtml。

基辛格（2018），〈世界處於非常嚴峻時期　大西洋分裂後患無窮（5）〉，《參考消息網》，http://column.cankaoxiaoxi.com/2018/0725/2298593_5.shtml。

基辛格（2018），〈世界處於非常嚴峻時期　大西洋分裂後患無窮〉，《參考消息

網》，http://column.cankaoxiaoxi.com/2018/0725/2298593.shtml。

崔錚（2017），〈普京鬧中東的眞實意圖〉，《新華網》，http://www.xinhuanet.com/globe/2017-10/27/c_136710185.htm。

張明（2019），〈歐元誕生二十周年回顧：成就、問題與前景〉，《愛思想》，http://www.aisixiang.com/data/115078.html。

張赫（2020），〈英國政府公布《北愛爾蘭議定書》實施方案〉，《今日頭條》，https://www.toutiao.com/a6829074507102323208/。

張曉東等（2018），〈歐洲與俄羅斯，相愛相殺的背後〉，《環球網》，http://world.huanqiu.com/exclusive/2018-01/11569342_3.html。

畢洪業（2018），〈基輔誓與莫斯科「死扛到底」，烏克蘭成爲俄羅斯外交的「黑洞」〉，《文匯網》，https://wenhui.whb.cn/third/jinri/201809/22/214085.html。

章永樂（2020），〈被中美遮住的歐盟危變，恰恰醞釀出獨特的「迴旋空間」？〉，《觀察者網》，https://user.guancha.cn/main/content?id=375762。

郭小麗、王旭譯（譯），С.А. Караганов（2020），〈俄羅斯外交政策新思想〉，《中國社會科學網》，http://www.cssn.cn/gjgxx/gj_els/202009/t20200916_5183360.html。

陳亦偉（譯）（2019），〈高鐵引爆兩黨翻臉　義大利政府瀕瓦解〉，《中央社》，https://www.cna.com.tw/news/firstnews/201908090124.aspx。

彭湃新聞網（2017），〈烏克蘭總統稱有意公投是否加入北約：居民支持率已升至54%〉，《鳳凰網》，http://news.ifeng.com/a/20170203/50645462_0.shtml。

揚之（2018），〈俄羅斯與西方的關係往何處去？〉，《觀察者網》，http://www.guancha.cn/yangzhi/2018_03_20_450748_s.shtml。

曾心怡（2018），〈默克爾隔空回應馬克龍：這是我心中的歐盟改革方案〉，《華爾街見聞》，https://dedicated.wallstreetcn.com/toutiao/articles/3328485。

曾依璇（2019），〈馬克宏提西方霸權終結　主張大膽承擔風險策略〉，《中央社》，https://www.cna.com.tw/news/aopl/201908300305.aspx。

程亞文（2019），〈英國政治困境在於利益共同體消失〉，《環球時報》，https://cj.sina.com.cn/articles/view/3860416827/e619493b01900kfdf。

馮玉軍（2020），〈「後疫情時代」的世界秩序與俄羅斯的戰略選擇〉，《中國社會科學網》，http://www.cssn.cn/gjgxx/gj_ttxw/202009/t20200918_5184240.

shtml。

馮迪凡（2018），〈特朗普送上「神助攻」，法德攜手走向歐洲財政聯盟〉，《第一財經》，https://www.yicai.com/news/5434317.html。

馮紹雷（2018），〈俄歐關係的兩重性及其當代路徑〉，《觀察者網》，http://www.guancha.cn/FengShaoLei/2018_06_21_460772_s.shtml。

黃靜（2018），〈西風不相識｜天才在左，瘋子在右？對話歐洲政治新勢力〉，《澎湃新聞》，https://www.thepaper.cn/newsDetail_forward_2019519。

新華社（2018），〈烏克蘭總統：將在本月底告知俄方不延長友好條約的決定〉，《新華網》，http://www.xinhuanet.com/world/2018-09/04/c_1123379493.htm。

楊威廉、張慈（2020），〈美俄主宰時代已過　普京：中德成新世界強權慈〉，《德國之聲》，https://www.dw.com/zh/%E7%BE%8E%E4%BF%84%E4%B8%BB%E5%AE%B0%E6%97%B6%E4%BB%A3%E5%B7%B2%E8%BF%87-%E6%99%AE%E4%BA%AC%E4%B8%AD%E5%BE%B7%E6%88%90%E6%96%B0%E4%B8%96%E7%95%8C%E5%BC%BA%E6%9D%83/a-55366759。

董磊（2017），〈歐盟組建多個「迷你」戰鬥群：加強歐洲軍隊融合〉，《參考消息網》，http://www.cankaoxiaoxi.com/mil/20170726/2212367.shtml。

維基百科（2019），〈東正教自主教會〉，《維基百科網》，https://zh.wikipedia.org/wiki/東正教自主教會。

蒙克（2019），〈美國退中導條約拉中國一起裁軍　華盛頓甩鍋？〉，《BBC中文網》，https://www.bbc.com/zhongwen/trad/chinese-news-49206490。

趙會芳（2018），〈與美國保持步調一致　烏克蘭擬對俄羅斯實施新制裁〉，《環球網》，https://m.huanqiu.com/r/MV8wXzExOTY1NzI1XzEzOF8xNTI1MzMxNDYw?tt_group_id=6551249485551370760。

趙嫣（2018），〈烏克蘭衝突為何久拖不決〉，《新華網》，http://www.xinhuanet.com/2018-02/12/c_1122409154.htm。

齊倩（2020），〈歐盟成員國財長就5400億歐元的抗疫救助方案達成協議〉，《觀察者網》，https://www.guancha.cn/internation/2020_04_10_546276.shtml。

劉得手（2018），〈特朗普政府對歐政策生變　消極影響不容低估〉，《海外網-中國論壇網》，http://theory.haiwainet.cn/n/2018/0808/c3542937-31370600.html。

德米特裡·特列寧（2017），〈俄羅斯正醞釀新國際戰略〉，《參考消息網》，

http://column.cankaoxiaoxi.com/2017/1101/2241422.shtml。

德國之聲（2019），〈命運之年2015：難民危機如何改變了德國〉，《德國之聲中文網》，https://www.dw.com/zh/命運之年2015難民危機如何改變了德國/a-47481911。

樂國平（2018），〈社評：「南歐危機」再起　前景不容樂觀〉，《中國新聞評論網》，http://hk.crntt.com/crn-webapp/doc/docDetailCNML.jsp?coluid=7&kindid=0&docid=105091487。

樂國平（2018），〈歐盟東西部裂痕彌深，如何應對？〉，《中國新聞評論網》，http://hk.crntt.com/crn-webapp/doc/docDetailCNML.jsp?coluid=7&kindid=0&docid=104946656。

穀至軒（2019），〈高盛：脫歐使英國每週損失6億英鎊，GDP減少2.5%〉，《觀察者網》，http://www.guancha.cn/internation/2019_04_02_496058.shtml。

蔚醬（2018），〈貼補南歐削減東歐　歐盟新發布預算案惹惱東歐國家〉，《歐洲時報網》，http://www.oushinet.com/europe/other/20180601/292753.html。

蔚醬（2018），〈歐盟擬出 資支持改革與投資　幫助陷金融危機國家〉，《歐洲時報網》，http://www.oushinet.com/europe/other/20180601/292779.html。

蔡佳伶（譯）（2018），〈川普對北約承諾不明　法：歐洲須加強防務整合〉，《中央通訊社》，http://www.cna.com.tw/news/aopl/201806210376-1.aspx。

鄭永年（2016），〈今天世界秩序危機是過去三大轉型的產物〉，《鳳凰國際智庫》，https://pit.ifeng.com/a/20160801/49696663_0.shtml。

鄭若麟（2018），〈美國與歐洲正處在秘密戰爭狀態〉，《新民週刊》，http://www.xinminweekly.com.cn/huanqiu/2018/09/06/10938.html。

鄭若麟（2019），〈「黃馬甲運動」與「反猶主義」── 必須理解的歐洲「癌症」〉，《觀察者網》，https://www.guancha.cn/ZhengRuoZuo/2019_03_05_492290.shtml。

魏建華、韓冰（2020），〈疫情之下，歐盟面臨三大考驗〉，《新華網》，http://www.xinhuanet.com/2020-04/10/c_1125838816.htm。

鷹眼防務觀察（2018），〈烏克蘭獲得申請國地位，一旦成爲正式成員國，北約會跟俄軍開戰？〉，《今日頭條》，https://www.toutiao.com/a6531966813683581448/。

二、外文部分

（一）專書

Keohane, Robert O. (1984), *After Hegemony Cooperation and Discord in the World Political Economc,* (Princeton, New Jersey: Princeton University Press).

Keohane, Robert O. and Joseph S. Nye (1977), *Power and Interdependence: World Politics in Transition* (Boston and Toronto: Little: Brown and Company).

Kuus, Merje (2007), *Geopolitics Reframed Security and Identity in Europe's Eastern Enlargement* (New York: Palgrave Macmillan).

Snyder, Jack (2012), *Power and Progress: International politics in transition* (London and New York: Routledge).

Weidenfeld, Werner (1990), *Der Umbruch Europa: die Zukunft des Kontinents* (Gütersloh: Bertelsmann-Stiftung).

（二）專書論文

Cooper, Robert (2002), "Europe and Security," in Dick Leonard and Mark Leonard (eds.), *The Pro-European Reader* (New York: Palgrave), pp. 150-163.

Daniel, Frei (1990), "Was ist unter Frieden und Sicherheit zu verstehen," in Wolfgang Heisenberg und Dieter S. Lutz (Hrsg.), *Sicherheitspolitik kontrovers Frieden und Sicherheit Status Quo in Westeuropa und Wandel in Osteuropa* (Bonn: Bundeszentrale für politische Bildung), pp. 41-49.

Este, Bernd (1990), "Kollektive Identität als nationale Identität," in Werner Weidenfeld (Hrsg.), *Die Deutschen und die Architektur des Europäischen Hauses* (Köln: Verlag Wissenschaft und Politik), pp. 127-140.

Honolka, Harro (1990), "Posttraditionale Identität und das Zusammenleben im Haus Europa," in Werner Weidenfeld (Hrsg.), *Die Deutschen und die Architektur des Europäischen Hauses* (Köln: Verlag Wissenschaft und Politik), pp. 111-126.

Kupchan, Charles A. (2014), "Reordering Order: Global Change and the Need for a New Normative Consensus," in Trine Flockhart, Charles A. Kupchan, Christina Lin, Bartlomiej E. Nowak, Patrick W. Quirk, and Lanxin Xiang (eds.), *Liberal Order in a Post-Western World* (Washington DC: Transatlantic Academy), pp. 1-12.

Zartman, William (1995), "Systems of World Order and Regional Conflict Reduction," in

William Zartman and Victor A. Kremenyuk (eds.), *Cooperative Security Reducing Third World Wars* (New York: Syracuse University Press), pp. 3-24.

（三）期刊論文

1. 書面期刊

Antonopulos, Contanine (2004), "Some thoughts on the NATO position in relation to the Iraqi Crisis," *Leiden Journal of International Law*, Vol. 17, I. 1, pp. 171-183.

Bendiek, Annegret (2017), "The New 'Europe of Security'," *SWP Comments*, pp. 1-4.

Braml, Josef (2009), "Im Westen nichts Neues ?," *Aus Politik und Zeitgeschichte*, B. 15-16, pp. 15-21.

Brok, Elmar (2016),"Forum 2016-ein Schicksalsjahr für die EU?," *Integration*, Nr. 1, pp. 46-51.

Brummer, Klaus (2017),"Europa der vershciedenen Geschwindigkeiten Mitgliedsstaaten zweiter Klasse?," *Aus Politik und Zeitgeschichte*, Jr. 67, Nr. 37, pp. 23-27.

Chopin, Thierry and Jean-François Jamet (2016), "Die Zukunft des europäischen Projekts," *DGAPananlyse*, Nr. 8, pp. 3-14.

Cómez, Johannes Müller, Wulf Reiners, and Wolfgang Wessels (2017), "EU-Politik in Krisenzeiten Krisenmanagement und Integrationsdynamik in der Europäischen Union," *Aus Politik und Zeitgeschichte*, Nr. 37, pp. 11-17.

Gardner, Hall (2014). "NATO, the EU, Ukraine, Russia and Crimea: The 'Reset' that was Never 'Reset'," *NATO WATCH Briefing Paper*, No. 49, pp. 1-15.

Gy'arfášová, Ol'ga (2009), "Die Zukunft der NATO in Mittelosteuropa," *Aus Politik und Zeitgeschichte*, B. 15-16, pp. 28-34.

Hallams, Ellen (2009), "NATO at 60 Going global?," *International Journal*, pp. 423-450.

Hamann, Julie (2016), "'Das Volk' und 'Die da oben' Misstrauen und Entfremdung in Europa," *DGAPkompakt*, Nr. 17, pp. 1-5.

Hänsch, Klaus (1990), "Aspekte der Europäischen Integration in einem ungeteilten Europa – Gedanken zur EG- Regierungskonferenz über die Politische Union," *Europa-Archiv*, Fol. 19, pp. 563-572.

Heinemann-Grüder, Andreas (2017), "Kalter Krieg oder neue Ostpolitik ? Ansätze der deutscher Russlandpolitik," *Aus Politik und Zeitgeschichte*, Jg. 67, Nr. 21-22, pp.

4-10.

Hoff, Henning and Sylke Tempel (2017). "Interview mit Bruno Tertrais: 'Wann, wenn nicht jetzt?' Die Trump-Regierung eröffnet die Chance, dass sich Europa new aufstellt," *Internationale Politik*, pp. 23-29.

Kaim, Markus (2016), "Die Neuordnung der Nato-Partnerschaftsbeziehungen," *SWP-Studie*, S. 12, June, pp. 1-26.

Kaim, Markus (2014), "Partnerschaft Plus: Zur Zukunft der NATO-Ukraine-Beziehungen," *SWP-Aktuell*, No. 38, May, pp. 1-4.

Kanet, Roger E., Maxime Henri, and André LARIVÉ (2012), "NATO and Russia A Perpetual New Beginning," *PERCEPTIONS*, Vol. 17, Nr. 1, pp. 75-96.

Kaufman, P. Joyce (2017), "The US perspective on NATO under Trump: lessons of the past and prospects for the future," *International Affairs*, Vol. 93, No. 2, pp. 251-266.

Korte, Karl-Rudolf (1993), "Das Dilemma des Nationalstaates in Westeuropa: Zur Identitätsproblematik der europäischen Integration," *Aus Politik und Zeitgeschichte*, B. 14, pp. 21-28.

Kühnhardt, Ludger (2010), "Die zweite Begründung der europäischen Integration," *Aus Politik und Zeitgeschichte*, B. 18, pp. 3-8.

Lang, Kai-Olaf (2016), "Die Visegrád-Staaten und der Brexit," *SWP-Aktuell*, Nr. 53, pp.1-4.

Lehmann, Julian (2015), "Flucht in die Krise-Ein Rückblick auf die EU-'Flüchtlingskrise'," *Aus Politik und Zeitgeschichte*, Nr. 52, pp. 7-11.

Lippert, Barbara and Nicolai von Ondarza (2016), "Eine europäische 'Special Relationship' Leitlinien, Interessen und Spielräume der EU-27 in den Brexit-Verhandlungen," *SWP-Aktuell*, Nr. 74, pp. 1-8.

Löffler,Nino (2018), "Von der autonomen Gemeinschaft zur Unabhängigen Nation? Separatismus in Katalonien," *Aus Politik und Zeitgeschichte*, B. 48, pp. 40-47.

Manutscharjan, Aschot L. (2017), "Russlands Weg in die 'Postwestliche Welt'," *Aus Politik und Zeitgeschichte*, Jg. 67, Nr. 21-22, pp. 11-15.

Mearsheimer, John (1990), "Back to the Future: Instability in Europe after the Cold War," *International Security*, Vol. 15. No. 1, pp. 5-56.

Mearsheimer, John (1994/1995), "The False Promise of International Institutions," *Inter-

national Security, Vol. 19, No. 3, pp. 5-49.

Mearsheimer, John (1995), "A Realist Reply," *International Security*, Vol. 20, No. 1, pp. 82-93.

Missiroli, Antonio (2011), "The rise of anti-EU populisms: why, and what to do about it," *European Policy Center- Policy Brief*, pp. 1-4.

Mölling, Christian (2017), "Europa-wo sind deine Legionen? Gut gemeinte Rhetorik reicht in der Sicherhiets-und Verteidigungspolitik nicht aus," *DGAPstandpunkt*, Nr. 4, März, pp. 1-4.

Moore, Rebeca R. (2012), "Lisbon and the Evolution of NATO's New Partnership Policy," *PERCEPTIONS*, Vol. 17, Nr. 1, pp. 55-74.

Moravcsik, Andrew (1997), "Taking preferences seriously: A Liberal Theory of International Politics," *International Organization*, Vol. 51, No. 4, pp. 513-553.

Mouffe, Chantal (2011), "Postdemokratie und die zunehmende Entpolitisierung," *Aus Politik und Zeitgeschichte*, B. 1-2, pp. 3-5。

Müller, Jan-Werner (2017), "Ist die Europäische Union als wehrhafte Demokratie gescheitert?," *Aus Politik und Zeitgeschichte*, B. 37, pp. 4-10.

Niblett, Robin (2018), "Gefährliche neue Welt," *Internationale Politik*, Januar/Februar, pp. 22-28.

Otto, Marius (2019), "(Spät-)Aussiedler aus Polen," *izpb*, Nr. 340, pp. 44-55.

Petersen, Friis Arne and Hans Binnendijk (2007), "The Comprehensive Approach Initiative: Future Options For NATO," *Defense Horizons*, No. 58, pp. 1-5.

Richter, Wolfgang (2014), "Die Ukraine-Krise Die Dimension der paneuropäischen Sicherheitskooperation," *SWP-Aktuell*, 23, pp. 1-8.

Riedel, Sabine (2016), "Föderalismus statt Separatismus -Politische Insturmente zur Lösung von Sezessionskonflikten in Europa," *SWP-Studie*, Serie. 5, pp. 5-36.

Riefer, Flix (2017),"Die Erzählung vom Ende der Sowjetunion als aussenpolitischer Referenzpunkt," *Aus Politik und Zeitgeschichte*, Jg. 67, Nr. 21-22, pp. 22-26.

Rynning, Sten (2005), "NATO's enduring challenge: Matching American Primacy and European Ambitions," *UNISCI Discussion Papers*, Nr. 9, pp. 7-22.

Savino, Giovanni (2018), "Europeanism or Nationalism? On Nation-Building in Europe and Ukraine," *Russia in Global Affairs*, Vol. 16, No. 2, pp. 94-105.

Schimmelfennig, Frank (2015), "Mehr Europa-oder weniger? Die Eurokrise und die europäische Integration," *Aus Politik und Zeitgeschichte*, B. 52, pp. 28-34.

Schimmelfennig, Frank (2018), "European integration (theory) in times of crisis. A comparison of the euro and Schengen crises," *Journal of European Public Policy*, Vol. 25, No. 7, pp. 969-989.

Schmitter, Philippe C. (2012), "European Disintegration? A Way Forward," *Journal of Democracy*, Vol. 23, No. 4, pp. 39-48.

Schuch, Gereon et al. (2007), "Ins Straucheln Geraten: Zwischen Frustration und Emanzipation; Die Neuen EU-Mitglieder Stecken In Einer Turbulenten Phase," *International Politik*, pp. 9-10.

Schwarzer, Daniela and Constanze Stelzenmüller (2014), "What is at Stake in Ukraine," *GMF-Europe Policy Paper*, No. 1, pp. 1-17.

Sebaux, Gwénola (2019), "(Spät-)Aussiedler aus Rumänia, *izpb*, Nr. 340, pp. 56-67.

Shifrinson, Joshua (2017), "Time to Consolidate NATO?," *The Washington Quarterly*, Vol. 1, No. 40, pp. 109-123.

Staack, Michael and Oliver Meier (1992), "Die KSZE und die europäische Sicherheit. Kooperative Konfliktverhütung für Gesamteuropa," *Aus Politik u. Zeitgeschichte*, B. 13, pp. 17-26.

Stoner, Kathryn and Michael McFaul (2015), "Who Lost Russia (This Time)? Vladimir Putin," *The Washington Quarterly*, Vol. 38, No. 2, pp. 167-187.

Sturm, Roland (2016),"Uneiniges Königreich? Grossbritannien nach dem Brexit-votum," *Aus Politik und Zeitgeschichte*, No. 49-50, pp. 17-23.

Tekin, Funda (2016), "Was folgt aus dem Brexit? Mögliche Szenarien differenzierte (Des-) Integration," *Integration*, Nr. 3, pp. 183-197.

Tokarski, Pawel (2018), "Deutschland, Frankreich und Italien im Euroraum-Ursprünge, Merkmale und Folgen der begrenzten Konvergenz," *SWP-Studie*, Serie 25, pp. 1-44.

Van Middelaar, Luuk (2016), "Wer sind wir? Auf der Suche nach der europäischen Identität," *Internationale Politik*, pp. 116-125.

Varwick, Johannes (2009), "Auf dem Weg zum Weltpolizisten?," *Aus Politik und Zeitgeschichte*, B. 15-16, pp. 3-9.

Von Ondarza, Nicolai (2016), "Die verlorene Wette—Entstehung und Verlauf des britischen EU-Referendums," *Aus Politik und Zeitgeschichte*, B. 49-50, pp. 4-10.

Von Staden, Berndt (1990), "Das vereinigte Deutschland in Europa," *Europa- Archiv*, Fol. 23, pp. 685-690.

Waltz, Kenneth N. (1993), "The Emerging structure of International Politics," *International Security*, Vol. 18, No. 2, pp. 44-79.

Waltz, Kenneth N. (2000), "NATO expansion: A realist's view," *Contemporary Security Policy*, Vol. 21, No. 2, pp. 23-38.

Waltz, Kenneth N. (2000), "Structural realism after the Cold War," *International Security*, Vol. 25, No. 1, pp. 5-41.

Webber, Mark, Stuart Croft, Jolyon Howorth, Terry Terriff, and Elke Krahmann (2004), "The governance of European Security," *Review of International Studies*, Vol. 30, No. 1, pp. 3-26.

Wouters, Jan and Frederik Naert (2001), "How effective is the European Security Architecture? Lessons from Bosnia and Kosovo," *International and Comparative Law Quarterly*, Vol. 50, I. 3, pp. 540-576.

2. 網路期刊論文

Buzogány, Aron (2017), "Illiberal democracy in Hungary: authoritarian diffusion or domestic causation?," *Democratization*, https://doi.org/10.1080/13510347.2017.1328676.

Gasparotti, Alessandro and Matthias Kullas (2019), "20 Jahre Euro: Verlierer und Gewinner Eine empirische Untersuchung," *cepStudie*, https://www.cep.eu/fileadmin/user_upload/cep.eu/Studien/20_Jahre_Euro__Gewinner_und_Verlierer/cepStudie_20_Jahre_Euro_Verlierer_und_Gewinner.pdf.

Gilman, Nils and Steven Weber (2016), "Back in the USSR," *The American Interest*, https://www.the-american-interest.com/2016/12/12/back-in-the-ussr/.

Ischinger, Wolfgang (2014), "Baumängel am 'gemeinsamen Haus' Warum die Anbingund Russlands an den Westen gescheitert ist," *Internationale Politik*, pp. 19-21, http://zeitschrift-ip.dgao.org/de/article/25350/print.

Karaganov, Sergei (2014), "Time to End the Cold War in Europe," *Russia in Global Affairs*, http://eng.globalaffairs.ru/pubcol/Time-to-End-the-Cold-War-in-Europe-16599.

Kissinger, Henry A. (2014), "Eine Dämonisierung Putins ist keine Politik," *Internationale Politik und Gesellschaft*, http://www.ipg-journal.de/kommentar/artikel/henry-a-kissinger-eine-daemonisierung-putins-ist-keine-politik-298/.

Kortunov, Andrey (2018), "Why the World is Not Becoming Multipolar," *Russia in Global Affairs*, https://eng.globalaffairs.ru/book/Why-the-World-is-Not-Becoming-Multipolar-19642.

Krastev, Ivan (2018), "3 Versions of Europe Are Collapsing at the Same Time," *Foreign Policy*, https://foreignpolicy.com/2018/07/10/3-versions-of-europe-are-collapsing-at-the-same-time/.

Mearsheimer, John (2014), "Can China Rise Peacefully?," *The National Interest*, http://nationalinterest.org/commentary/can-china-rise-peacefully-10204.

Surkov, Vladislav (2018), "The Loneliness of the Half-Breed," *Russia in Global Affair*, https://eng.globalaffairs.ru/book/The-Loneliness-of-the-Half-Breed-19575.

（四）官方文獻

1. 書面官方文獻

De Gaulle, Charles (1998), "A Concert of European States," in Brent F. Nelsen and Alexander C-G. Stubb eds., *The European Union: readngs on the Theory and Practice of European Integration* (2nd ed.) (Colorado: Lynne Rienner Publishers, Inc.), pp. 27-44.

European Commission (2013), "Commissioner Barnier welcomes trilogue agreement on the framework for bank recovery and resolution," MEMO/13/1140, Brussels, 12 December.

Gorbachev, Mikhail (2002), "The Common European Home," Speech to Assembly of the Council of Europe. July 6, 1989, in Dick Leonard and Mark Leonard eds., *The Pro-European Reader* (New York: Palgrave), pp. 101-102.

2. 網路官方文獻

Council of the EU (2017), "The Rome Declaration, STATEMENTS AND REMARKS", *EU*, 149/17, http://www.consilium.europa.eu/en/press/press-releases/2017/03/25/rome-declaration/pdf.

Council of the EU (2018), "Permanent Structured Cooperation (PESCO) updated list of

PESCO projects," http://www.consilium.europa.eu/media/37028/table-pesco-projets.pdf.

Dariusz Kałan (2015), "The Slavkov Triangle: A Rival to the Visegrad Group?," PISM Bulletin, No. 19 (751), https://www.pism.pl/files/?id_plik=19252.

De Hoop Scheffer, Jaap (2009), Speech at the 45th Munich Security Conference: http://www.securityconference.de/konferenzen/rede.php?menu_2009=&menu_konfere.

European and External Relations Committee (2016), "The EU referendum result and its implications for Scotland: Initial Evidence," SP Paper 5 1st Report, 2016 (Session 5), The Scottish Parlament, http://www.parliament.scot/S5_European/Reports/EUS052016R01.pdf.

European Commission (2020), "Achieving a European Education Area by 2025 and resetting education and training for the digital age," *European Union*, https://ec.europa.eu/commission/presscorner/detail/en/IP_20_1743.

European Parliament (2020), "2019 European election results," *EU*, https://www.election-results.eu/european-results/2019-2024/.

European Union External Action Service (2016), "Shaping of a Common Security and Defence Policy," https://eeas.europa.eu/topics/common-security-and-defence-policy-csdp/5388/shaping-of-a-common-security-and-defence-policy-_en.

Junker, Jean-Claude (2018), "State of the Union 2018: The Hour of European Sovereignty," *EU*, https://ec.europa.eu/commission/news/state-union-2018-hour-european-sovereignty-2018-sep-12_en.

Maas, Heiko (2018), "Wir lassen nicht zu, dass die USA über unsere Köpfe hinweg handeln," *Handelsblatt*, https://www.handelsblatt.com/meinung/gastbeitraege/gastkommentar-wir-lassen-nicht-zu-dass-die-usa-ueber-unsere-koepfe-hinweg-handeln/22933006.html.

Macron Emmanuel (2019), "Speech at Ambassadors' Conference," https://lv.ambafrance.org/Ambassadors-conference-Speech-by-M-Emmanuel-Macron-President-of-the-Republic.

Macron, Emmanuel (2019), "For European renewal," *Voltaire Network*, https://www.voltairenet.org/article205525.html.

NATO (1997), "Founding Act on Mutual Relations, Cooperation and Security between

NATO and the Russian Federation," https://www.nato.int/cps/en/natohq/official_texts_25468.htm.

NATO (1999), "NATO Membership Action Plan," https://www.nato.int/cps/en/natohq/official_texts_27444.htm.

NATO (2010), "Lisbon Strategic Concept Active Engagement, Modern Defence," http://www.nato.int/cps/en/SID-347FOE18-2383F7A6/natolive/office....

NATO (2016), "NATO-EU Relations: Framework for cooperation," https://www.nato.int/nato_static_fl2014/assets/pdf/pdf_2016_07/20160630_1607-factsheet-nato-eu-en.pdf.

NATO (2018), "Brussels Declaration on Transatlantic Security and Solidarity," Press Release (2018) 094, *NATO*, https://www.nato.int/cps/en/natohq/official_texts_156620.htm.

NATO (2018), "Brussels Summit Declaration," Press Release PR/CP (2018) 074, *NATO*, https://www.nato.int/cps/en/SID-B670B484-28CFB648/natolive/official_texts_156624.htm?selectedLocale=en.

NATO (2018), "Englargement," NATO, https://www.nato.int/cps/en/natohq/topics_49212.htm.

NATO (2019), "Defence Expenditure of NATO Countries (2013-2019)," Press Releases, COMMUNIQUE PR/CP (2019) 123, pp. 1-16, https://www.nato.int/nato_static_fl2014/assets/pdf/pdf_2019_11/20191129_pr-2019-123-en.pdf.

NATO-Ukraine Commission (2014), "Statement of the NATO-Ukraine Commission," http://www.nato.int/cps/en/natolive/news_108499.htm?selectedLocale=en.

Orbán, Victor (2014), "Proclamation of the Illiberal Hungarian State," *The Orange Files*, https://theorangefiles.hu/2014/08/01/proclamation-of-the-illiberal-hungarian-state/.

Presse- und Informationsamt der Bundesregierung (2019), "Treaty of Aachen," https://www.bundesregierung.de/resource/blob/975244/1570126/c720a7f2e1a0128050baaa6a16b760f7/2019-01-19-vertrag-von-aachen-data.pdf?download=1.

Putin, Wladimir W. (2007), "speech at the 43rd Munich Conference on Security Policy," http://www.securityconference.de/konferenzen/rede.php?.sprache=en&id=179&.

Rasmussen, Anders Fogh (2013), "NATO after ISAF-staying successful together," *NATO*, http://www.nato.int/cps/en/natolive/opinions_94321.htm.

Rasmussen, Anders Fogh (2014), "A Strong Transatlantic Bond for an Unpredictable World," *NATO*, http://www.nato.int/cps/en/natolive/opinions_111614.htm?selectedLocale-en.

Rasmussen, Anders Fogh (2014), "Defending Allies, Sharing responsibility, Upholding values," *NATO*, http://www.nato.int/cps/en/natolive/opinions_109757.htm?selectedLocale=en.

Rasmussen, Anders Fogh (2014), "Standing up for Freedom and Security," *NATO*, http://www/nato.int/cps/en/natolive/opinions_109859.htm?selectedLocale=en.

Reuter (2020), "Norway's NRK: NATO to Break off Arctic Drill as Coronavirus Spreads," *VOA*, https://www.voanews.com/europe/norways-nrk-nato-break-arctic-drill-coronavirus-spreads.

SHAPE Public Affairs Office (2020), "Defender-Europe 20-Health and Welfare are priority," *NATO*, https://shape.nato.int/defender-europe/defender/newsroom/defendereurope-20-health-and-welfare-are-priority.

Stoltenberg, Jens (2018), "Remarks at the opening session of the Munich Security Conference," https://www.nato.int/cps/en/natohq/opinions_152209.htm.

The electoral Commission (2019), "EU referendum results by region: London," The electoral Commission of UK, https://www.electoralcommission.org.uk/who-we-are-and-what-we-do/elections-and-referendums/past-elections-and-referendums/eu-referendum/results-and-turnout-eu-referendum/eu-referendum-results-region-london.

The UN Refugee Agency (2018), "Most common nationalities of Mediterranean sea and land arrivals," United Nations High Commissioner for Refugees, https://data2.unhcr.org/en/situations/mediterranean.

The UN Refugee Agency (2018), "Refugees & Migrants arrivals to Europe in 2018 (MEDITERRANEAN)," United Nations High Commissioner for Refugees, Q2, https://data2.unhcr.org/es/documents/download/64891.

The White House (2014), "Obamas remarks" at the United States Military Academy Commencement Ceremony, West Point, New York, http://www.whitehouse.gov/the-press-office/2014/05/28/remarks-president-united-states-military-academy-commencement-ceremony.

The White House (2018), "Donald J. Trump's State of the Union Address," https://

www.whitehouse.gov/briefings-statements/president-donald-j-trumps-state-union-address/.

Vershbow, Alexander (2013), "Regional Defence Cooperation for Southeastern Europe," *NATO*, http://www.nato.int/cps/en/natolive/opinions_103817.htm.

Vershbow, Alexander (2014), "NATO's partnership policy in a changing security environment – Speech at the conference on NATO Partnerships: achievements and prospects," Chisinau, Moldova, http://www.nato.int/cps/en/natolive/opinions_109810.htm?selectedLocale=en.

Von der Leyen, Ursula (2018), "Europäischer werden, transatlantisch bleiben," https://www.bmvg.de/de/aktuelles/europaeischer-werden--transatlantisch-bleiben-22174.

Von der Leyen, Ursula (2020), "Bei Ungarn sehen wir besonders genau hin," *Frankfurt Allgemeine Zeitung*, https://www.faz.net/aktuell/politik/ausland/eu-vertragsverletzungsverfahren-gegen-ungarn-denkbar-16722143.html.

Von der Leyen, Ursula (2020), "Check against delivery," Speech at the European Parliament Plenary on the EU Recovery package, *EU Commission*, https://ec.europa.eu/commission/presscorner/detail/en/SPEECH_20_941.

（五）網路資料

AFP, dpa, Reuters, dapd (2012), "Bundestagdebatte: Merkel fühlt sich durch ESM- Urteil bestaerkt," *Zeitonline*, http://www.zeit.de/politik/deutschland/2012-09/bindestag-regierungserklaerung-merkel.

Bartels, Hans-Peter (2014), "Umgang mit Putin: Bitter, aber vernünftig," *Zeitonline*, http://www.zeit.de/politik/ausland/2014-05/russland-nato-urkrain/komplettansicht.

Bénéton, Philippe, Rémi Brague, Chantal Delsol, Roman Joch, Lánczi András, Ryszard Legutko, Pierre Manent, Janne Haaland Matlary, Dalmacio Negro Pavón, Roger Scruton, Robert Spaemann, Bart Jan Spruyt, and Matthias Storme (2017), "The PARIS STATEMENT: A EUROPE WE CAN BELIEVE IN," https://thetrueeurope.eu/a-europe-we-can-believe-in/.

Bernau, Patrick (2016), "Kommentar: Ein Sieg des Misstrauens," *Frankfurter Allgemeine Zeitung*, http://www.faz.net/aktuell/wirtschaft/wirtschaftspolitik/kommentar-ein-sieg-des-misstrauens-14305124.html.

Bittner, Jochen (2012), "EU - Außenpolitik: Europa ist keine Insel," *Zeitonline*, https://www.zeit.de/2012/29/Europa-Aussenpolitik.

Browne, Ryan and Zachary Cohen (2020), "US to withdraw nearly 12,000 troops from Germany in move that will cost billions and take years," *CNN*, https://edition.cnn.com/2020/07/29/politics/us-withdraw-troops-germany/index.html.

Bumbacher, Beat (2019), "Beim Brexit ist Verdrängen nicht mehr lange möglich," *Neue Zürcher Zeitung*, https://www.nzz.ch/meinung/beim-brexit-ist-verdraengen-nicht-mehr-lange-moeglich-ld.1452073.

Casdorff, Stephan-Andreas and Ingrid Müller (2017), Wolfgang Ischinger im interview, "Donald Trump macht mir Angst," *Der Tagesspiegel*, https://www.tagesspiegel.de/politik/wolfgang-ischinger-im-interview-donald-trump-macht-mir-angst/19378882.html.

Conley, Heather (2014), "Is it fair to say there is no Euro-Atlantic security approach?," *Europe's World*, http://europesworld.org/2014/05/16/is-it-fair-to-say-there-is-no-euro-atlantic.

Der Spiegel (2016), "Kanzlerin zum Brexit Merkel spricht von Einschnitt für Europa," *Spiegelonline*, http://www.spiegel.de/politik/deutschland/brexit-merkel-spricht-von-einschnitt-fuer-europa-a-1099592.html.

Deutsche Presse Agentur (2009), "Obamas Ziel ist die "Ausschaltung von al-Qaida," *Zeitonline*, http://images.zeit.de/text/online/2009/14/afganistan-obama.

Die Zeit (2012), "Euro-krise: Verfassungsgericht akzeptiert ESM unter Vorbehalt," *Zeitonline*, http://www.zeit.de/politik/deutschland/2012-09/bundesverfassungsgericht-klage-esm-urteil.

Die Zeit (2012), "Europäische Union Blain warnt Briten vor einem EU-Austritt," *Zeitonline*, http://www.zeit.de/politik/ausland/2012-11/blain-grossbritannien-eu.

Die Zeit (2012), "Freiwilliges Jahr: Wir sind Europa," *Zeitonline*, http://www.zeit.de/2012/19/Europa-Manifest.

Die Zeit (2014), "Ukraine-Konflikt: Nato bezichtig Putin der Lüge," *Zeitonline*, http://www.zeit.de./politik/ausland/2014-07/ukraine-russland-mh17-nato-wladimir-putin/komplettansicht.

Die Zeit (2016), "Europa: Helmut Kohl wünscht sich Atempause für Europa," *Zeitonline*, https://www.zeit.de/politik/ausland/2016-06/europa-helmut-kohl-brexit-eu-grossbri-tannien.

Die Zeit (2017), "Auflagen für NGOs: EU eröffnet weiteres Verfahren gegen Ungarn," *Zeitonline*, http://www.zeit.de/politik/ausland/2017-07/auflagen-ngo-eu-kommis-sion-verfahren-gegen-urgard.

Die Zeit (2017), "Ungarn: Orbán will EuGH-Urteil nicht umsetzen," *Zeitonline* (et al.), http://www.zeit.de/politik/ausland/2017-09/ungarn-viktor-orban-eugh-fluechtlinge-verteilung.

Die Zeit (2018), "Brexit: EU lehnt angeblich Theresa Mays vorschlag ab," *Zeitonline*, https://www.zeit.de/wirtschaft/2018-11/brexit-eu-theresa-may-grenze-irland-nordir-land-plan-b.

Die Zeit (2018), "EU-Reform: Merkel und Macron fordern Budget für die Eurozone," *Zeitonline*, https://www.zeit.de/politik/ausland/2018-06/merkel-und-macron-fordern-budget-fuer-die-eurozone.

Die Zeit (2018), "Europäische Union: Emmanuel Macron will Europa militärisch unab-hängiger machen," *Zeitonline*, https://www.zeit.de/politik/ausland/2018-08/euro-paeische-union-emmanuel-macron-eu-verteidigungspolitik.

Dobbert, Steffen (2019), "EU-Wahl: Macht Europa demokratischer," *Zeitonline*, https://www.zeit.de/politik/ausland/2019-05/eu-wahl-europa-demokratie-chance-eu-ropawahl-europaeische-union.

Dzurinda, Mikulas (2018), "How I was convinced we need a federal EU," *EUobserver*, https://euobserver.com/opinion/142266.

Eriksson, Aleksandra (2017), "Interview Guerot: Germany could lose its role in Europe," *EUobserver*, https://euobserver.com/elections/138767.

EUobserver (2018), "EU extends Russia sanctions - despite Italy," EU*observer*, https://euobserver.com/tickers/142233.

Feickert, Andrew, Kathleen J. McInnis, and Derek E. Mix (2020), "US military Presence in Poland," *IN FOCUS*, https://fas.org/sgp/crs/natsec/IF11280.pdf.

Frankfurter Allgemeine Zeitung (2014), "Ukraine-Krise: Putin: Isolierung Russlands 'un-möglich'," *Frankfurter Allgemeine Zeitung Net*, http://www.faz.net/aktuell/politik/ausland/ukraine-krise-putin-isolierung-russlands-unmoeglich-12956586.html.

Friederichs, Hauke (2009), "Nato-Reform Amerikanischer Wunsch und Europäische Wirklichkeit," *Zeitonline*, http://images.zeit.de/text/online/2009/15/nato-transformation.

Friedrich, Hans-Peter (2016), "Brexit: Wir bruachen mehr Heimatliebe," *Zeitonline*, https://www.zeit.de/politik/ausland/2016-07/brexit-europa-eu-zukunft-hans-peter-friedrich-csu.

Gota, Alice (2017), "Interview mit Sven Mikser, Estland: 'Ich werde nicht dafür bezahlt, Angst zu haben'," *Zeitonline*, https://www.zeit.de/politik/ausland/2017-03/estland-sven-mikser-aussenminister-russland-nato-truppen.

Götz, Sören (2017), "Populismus: 'Populisten sind eigentlich Reformer'," *Zeitonline*, http://www.zeit.de/politik/deutschland/2017-07/populismus-bertelsmann-stiftung-karin-priester-interview.

Götz, Sören (2018), "Reformen für die EU: Das wird Macron nicht alles gefallen," *Zeitonline*, https://www.zeit.de/politik/2018-06/reformen-eu-vorschlaege-bundes-kanzlerin-angela-merkel-europa-emmanuel-macron.

Greven, Ludwig (2017), "Verhältnis zu den USA: Merkels bittere amerikanische Lektion," *Zeitonline*, https://www.zeit.de/politik/deutschland/2017-05/verhaeltnis-zu-usa-angela-merkel-donald-trump-analyse.

Habermas, Jürge and Jacques Derrida (2003), "Nach dem Krieg: Die Wiedergeburt Europas," *Frankfurt Allgemein Zeitung*, https://www.faz.net/aktuell/feuilleton/habermas-und-derrida-nach-dem-krieg-die-wiedergeburt-europas-1103893.html.

Habermas, Jürgen (2010), "Europa: Wir brauchen Europa!," *Zeitonline*, https://www.zeit.de/2010/21/Europa-Habermas.

Hansen, Eric T. (2014), "Ukraine: Uns Amis ist die Ukraine egal," *Zeitonline*, http://www.zeit.de/politik/2014-04/wir-amis-ukraine-usa-deutschland/komplettansicht.

Heuser, Uwe Jean and Jens Tönnesmannz (2016), "Interview Sahra Wagenknecht: Der Euro hat Europa gespalten," *Zeitonline*, https://www.zeit.de/2016/31/sahra-wagen-knecht-europa-fluechtlinge-euro/komplettansicht.

Hoffmann, Hubertus (2014), "Russia, NATO and the EU: A Plea for a True Partnership," *World Security Network*, http://www.worldsecuritynetwork.com/UN-Russia-NATO-Europe/hubertus-hoffmann-1/Russia-NATO-and-the-EU-A-Plea-for-a-True-Partnership.

Hunter, Robert (2014), "Will Putin Save NATO?," *World Security Network*, http://www. lobelog.com/will-putin-save-nato.

Ischinger, Wolfgang (2018), "Mehr Eigenverantwortung in und für Europa *Deutschlands Neue Verantwortung*," Vortrag auf der Internationalen Sicherheitskonferenz in München, http://www.deutschlands-verantwortung.de/beitraege/mehr-eigenverantwortung-in-und-für-europa.

Ischinger, Wolfgang (2020), "Munich Security Report 2020: Westlessness," *Munich*, https://securityconference.org/publikationen/munich-security-report-2020/.

Judson, John, Greg Jaffe, Seung Min Kim, and Josh Dawsey (2018), "After forging new ties with North Korea, Trump administration turns to Russia," *The Washington Post*, https://www.washingtonpost.com/world/national-security/after-forging-new-ties-with-north-korea-trump-administration-turns-to-russia/2018/06/15/8f559209-c51f-4821-987b-76925472dec3_story.html?noredirect=on&utm_term=.49263c11fd18.

Kaim, Markus (2014), "Im Osten viel Neues," *Handelsblatt*, http://www.handelsblatt. com/meinung/gastbeitraege/kurz-gesagt-im-osten-viel-neues/10220660.html.

Kauffmann, Sylvie (2018), "Who Will Lead Europe Now?," *The New York Time*, http:// www.nytimes.com/2018/06/07/opinion/g7-europe-trump-macron-leadership.html.

Kempin, Ronja and Barbar Kurz (2018), "Deutschland und Frankreich: Der fremde Nachbar," *Zeitonline*, https://www.zeit.de/politik/ausland/2018-06/deutschland-frankreich-angela-merkel-emmanuel-macron-dfvsr.

Klingst, Martin (2014), "Barack Obama: Beißt der? Nö," *Zeitonline*, http://www.zeit. de/2014/24/barack-obama-aussenpolitik-usa.

Kokt, Michał (2014), "Obama-Besuch: Polen, wieder verliebt," *Zeitonline*, http://www. zeit.de/politik/ausland/2014-06/obamas-polen-usa-besuch/komplettansicht.

Ladurner, Ulrich (2009), "Obamas gefährlicher Krieg," *Zeitonline*, http://images.zeit.de/ text/online/2009/14/Afghanistan-obama-kommentar.

Luther, Carsten (2014), "Die Osteuropäer haben recht behalten," *Zeitonline*, http://www. zeit.de/politik/ausland/2014-06/nato-verteidigung-russland-europa/.

Marchand, Laurent (2016), Interview with European Commission President Jean-Claude Juncker, "Juncker: 'Europe must take care of its own defence'," *EurActiv*, https://

www.euractiv.com/section/global-europe/interview/juncker-europe-must-take-care-of-its-own-defence/.

Maurice, Eric (2016), "EU must change 'ideological' policy on Russia, says Slovak FM," *EUobserver*, https://euobserver.com/foreign/134133.

Maurice, Eric (2016), "Slovak EU presidency aims to take power away from Brussels," *EUobserver*, https://euobserver.com/eu-presidency/134143.

Melnyk, Andrij (2016), "Frank-Walter Steinmeier: Russland darf damit nicht durchkommen," *Zeitonline*, https://www.zeit.de/politik/ausland/2016-06/frank-walter-steinmeier-russland-nato-manoever.

Meyer, Henning (2012), "Auswege aus der Krise: Europa neu erfinden," *Zeitonline*, http://www.zeit.de/meinung/2012-06/eurokrise-politische-uni.

Motadel, David (2019), "Rechtsextremismus: Nationalisten, die ins Ausland gehen," *Zeitonline*, https://www.zeit.de/gesellschaft/zeitgeschehen/2019-07/rechtsextremismus-marine-le-pen-joerg-meuthen-internationalisierung-nationalismus.

Müller, Nora (2016), "Russland und der West Politisches Powerplay," *Neue Zürcher Zeitung*, https://www.nzz.ch/meinung/kommentare/die-neue-normalitaet-zwischen-russland-und-dem-westen-politisches-powerplay-ld.16428.

Nicolás, Elena Sánchez (2019), "Nine Catalan separatist leaders given long jail terms," *EUobserver*, https://euobserver.com/political/146257.

Overhaus, Marco (2014), "US-Verteidigungspolitik: Obama unterlässt Kurswechsel in Europa," *Die Zeit*, http://www.zeit.de/politik/ausland/2014-06/us-verteidigungspolitik-kein-kurswechsel-in-europa/komplettansicht.

Phạm, Khuê (2016), "Großbritannien: Sie sind wütend und sie sind viele," *Zeitonline*, https://www.zeit.de/politik/ausland/2016-06/grossbritannien-referendum-brexit-europa.

Ponattu, Dominic (2019), "Brexit kostet Deutschland bis zu zehn Milliarden Euro jährlich," *Bertelsmann Stiftung*, https://www.bertelsmann-stiftung.de/de/themen/aktuelle-meldungen/2019/maerz/brexit-kostet-deutschland-bis-zu-zehn-milliarden-euro-jaehrlich/.

Pop, Valentina (2009), "European NATO members at odds over strategic priorities," *EUobserver*, http://euobserver.com/9/27860?print=1.

Pop, Valentina (2012), "EU leaders stalling 'irresponsibly' on crisis, MEPs say," *EUobserver*, http://euobserver.com/economic/117962.

Puglierin, Jana (2017), "Deutschland als europäische FührungsmachtDa waren es schon zwei," *Tagespiegel Causa*, https://causa.tagesspiegel.de/politik/merkel-als-neue-anfuehrerin-des-westens/da-waren-es-schon-zwei.html.

Retman, Andrea (2013), "NATO chief: EU must spend more on military," *EUobserver*, http://euobserver.com/defence/118914.

Rettman, Andrew (2014), "NATO warns of Russian military build-up, amid EU peace talks," *EUobserver*, http://euobserver.com/foreign/126562.

Rettman, Andrew (2014), "Putin redraws map of Europe," *EUobserver*, http://euobserver.com/foreign/123519.

Rettman, Andrew (2019), "Greek election: Tsipras out, Mitsotakis in," *EUobserver*, https://euobserver.com/economic/145383.

Rettman, Andrew (2019), "Tusk and Putin clash on liberal values in Japan," *EUobserver*, https://euobserver.com/foreign/145292?utm_source=euobs&utm_medium=email.

Rettman, Andrew and Eric Maurice (2017), "Trump's anti-NATO views 'astonish' Europe," *EUobserver*, http://euobserver.com/foreign/136550.

Reuter (2014), "Ukraine Crisis sends NATO 'Back to Basics'," *The Moscow Times*, http://www.themoscowtimes.com/news/article/ukraine-crisis-sends-nato-back-to-basics/505125.html.

Schischkin, Michail (2017), "Zukunft Russlands: Putins Pyrrhussiege," *Neue Zürcher Zeitung*, https://www.nzz.ch/meinung/kommentare/russland-putins-pyrrhussiege-ld.1303722.

Sohn, Roman (2014), "'Ruscism' is threat to European stability," *EUobserver*, http://euobserver.com/opinion/124118.

Sommer, Theo (2017), "Deutsch-russische Beziehungen: Ein unbequemer Nachbar, aber kein Feind," *Zeitonline*, http://www.zeit.de/politik/2017-11/deutsch-russische-beziehungen-5vor8.

Sprenger, Sebastian (2020), "Transatlantic Partnerships Warships mass in the Baltic Sea for a coronavirus-conscious battle drill," *Defense New*, https://www.defensenews.com/....

Tatje, Claas (2011), "Pro Eu-Steuer Die EU-Kommission braucht Macht und Geld!," *Zeitonline*, http://www.zeit.de/2011/28/EU-Stener-Pro-Contra.

Theisen, Heinz (2017), "Die Macht der Globalisierung lässt auch Ideologien alt aussehen," *Neue Zürcher Zeitung*, https://www.nzz.ch/meinung/kommentare/die-macht-der-globalisierung-laesst-auch-ideologien-alt-aussehen-ld.1330268.

Tokarski, Pawel and Serafina Funk (2019), "What is fate of non-euro EU states after Brexit?," *EUobserver*, https://euobserver.com/opinion/143962.

Wanat, Zosia (2020), "U.S., Poland sign defense cooperation deal," *Politico*, https://www.politico.com/news/2020/08/15/pompeo-inks-deal-for-us-troop-move-from-germany-to-poland-395738.

Wikipedia (2017), "Referendums related to the European Union," https://en.wikipedia.org/wiki/Referendums_related_to_the_European_Union.

Wikipedia (2019), "country; election; ruling party; parliament," https://www.wikipedia.org/.

Zalan, Eszter (2019), "France and Germany hope to revive EU with Aachen treaty," *EUobserver*, https://euobserver.com/political/143979.

Zastiral, Sascha (2017), "Brexit: Ermüdet und entnervt," *Zeitonline*, http://www.zeit.de/politik/2017-08/brexit-grossbritannien-eu-positionspapiere-forderungen.

附錄一　歐洲國家進行與「歐盟」相關議題之公投（1972-2016年）

日期	事件	得票情況（百分比）
歐洲共同體的擴張		
1972/03/24	法國的歐洲共同體公投	得票率68.3 / 投票率60.5
1972/05/10	愛爾蘭的歐洲共同體公投	得票率83.1 / 投票率70.9
1972/09/25	挪威的歐洲共同體公投	得票率46.5 / 投票率79
1972/10/02	丹麥的歐洲共同體公投	得票率63.3 / 投票率90.1
1975/06/05	英國於歐洲共同體的去留議題	得票率67.2 / 投票率64
1982/02/23	格陵蘭於歐洲共同體的去留議題	得票率47
歐洲單一法案		
1986/02/26	丹麥公投	得票率56.2 / 投票率75.4
1987/05/26	愛爾蘭公投	得票率69.9 / 投票率44.1
馬斯垂克條約		
1989/05/18	義大利公投	得票率88.1 / 投票率88
1992/06/18	愛爾蘭公投	得票率69.1 / 投票率57.3
1992/09/20	法國公投	得票率51 / 投票率69.7
1992/06/02	第一次丹麥公投（反對多）	反對得票率50.7 / 投票率75.4
1993/05/18	第二次丹麥公投	得票率56.7 / 投票率86.5
「歐盟」的擴大		
1994/06/12	奧地利公投	得票率66.6 / 投票率82.3

日期	事件	得票情況（百分比）
1994/10/16	芬蘭公投	得票率56.9 / 投票率70.8
1994/11/13	瑞典公投	得票率52.3 / 投票率83.3
1994/11/20	奧蘭公投（自治區）	得票率73.6 / 投票率49.1
1994/11/28	挪威公投	反對得票率52.2 / 投票率89
阿姆斯特丹條約		
1998/05/22	愛爾蘭公投	得票率61.7 / 投票率56.2
1998/05/28	丹麥公投	得票率55.1 / 投票率76.2
尼斯條約		
2001/06/07	第一次愛爾蘭公投	反對得票率53.9 / 投票率34.8
2002/10/19	第二次愛爾蘭公投	得票率62.9 / 投票率49.5
「歐盟」的擴大		
2003/03/08	馬爾他公投	得票率53.6 / 投票率90.9
2003/03/23	斯洛維尼亞公投	得票率89.6 / 投票率60.2
2003/04/12	匈牙利公投	得票率83.8 / 投票率45.6
2003/05/10-11	立陶宛公投	得票率91.9 / 投票率63.4
2003/05/16-17	斯洛伐克公投	得票率93.7 / 投票率52.1
2003/06/07-08	波蘭公投	得票率77.5 / 投票率58.9
2003/06/13-14	捷克公投	得票率77.3 / 投票率55.2
2003/09/14	愛沙尼亞公投	得票率66.8 / 投票率64.1
2003/09/20	拉脫維亞公投	得票率67.5 / 投票率71.5
歐元議題		
2000/09/28	丹麥公投	反對得票率53.2 / 投票率87.6
2003/09/14	瑞典公投	反對得票率55.9 / 投票率82.6
「歐盟」憲法		
2005/02/20	西班牙公投	得票率81.8 / 投票率41.8
2005/05/29	法國公投	反對得票率54.7 / 投票率69.4
2005/06/01	荷蘭公投	反對得票率61.5 / 投票率63.3
2005/07/10	盧森堡公投	得票率56.5 / 投票率90.4

日期	事件	得票情況（百分比）
	里斯本條約	
2008/06/12	第一次愛爾蘭公投	反對得票率53.2 / 投票率53.1
2009/10/02	第二次愛爾蘭公投	得票率67.1 / 投票率59
	「歐盟」擴張	
2012/01/22	克羅埃西亞公投	得票率66.7 / 投票率43.5
	歐洲財政協定	
2012/05/31	愛爾蘭公投	得票率60.4 / 投票率50.5
2013/10/20	聖馬利諾 申請加入歐盟會員國公投	得票率50.28 / 投票率43.38
	歐洲單一專利法院議題	
2014/05/25	丹麥公投	得票率62.5 / 投票率55.9
2015/07/05	希臘紓困公投	反對得票率61.3 / 投票率62.5
2015	丹麥「脫歐」公投	反對得票率53.1 / 投票率72
	荷蘭與烏克蘭的「歐盟」協議	
2016/04/06	荷蘭公投	反對得票率61 / 投票率32.2
	英國的「歐盟」會員資格議題	
2016/06/23	英國「脫歐」公投	得票率51.9 / 投票率72.2
2016/10/02	匈牙利的移民配額公民投票	反對得票率98.4 / 投票率44
	瑞士和「歐盟」之間的協議	
1972	與歐盟的自由貿易協定	得票率72.5
1992	與歐盟有關組織的經濟協定	反對得票率50.3
1997	要求批准公投和各州啟動瑞士加入歐盟 的談判	反對得票率74.1
2000	與歐盟的雙邊協定	得票率67.2

日期	事件	得票情況（百分比）
2001	開放歐盟成員國談判	反對得票率76.8
2005	申根協定和柏林條例	得票率54.6
2005	勞動者自由流動問題	得票率56
2006	集資十億給予十個新的歐盟成員國	得票率53.4
2009	勞動者的行動自由議題	得票率59.6
2009	根據申根協定，關於生物辨識護照（biometric passports）的問題	得票率50.1
2014	減少勞動者的行動自由	得票率50.3

資料來源：作者整理自Wikipedia (2017), "Referendums related to the European Union," https://en.wikipedia.org/wiki/Referendums_related_to_the_European_Union (accessed on 22 March, 2018).

附錄二　「北約─俄羅斯基本協議」

(Founding Act on Mutual Relations, Cooperation and Security between NATO and the Russian Federation), Paris, NATO, 27 May, 1997, https://www.nato.int/cps/en/natohq/official_texts_25468.htm (accessed on 31 October, 2020).

一、北約與俄羅斯依據「基本文件」之目標，將彼此關係建立在下列原則：
（一）在透明化的基礎之上發展穩定、持續與平等的合作關係；雙方合作強化歐洲與大西洋區域之安全與穩定。
（二）認知民主體制、政治多元主義、法治、尊重人權、公民自由及發展自由市場經濟，並在發展共同繁榮及全面性安全上扮演重要角色。
（三）避免彼此及對其他國家在與聯合國或「赫爾辛基最後議定書」規定不符之情況下，威脅或使用武力破壞他國主權獨立與領土完整或政治獨立。
（四）尊重所有國家主權獨立、領土完整、選擇確保安全之工具、領土之不可侵犯性及人民之自決權等歐洲安全與合作組織「赫爾辛基最後議定書」及相關文獻中所重視之固有權力。
（五）在發展及履行國防政策及軍事原理時，雙方互相保持透明性。

（六）依照聯合國及歐洲安全與合作組織之規定，以和平方式預防及解決衝突。

（七）依循視個案而定原則，在聯合國安理會授權或基於對歐洲安全與合作組織會員國之責任的基礎上，採取維持和平行動。

二、北約與俄羅斯為執行「基本文件」之規定，發展有關安全與政治議題之共同方法而設「常設聯合理事會」（Permanent Joint Council）。當「常設聯合理事會」成員遭受領土完整、政治獨立或安全之威脅時，北約及俄羅斯立即進行諮商。「常設聯合理事會」運作之原則是互惠及透明，在外交與國防部長層級每年開會兩次，而在大使與「北大西洋合作理事會」常駐代表層級則是每月開會兩次。

三、北約與俄羅斯諮商與合作之領域：

（一）衝突預防，包括預防性外交，依聯合國及歐洲安全與合作組織之規定處理危機及解決衝突。

（二）共同行動，其中包括依聯合國安理會授權或基於對歐洲安全與合作組織之責任，視個案而定原則採取之維持和平行動。若依「盟國聯合特遣部隊」概念採取之行動中，雙方必須在最初階段即參與。

（三）俄羅斯參加「歐洲與大西洋夥伴理事會」及「和平夥伴」。

（四）俄羅斯與北約交換與協商有關戰略、國防政策、軍事原理、預算及基層發展計畫。

（五）武器管制議題。

（六）全面性的核武安全議題。

（七）阻止核子、生物及化學武器及其載具之擴散，打擊核武交易，及強化包括禁止擴散之政治與防禦面之武器管制領域。

（八）在戰區飛彈防禦系統合作的可能性。

（九）強化區域空中交通安全，增加空中交通容量，互惠交換經由在空中防禦與管制領域之透明化措施，及交換資訊促進雙方的信心。此包括考察在空中防禦相關領域內可能的合作。

（十）針對北約會員國與俄羅斯之傳統武力規模與角色，增加透明性、可預估性及互信。

（十一）北約與俄羅斯互相交流包括學理與戰略的核武議題。

（十二）協調各軍事機構間擴大合作方案。

（十三）經由結合俄羅斯與北約之「國家軍備主管會議」（conference of National Armament Directors），追求雙方可能的軍備合作。

（十四）國防工業之轉型。

（十五）在國防相關之經濟、環境及技術面發展合作計畫。

（十六）在非軍事緊急事故之準備及災難解除方面處理共同之提議與演習。

（十七）打擊恐怖主義與毒品交易。

（十八）促進大眾對北約與俄羅斯發展關係之理解，其中包括在莫斯科設立北約文獻中心或資訊辦公室。

（十九）北約會員國在新會員內部署核武或改變核武政策與儲藏核武等相關事宜。

北約與俄羅斯認為在「歐洲傳統武力條約」的基礎上轉型，可確保所有會員國安全的平等性，防止整個歐洲不安定力量的增加。修正的「歐洲傳統武力條約」必須進一步經由擴大的資訊交流與認證，以強化軍事透明性且允許新會員國加入。北約確認針對現階段及未來安全環境，應確保必要之協同執行任務能力，及整合與強化集體防禦及其他任務之執行能力。

附錄三　「北約會員國行動計畫」

(NATO Membership Action Plan, MAP), NATO, 24 April, 1999, https://www.nato.int/cps/en/natohq/official_texts_27444.htm (accessed on 31 October, 2020).

一、在政治與經濟議題上：

申請國必須

（一）以和平方式解決國際糾紛。

（二）承諾遵守法治與人權。

（三）在解決種族衝突或外部的領土衝突，其中包括民族統一或內部司法爭議，均應依歐洲安全與合作組織之原則以和平方式解決，維持良好之睦鄰關係。

（四）對武裝軍隊建立適當的民主與非軍事之監督。

（五）威脅或使用武力之方式必須與聯合國宗旨相同。

（六）強化自由的機制及促進穩定與福祉，致力於發展和平與友善之國際關係。

（七）持續支持與投入「歐洲與大西洋夥伴理事會」及「和平夥伴」。

（八）承諾以經濟、社會正義及對環境之責任促進穩定及福祉。

申請國家加入時將

（一）整合其力量致力於集體防衛及維持和平與穩定。

（二）分擔責任、費用及義務來保持「北約」執行任務之有效性。

（三）針對所有的議題承諾誠心致力於共識之形成。

（四）全面參與「北約」關切之政治與安全議題之諮商與決策過程。

（五）承諾支持「北約」依華盛頓條約及馬德里與華盛頓高峰會宣言，持續地開放。

　　申請國必須提出履行前述規定之相關政策，以及表達其對北約戰略觀、「北約」內發展「歐洲安全與防禦之認同」、北約與俄羅斯簽訂之「基本文件」、「北約與烏克蘭憲章」之觀點。申請國必須提年度經濟情勢報告，其中包括主要總體經濟、預算資料及適切的經濟政策趨勢（economic policy developments）。

二、在防禦與軍事議題上：

（一）申請國必須有能力致力於集體防禦及「北約」新任務的能力，並承諾逐漸改善其軍事能力，將是其能否成為「北約」會員之因素。全面參與「和平夥伴」行動是加入「北約」必要的條件，新會員必須準備為共同安全與集體防禦分擔角色、危機、責任、利益及負擔。

（二）申請國在加入時必須

　1. 接受北約戰略觀所言之安全取向。

　2. 提供北約集體防禦與其他任務之軍隊與各項資源。

　3. 適當地參與北約軍事組織。

　4. 適當參與北約集體防禦之規劃。

　5. 適當地參與北約所屬機構。

　6. 持續支持「和平夥伴」及與非「北約」會員國之夥伴國家發展合作關係。

7. 追求標準化及（或）協同作戰能力。

（三）以下措施在協助申請國發展其軍隊，其中包括加強協同作戰能力，以有助於「北約」軍隊執行任務之有效性及展示其適合成為會員之情況：

1. 申請國要依現存「和平夥伴」程序，就集中在參與「和平夥伴」中，直接針對成為會員國之相關議題，調整個別的夥伴計畫（Individual partnership programmes）。申請國在個別的夥伴計畫中，必須優先處理合作領域。

2. 每年為申請國在交流所舉行之會議是以「19+1」的形式進行；該會議協助整合雙邊與多邊之支援及將效率極大化，以提供申請國在準備成為會員國之工作方面獲得較佳的協助。

3. 在「和平夥伴規劃與審核處理程序」（PfP Planning and Review Process, PARP）架構內，必須依照程序規劃之標的詳述申請國要成為會員國所調整之軍力結構領域，申請國也必須針對規劃標的之進度建立審核方法。

4. 規劃標的是由申請國與北約諮商產生，並適用於所有軍種。

5. 「規劃與審核處理程序之行政指導」（PARP Ministerial Guidance）中包括申請國為提升軍隊能力以符合北約要求，可以採用之途徑及特殊方式。

6. 「規劃與審核處理程序觀察」（PARP Survey）可提供申請國多方面資訊，例如一般性防禦政策、資源及國防規劃經費。

7. 基於透明化原則及符合「規劃及審核處理程序」，申請國宜將其個別之規劃與審核之文件（individual PARP documents）提供給北約會員國及其他申請國傳閱；申請國宜邀請其他申請國參加規劃標的之審核過程。

8. 申請國將應「部長理事會」之邀請，觀察及參與北約之演習。

9. 未來北約為評估夥伴國家軍隊參與北約領導和平支援行動（NATO-led peace support operations），及夥伴國家執行北約及「和平夥伴」之演習與行動而建立之設施，將用於評估申請國軍隊協同作戰能力之程度及軍隊能力之類型（range）。如果此等評估設施（assessment facilities）擴大至和平支援行動以外之軍隊，亦將用於

　　　協助申請國軍隊之評估。

　　10.適當使用模擬技術來訓練軍隊及作爲訓練作業程序。

三、在資源議題上：

　　（一）新會員國必須承諾具備成爲會員之有效的預算資源（sufficient budget resources）。

　　（二）新會員國必須承諾

　　1. 撥出有效的預算資源以實踐對北約之承諾。

　　2. 由國內機構來處理預算資源。

　　3. 在協議分擔費用的情況下，參與北約「共同基金」支付之行動（common-funded activities）。

　　4. 參與「北約」所屬機構（北約總部之常駐代表、北約指揮機構之軍事代表，北約部門單位的代表）之行動。

四、在安全議題上：

　　申請國必須提供安全設備及程序，以確保北約安全政策中最敏感資訊之安全。

五、在立法議題上：

　　（一）申請國爲貫徹對「北約」之承諾，必須檢查及適當地調整其法律結構及條約以符合北約相關規定。

　　1. 「北約」新會員國必須遵守「華盛頓條約」。

　　2. 新會員國必須遵守

　　(1) 會員國與「北約」間有關軍隊法律地位之協定（London SOFA, 19 June, 1951）；

　　(2) 依「北約華盛頓條約」規定而達成之「國際軍事總部地位議定書」（The Protocol on the Status of International Military Headquarters, Paris Protocol, Paris, 28 August, 1952）。

　　3. 新會員國必須遵守下列法律地位之協議（status agreements）：

　　(1) 「北約」組織、會員國代表及國際組織工作人員（International Staff）之法律地位協議之「渥太華協定」（Ottawa Agreement, 20 September, 1951）；

　　(2) 派駐北約的第三國使節團及代表之法律地位協議的「布魯塞爾協議」（Brussels Agreement, 14 September, 1994）。

　　4. 申請國必須遵守下列技術協議：

(1) 會員國與北約間資訊安全協定（Brussels, 6 March, 1997）；

(2) 相互保護涉及擁有專利權的國防發明機密之協議（Paris, 21 September, 1960）；

(3) 北約之「國防技術資訊通訊協議」（Agreement on the communication of technical information for defence purposes, Brussels, 19 October, 1970）。

5. 新會員國要接觸原子能資訊必須遵守：

(1) 原子能資訊合作協議（"Agreement for Cooperation Regarding Atomic Information", C-M (64)39-Basic Agreement）；

(2) 「履行條約之行政協定」（"Administrative Agreements to Implement the Agreement", C-M (68)41, 5th Revise）。

申請國之國內立法要儘可能與北約合作相關之協定及履行慣例一致。

附錄四　「羅馬宣言」：「北約」與俄羅斯新關係

(NATO-Russia Relations: A New Quality), Declaration by Heads of State and Government of NATO Member States and the Russian Federation, Rome, 28 May, 2002, NATO, https://www.nato.int/cps/en/natohq/official_texts_19572.htm (accessed on 31 October, 2020).

「北約」與俄羅斯合作的範圍如下：

一、對抗恐怖分子：多元途徑合作，其中包括共同評估恐怖分子對歐洲與大西洋地區之恐怖威脅，重點集中在特殊威脅，例如「北約」與俄羅斯之軍隊、民用航空器及重要設施。第一步是共同評估針對北約、俄羅斯與夥伴國家在巴爾幹半島之維持和平部隊的恐怖威脅。

二、危機處理：經由定期交換維持和平行動之資訊與觀點，持續加強合作及諮商巴爾幹半島情勢；經由聯合或協調訓練計畫促進各國維持和平部隊協同執行任務的能力，進一步發展「北約」與俄羅斯共同維持和平行動之觀念。

三、防止擴散：擴大與加強合作以防止大眾毀滅武器及其載具之擴散，且經由建設

性的交換意見，主導全球核生化武器擴散趨勢的評估，以強化既有之防止擴散協議；交換經驗以期利用機會強化實用的合作，以防止核生化武器之擴散。

四、武器管制與信心暨安全建構措施（arms control and confidence-and security-building measures, CSBMs）：強調「武器管制與信心建立措施」對歐洲與大西洋地區穩定之貢獻，重申遵守「歐洲傳統武力條約」作爲歐洲安全之基石。所有簽約國合作推動該約的修正案生效，即准許非該約簽署國亦能加入；繼續諮商「歐洲傳統武力條約」及「開放天空條約」（Open Sky Treaty）；「北約」與俄羅斯核能專家繼續諮商。

五、戰區飛彈防禦（Theatre Missile Defense, TMD）：四強此防禦在觀念、系統與系統間執行的可能性。

六、海上搜尋與援救：監督北約與俄羅斯「潛艇人員援救之架構文件」（Framework Document on Submarine Crew Rescue）之履行，及鼓勵在海洋相關領域之合作、透明化與互信。

七、雙方軍事合作與國防改革（military-to military cooperation and defense reform）：經由共同訓練、演習與測試，以加強軍事合作與相互執行任務能力，例如俄羅斯協助「北約」飛機空中加油；雙方嘗試成立軍事訓練中心，以因應21世紀之挑戰，加強合作以從事含經濟面之國防改革。

八、非軍事緊急事件：加強處理非軍事緊急事件之合作機制，第一步是交換處理大規模毀滅武器後續結果之資訊（WMD consequence management information）。

九、雙方依照「北約」委員會之「現代社會挑戰之行動架構」（NATO Committee on Challenges to Modern Society, CCMS），在民用與軍用航空管制方面先進行合作，雙方同時加強科學領域之合作。

國家圖書館出版品預行編目資料

歐洲區域秩序：舊問題與新實驗／王群洋著.
-- 初版. -- 臺北市：五南圖書出版股份有
限公司, 2021.10
　面；　公分
ISBN 978-986-522-537-7（平裝）

1.區域研究　2.政治發展　3.經濟政策
4.歐洲　5.區域安全

740　　　　　　　　　　　　110002897

1PW6

歐洲區域秩序：
舊問題與新實驗

作　　者 ─ 王群洋（7.8）

發 行 人 ─ 楊榮川

總 經 理 ─ 楊士清

總 編 輯 ─ 楊秀麗

副總編輯 ─ 劉靜芬

責任編輯 ─ 黃郁婷

封面設計 ─ 王麗娟

出 版 者 ─ 五南圖書出版股份有限公司

地　　址：106台北市大安區和平東路二段339號4樓

電　　話：(02)2705-5066　　傳　　真：(02)2706-6100

網　　址：https://www.wunan.com.tw

電子郵件：wunan@wunan.com.tw

劃撥帳號：01068953

戶　　名：五南圖書出版股份有限公司

法律顧問　林勝安律師事務所　林勝安律師

出版日期　2021年10月初版一刷

定　　價　新臺幣380元

經典永恆・名著常在

五十週年的獻禮——經典名著文庫

五南，五十年了，半個世紀，人生旅程的一大半，走過來了。

思索著，邁向百年的未來歷程，能為知識界、文化學術界作些什麼？

在速食文化的生態下，有什麼值得讓人雋永品味的？

歷代經典・當今名著，經過時間的洗禮，千錘百鍊，流傳至今，光芒耀人；

不僅使我們能領悟前人的智慧，同時也增深加廣我們思考的深度與視野。

我們決心投入巨資，有計畫的系統梳選，成立「經典名著文庫」，

希望收入古今中外思想性的、充滿睿智與獨見的經典、名著。

這是一項理想性的、永續性的巨大出版工程。

不在意讀者的眾寡，只考慮它的學術價值，力求完整展現先哲思想的軌跡；

為知識界開啟一片智慧之窗，營造一座百花綻放的世界文明公園，

任君遨遊、取菁吸蜜、嘉惠學子！